湛庐CHEERS

与最聪明的人共同进化

HERE COMES EVERYBODY

打造强大的私域社群

Build Your Community

[英] 理查德·米林顿 著
Richard Millington
汤文静 译

浙江教育出版社·杭州

你知道如何打造强大的私域社群吗

扫码鉴别正版图书
获取您的专属福利

扫码获取全部测试题及答案，
了解如何打造强大的
私域社群

- 好的社群体验能让成员努力最小化，回报最大化吗？

  A. 能

  B. 否

- 设定规则去约束社群成员会引起大家的反感，导致退群，所以设定规则是有弊无利的，这是对的吗？

  A. 对

  B. 错

- 如果你想在社群中实现一个目标，最关键的在于：

  A. 发红包调动大家的积极性

  B. 尽可能多地让人参与进来

  C. 用激情澎湃的文案吸引人参与

  D. 将一小部分活跃的成员打造成超级用户

扫描左侧二维码查看本书更多测试题

引言

九步打造高价值社群，扩大组织影响力

我有个好消息：你可能已经是一名社群创建者了。如果你曾经把一群朋友集合在一起，曾经为同事创建过互动的空间，或者曾经将粉丝、用户和支持者联结起来互相帮助，你就是一名社群创建者。现在，你的职务中可能没有“社群创建者”这一头衔，你使用的技术可能与社群创建相去甚远，但如果你日常生活的任何一部分涉及将人们联系在一起，你就是一名社群创建者。欢迎加入这个俱乐部！

师出有名非常重要。有太多的人每天都在做着创建社群的工作，却不清楚这份工作的本质，它沦为了普通的工作内容。你可能是你的组织或朋友中唯一从事社群工作的人，那会让人感到非常孤独。更糟糕的是，如果孤身一人从事社群工作，你就无法从其他数百万社群创建者的经验中获益。具有讽刺意味的是，虽然社群创建者人数众多，但他们却常常倾诉自己感到孤独和寂寞。

我了解这种感受。在很长一段时间里，我都在网上把不相干的人联结在一起，却茫然不知该如何定义这种做法，也不知道世上还有其他像我一样的人。当时在我看来，这只是一件让人不由自主去做的事情而已。

我是通过玩在线视频游戏才初步了解社群的。在我 14 岁那年，高速上网成为现实，这改变了我的世界。我很快就发现了以下三点：

1. 通过这个快如闪电的网络，我可以与其他人在线玩游戏。
2. 我在这些游戏中的主要作用显然是为更厉害的玩家充当“炮灰”，让他们获得高分。
3. 比起玩游戏，我更喜欢参与这些游戏周边的社群，我喜欢这种独特的文化、语言和我与游戏同伴之间令人迷醉的联结感，这是我的部落，他们都是和我一样的人。

我非常喜欢其中一个社群，甚至自愿为其写稿并协助管理它。我还会以这个社群的名义，在英国各地组织和举办竞技比赛。在做了几年的志愿者后，我获得了第一份有偿的正式工作：管理一个游戏社群。

随着人们对竞技游戏的兴趣倍增，我获得了自己所能想象的最幸运的工作。我的雇主开始派我去世界各地参加活动，回来后我再向社群成员传达活动情况。在青少年时期的后半段，我去过韩国、新加坡、美国、法国、瑞典等很多国家。

当我的朋友还在为获得暑期实习的机会而唐突地给当地公司打电话时，我已经与世界各地主流游戏和科技公司的首席执行官们成为朋友了。创建社群为我打开了通往超乎想象的美好世界的大门，而且从那时起，这个门就再也没有关闭过。

然而，在那段时间里，我认为自己是一个“游戏行业从业者”，而不是一个社群创建者。这意味着，我把自己局限在游戏行业，只在这里寻求建议和经验，而我本该做的是积极主动地去追随和学习那些顶尖的社群创建者。我没有意识到，在游戏社群的熔炉中锻造的经验和技能可以运用到游戏之外的广泛领域。

几年后，我有幸前往纽约跟随著名的营销大师赛斯·高汀（Seth Godin），在他那里当实习生。此时我才意识到：多年来我建立游戏社群的技能是可以应用于无数其他类型的社群的创建的。

在过去的 10 年里，我实践并完善了这些技能，帮助数百个大小组织发展它们的社群，其中有苹果、Facebook 和谷歌这样的大品牌，也有小型的非营利性组织，还有只是想找到一种更好的方式与朋友和家人保持联系的个人。我还为来自世界各地的参与者举办过研讨会和培训课程。在这些研讨会上，我经常看到，当这些参与者意识到自己正在做的工作不只是营销、客户支持或自身激情所在，而是创建社群时，他们身上绽放出了动人光彩。这彻底改变了他们的认知，他们找到了共同语言，找到了与其他同类之间的联结。更重要的是，在创建社群方面，他们开始渴望成为真正出类拔萃的人。

当下的世界需要成熟的社群创建者

我们需要这样的人，他们能够将我们联结、团结起来并带领我们远离孤独，迈向共同的目标，完成共同的使命。我们需要这样的人，他们能够帮助组织利用那惊人的力量来让员工和用户相互帮助、彼此支持。我们需要这样的人，他们能够带领一群人，让我们像磁铁中的电子一样步调一致，使我们能够共同实现更大的目标。

每当把两个或更多的人联结在一起时，你就点燃了一簇闪耀的火花。当然，有些火花可能很快就会熄灭，但有的会持续燃烧数年甚至数十年。社群成员会交换意见，为一个共同的目标相互协作，甚至建立长久的友谊。而当这种情况发生在一个群体中时，释放出的能量是你无法想象的。当我们这些“电子”在社群中排列整齐时，新人会自然而然地受到吸引并加入，许多人共同努力去实现一个人单打独斗远不能及的目标。

无论是在个人层面还是在职业层面，没有比现在这个时间点更适合创建社群的了。当我写下这些文字的时候，新冠肺炎疫情已经使世界上四分之一的人口进入了隔离状态。身陷困境、孤立无援的人们沉浸于网络社群。在短短几个月内，每一个领域里都有新的社群涌现。在线尊巴和健身课程在 Zoom 上如火如荼，并且通常会有一个 WhatsApp（类似于微信的即时通信应用程序）群组来支持课程之外的群聊；朋友们每周会有一到两个晚上举办快乐时光派对；教师们已经将许多课程放到了网上。我们看到了激增的社群创造力和可能性，而这是此前几代人都没有看到过的。

当你读到这些文字的时候，新冠肺炎疫情可能已经结束了，但这些联结将继续存在下去。我们看到一个新时代的画卷在眼前展开，这个世界需要像你这样的人推动它前行。

创建一个社群在个人层面和职业层面所能获得的益处是你一开始无法想象的。对我来说，创建社群带来了令人惊奇的机会、令人难以置信的友谊，这些友谊一直持续到今天，它还带来了我热爱了 10 多年的事业。对其他人来说，创建社群使他们获得了理想的工作、演讲的机会，达成了以前不可能完成的目标。

创建社群最大的益处也许是为人们带来了成就感，那是做了一件与众不同的事的感觉。当看到你的社群成员从社群中受益时，你会越发觉得自己很重要。

掌握创建社群的蓝图

你们中的许多人都是拿着工资在创建社群，服务对象可能是企业、非营利性组织或其他类型的组织。现在，越来越多的组织将自己的员工、客户和会员变成一个又一个在线社群，这些努力带来的成果是令人难以置信的。例如，在无数的商业社群中，用户们自愿花时间来帮助彼此解决问题。想一想，这是多么奇怪的事啊，他们基本上是在做无偿的客户支持工作。

你会自愿地为你身边的产品提供者，比如冰箱制造商、化妆品生产商或保险公司，做无偿的客户支持工作吗？当结束一天忙碌的工作回到家中，你会进入保险公司的客户支持系统，回答保险公司其他客户的问题吗？答案应该是否定的，但一个社群提供了使这一切发生的动力。这些社群成员并不是在做无偿的客户支持工作，而是在帮助他们所在的社群，在支持自己的同类。

这样的事情不仅发生在那些小众品牌商之中，而且发生在从丝芙兰到百思买的各个大众品牌商之中。即使是在电信公司的社群中，竟然也有人愿意在业余时间无偿回答其他客户的问题，如编写产品文档，分享他们使用产品的最佳技巧等。社群正越来越多地接管以前由受薪员工承担的职能，而且取得了更好的效果。当客户支持人员给出正确答案时，只有收到答案的人会看到，而当一个成员在社群中分享它时，成千上万的人都可以看到。这往往使客户支持人员从日复一日回答重复性问题中解脱出来，让他们专注于更艰巨的挑战或服务顶级客户。

其实，客户支持只是社群能为组织提供的一小部分价值而已。社群还有利于让客户更了解相关公司的产品、服务和使命，并在使用它们的产品和服务时有更好的体验。社群使客户能够准确地向品牌商表达他们需要什么。而且，社群成员可以对彼此的想法进行投票，最好的想法自然会脱颖而出。另外，社群还可以用于宣传，帮助组织挑选未来的员工，阻止潜在的公关灾难的发生，等等。

《打造强大的私域社群》是实现这些目标的指导手册，我多希望在 20 年前自己开始这份工作时就能拥有这本书啊！虽然技巧每天都在变化，但《打造强大的私域社群》解释了那些构建社群的颠扑不破的原则，这些原则几乎存在于我所经历过的每一个社群项目中。如果学习并掌握这些原则，你就有了一张蓝图，可以用来创建无数你喜欢的社群。

社群适用于你能想象到的几乎所有的群体，本书将带领你一步一步地贯通整个启动和管理各类社群的过程。当然，我也会花一些时间来介绍技巧，但需要我们更深入了解的是，什么让一个社群充满魅力，以及如何吸引受众并保持其高参与度。无论你是出于商业目的还是始于热情去创建一个社群，这本书都将帮助你在你的社交关系里锻造强大的私域社群。

我希望你能发现这本书是有价值的，就像我发现写这本书的经历是无价的一样。

目 录

第 1 章

步骤 1，明确目标，让社群价值最大化

BUILD
YOUR
COMMUNITY

简单的目标
才是
长期成功的关键。

Simple goals
are the key
to long-term success.

你或你的组织可以有很多非常棒的理由去创建私域社群。

你创建社群，可能只是由于喜欢把朋友和熟人联结在一起，也可能是由于你喜欢看到人们相处愉悦的样子，同时你知道若是没有你，这层新关系就不会建立起来。看着人们通过你创建的社群成为朋友，你会感觉非常好。

你创建社群，可能是为了一个爱好。围绕一项活动创建社群，这通常会使人们参与这项活动时更兴致盎然。参与者可以分享建议、相互帮助，并合作完成这件事。而且，几乎所有的爱好都更适合“与众同乐”。

你创建社群，可能是为了发起某项社会运动或解决某个问题。通过将人们联结在一起，你们可以共同解决面临的挑战。待解决的问题可大可小，大可至防止气候变化，小可至帮助一个人摆脱困境。

你创建社群，可能是为了实现个人目标。我的一个朋友定期组织私人聚会，参与者都是他所在行业的顶尖人物。当与会者被列入聚会名单时，他们会有种很特别的感受，觉得自己被一个私密的朋友圈接纳，可以与同样优秀的人进行亲密的交流。由此，我的朋友与他所在行业的顶尖人物建立了非常有价值的联系。创建社群可以将你变成一个联结者，并将你置于一个有影响力的位置。这个位置有助于你建立声誉，可以为你带来新的职业可能、演讲机会或者图书出版合同。

你创建社群，可能是代表一个企业或组织，将其员工、会员、普通客户和粉丝联结在一起。你可能想改善员工的协作方式、提高客户的忠诚度，或者了解受众的需求，以便更好地服务他们。

你创建社群，可能是为了挣钱。如今，在我的周围，有 1 000 多名社群创建者能通过赞助、广告以及为受众提供独特的产品和服务，每年赚取几十万美元。大多数主流的社交媒体平台上都有这种类型的社群。一旦有大量受众涌入你的社群，你就有无数种方法借此谋生。

所有这些理由都合情合理，但在启动社群之前，你就应该确立目标。明确你为何要创建一个社群，不仅有助于你整合所有资源、使用各种方法来确保实现目标，而且有助于你不断激励自己克服过程中的艰难困苦。

在这一章，我将解释社群会如何帮助你和你的组织。无论你是为一个地方俱乐部还是为一家跨国公司创建社群，社群都可以帮助你更快、更经济、更好地实现你的目标。我会强调，为了实现目标你需要什么、这个过程需要多长时间，以及你要如何恰当地说服他人相信你的社群。

两大维度，了解社群的与众不同

在解决同一个问题时，社群与其他方法相比有什么独特之处呢？如果只是创建一个简单的关于爱好的网站，或者为你感兴趣的话题举办一个活动，那回答上述问题就容易多了。但是，如果你经营着一家企业，社群的诸多效用可能看起来与你已经在做的很多事情非常相似。你的客户支持团队已经在回答客户的问题；你的售后服务团队也已经在培训和指导客户使用产品；你可能也已经在收集、研究信息，以了解你的客户想要什么。那么，是什么让社群与众不同呢？

首先，在一个社群里，你不必什么都亲力亲为。你不需要回答所有问题、创作所有内容，或者亲自组织所有活动，社群成员会主动站出来做这些事，这使社群成为你吸引、支持和引导受众的不二之选。

其次，社群会在其成员之间建立更深层次的关系。社群打造出来的联结能让成员获得一种归属感和亲密感。它把新客户变成终身买家，把不相干的朋友集合成一个紧密的社群。在这里，人们渴望互相帮助和支持，没有其他渠道可以做到这一点。

通过把你的受众变成一个社群，你创造了一个环境，这个环境激励成员做他们通常不会做的事情，而这些事情对你和其他成员都很有价值。正如引言中提到的，我们大部分人在下班后不会自愿做客户支持工作或编写打印机的使用说明。我们为什么要做这些呢？毕竟这样做让人付出太多，而回报寥寥。但是，一个在线社群却能通过创造强有力的奖励回馈来让衡量利弊的天平倾斜，使社群成员有动力去做这些事情。

通过创建社群，你可以为成员创造机会，让他们感到自己是有用的、重要的，以及被他人喜欢的。你可以给成员提供机会，让他们成为各自领域的领导者，使他们感觉自己每天都在帮助成百上千的人。这只有在社群所创造的社会动态之中才能实现。

在一个社群里，每一个解决了某一问题的人都可以在下一个人面临同一问题时施以援手，每一个发现你的文档漏洞的人也会是修复这个漏洞的人。任何对你的组织有想法的人都可以分享他的思考，看看其他人是否同意他的观点。社群成员也会通过投票做出决策，并一起合作落实，因为他们感到自己是团队的一分子。最好的社群甚至会有成员为社群发声辩护，解决每一个可能出现的客户问题，并合作开发他们心中的下一代产品。

只有社群才能创造出让以上情况发生的社会动态。在社群中，没有人是无回报地工作的，他们为了他们所看重的东西而工作，其看重的程度远远超过任何你可以支付给他们的酬劳。他们通过帮助别人来提升自己，从而感受更好的自我。

当然，以上这些并不意味着社群没有缺陷和问题。正如你将在本书中了解到的，社群不像利用自然能源的太阳能板，而更像核反应堆。它们需要人们花费时间来筹建和启动，也需要进行仔细的维护以防止爆炸。但是，一旦运行起来，它们就会产生一连串自我维持的互动反应，从而为你所做的一切提供超强能量。

四种功能，拆解社群的不同类型

现在的你可能参与过很多不同类型的社群，而且不同类型的社群的互动方式也都不一样。我敢打赌：在与你的朋友和伙伴的 WhatsApp 群聊里，你对每件事基本上都有说不完的见解；在与同事的 Slack（用于办公交流的应用程序）社群中，你主要是协调和分享工作项目的进度，其间穿插一些可爱的表情包来调节气氛；而在你感兴趣的主题论坛上，你可能只是浏览最新的问答，偶尔也会做一点贡献。

我们有很多方法可以用来拆解社群类型。你可以根据你的目标受众来对社群进行分类，比如开发者、拥护者、普通客户、员工、粉丝、会员等；你也可以按照让他们聚到一起的兴趣类型来分类，比如地域、实践、身份、环境、行动等；你甚至可以根据他们使用的平台或发生的互动来对社群进行分类，平台包括论坛、聊天室、社交媒体等，互动类型包括创意交流、学习、成功分享等。这些分类法相互并不排斥。至于我，则更倾向于采用一种更简单的方法，将社群按其为成员带来的好处分为四大类型：互助型、探索型、影响型和归属型。这个分类法有助于我们涵盖所有的社群。

互助型社群

现在的许多社群都是互助型社群，它们是社群成员可以互相问答的地方。在几乎所有可以想到的主题上，你都可以找到相关社群。你自己就可能身处一个或两个围绕着成员之间的问答而形成的社群之中。

互助型社群有几个优点：它们相对容易启动，对成员非常有用，并且可以让你在没有付费支持团队的情况下，帮助成千上万甚至数百万人。它们是现有的可用来扩大客户支持渠道的最优工具。与其他类型的社群相比，衡量这种社群是否成功相对比较容易。

然而，互助型社群也有缺点，它极度受制于成员的参与质量，通常情况下，一小群超级用户（后文会详细介绍）会回答大部分问题。如果社群要成功，这些超级用户就需要得到恰当的激励和照顾。互助型社群的另一个缺点是，其成员只在有疑问时才会访问，得到答案后就会离开。一旦人们得到了答案，让他们持续参与社群就非常困难。互助型社群的用户流失率可能会很高，而且保持信息的长期相关性和更新频率也并不容易。

探索型社群

探索型社群内容广泛，涵盖了许多社群的子群，最常见的是实践类社群、售后服务类社群、创意交流类社群和一些业余爱好者群体。在探索型社群中，成员主动分享他们正在做的事情，从他人处得到反馈，然后尝试改进。

探索型社群与互助型社群的关键区别在于其主动性。在一个互助型社群中，成员是被动的，他们在分享知识之前是在等待着提问的。在探索型社群中，成员会积极主动地分享信息。例如，在一个互助型社群中，你可能会问的是如何修复你的苹果手机；而在一个探索型社群中，你可能会分享那些你发现的能提升苹果手机使用效率的应用程序。

在实践类社群中，成员积极主动地分享信息、记录资源，并试图在一个选定的主题上做到更好。大多数员工内部社群本质上就是实践类社群，它们使成员完善和拓展自己所从事的工作。

探索型社群很有可能以各种媒介为特色，比如博客、视频、音频、照片等，通常还能发布文章或提供资源。探索型社群对于提高客户忠诚度、满意度是非常有效的，而且若成员发布文章解释如何更好地使用产品，就可以节省商家在这方面投入的时间。探索型社群还有一个好处是，它们会给成员一个每天都访问的理由，即成员不时登陆看看有什么新消息。社群成员不会等到有疑问时才来访问社群。

探索型社群也有缺点，它们的启动难度更大。毕竟，成员为什么要分享他们的所学和所为呢？而且稍不注意，社群中可能就会充斥着自我推销的垃圾信息。

值得注意的是，许多社群最初的目的都是客户支持，然后才逐步成为互助型和探索型的混合体，具有诸如创意分享、博文发布和其他技术支持的功能，供成员主动分享和相互学习。

影响型社群

影响型社群是以发挥影响力为基础的社群，其成员希望通过协作来改进某一事物，而这种改进是他们单打独斗无法完成的，最常见的就是社会运动。这在与公益事业、政治运动，以及任何人们希望通过协作来实现变革的领域中都很常见。

传统的社区组织都属于影响型社群，而且许多品牌的粉丝群也属于此类，比如潮牌 Supreme 和哈雷摩托车的粉丝群。它们没有单一的社群管理者，而是由数百个不同的博客、群体和网站以各自的方式参与其中。

影响型社群的典型特征是，它们通常没有专人负责协调所有的活动，相反，它们有许多群体，每个群体都在为实现共同的目标而努力。维基百科背后的社群和大多数开发者社群都是很好的例子，在许多软件产品中，尤其是在开源技术中，每个成员都以自己的方式做出贡献，通常的做法是自己提交代码或是审查他人提交的代码。

影响型社群的好处是，当成员支持某些东西时，他们是真心实意的，常常会不遗余力地投入大量的精力以促其成功。这样的社群可以自我维持，具有包容性，并能自我延续。

这种社群的缺点是，你需要解决一个难题，那就是发起集体行动，只有发起集体行动，才能启动一场社会运动，而这又可能使你陷入困局，因为你可能要为其承担责任，却无法控制它。当有数千人甚至数百万人为你的事业做出贡献时，维护和管理这些贡献者将极端困难。大多数社会运动都至少经历过一次甚至几次重大的失败，这些失败都是因为社群成员的所作所为损害了品牌，并将社群的所有成员置于不利之地。

BUILD YOUR COMMUNITY

集体行动的难题

美国政治学家曼瑟·奥尔森二世（Mancur Olson）对集体行动的难题做了最好的定义。他在其 1965 年出版的《集体行动的逻辑》（*The Logic of Collective Action*）一书中指出，当一个群体之中创造公共利益的努力都集中在少数人身上，而公共利益的回报却广布于群体大多数人身上时，这就相当于鼓励个体去搭别人的便车。这从大多数网络社群中潜水者（学习者）的高比例中就可以看出来。

有一些方法可以解决这个难题。你可以只允许积极参与者享受社群创造的“公共利益”；也可以创造一种身份和社会规范，期望成员以做出贡献为荣或者以不这样做为耻；还可以尝试打造一种身份，让成员觉得“像我这样的人就应有所贡献”。[1]

归属型社群

归属型社群的主要目标是为其成员提供一种归属感。但是，这点通常不会表现得太明确。当你在家里、酒吧或餐馆与你的朋友和家人相处时，这些地方的门口可不会挂着“来啊，来这里获得归属感”的牌子，可这依然是它们最主要的好处。这一类群体往往在名义上围绕着一个共同的主题，但人们可能不会把大部分时间花在互助或探讨一个话题上，而是跟其他人聚在一起闲聊。

这类社群通常没有明确的目的，只是为了让气味相投的人追求共同的兴趣，体验归属感。在这些社群中，人们可以真切地感受归属感，他们相互了解、相互关心。在我最早参与的社群里，我花了无数时间与电玩同伴谈论游戏以外的话题，而只有很少的时间在谈游戏。

归属型社群的目的是，在成员之间建立和维持一种强大的社群意识，并使每个成员能够保持本色。这类社群的优势在于，它为成员提供了惊人的价值，它可以真正给受众提供一个有归属感的地方。它的缺点则是，随着社群日益壮大，维护工作会越来越难，而且其间可能特别容易发生冲突和争吵。如果是为一个组织创建社群，你可能就会发现，仅仅为了创造强烈的归属感而设计的社群其实难以匹配一个明确、可衡量的企业目标。

你可以在表 1-1 里看到对每类社群的总结，包括常用术语和优缺点。

表 1-1　四大类社群的优缺点

社群类型	优点	缺点
互助型社群（普通客户支持、会员支持、健康、环境等）	便于衡量，提供直接的价值，相对容易启动，可以规模化地为更多人提供支持而不需要太多成本	难以保证成员的持续参与，少数成员回答大多数问题，难以保持信息的更新频率
探索型社群（售后服务、创意交流、实践、员工）	易于保证成员的参与度、创造有价值的资源、提高整个群体的专业度	不易启动，难以保持社群的高质量（可能充斥自我推销）
影响型社群（社会运动、开发者、品牌、倡导、集体）	在很大程度上是自我组织的社群，在互联网上保持着惊人的参与度	缺乏控制，可能对品牌造成伤害；难以解决集体行动的难题
归属型社群（兴趣、朋友圈）	能建立有真实感的社群意识，会为成员提供不可替代的好处	社群壮大后难以维护，容易产生纷争和冲突

你应当审慎考虑自己要创建什么类型的社群，不同类型的社群会引发不同类型的互动。假如你的社群是一家工厂，你如何校准机器决定了你将产出什么样的产品。所以你需要校准你的社群中的互动，让社群成员拥有你期望他们所拥有的体验，同时又能取得你想要的结果。

其他社群类型

你注意到上面的社群类型中缺少了什么主题吗？怎么没有让成员专门谈论你有多棒的社群呢？这并不是因为这种小众社群不存在，而是因为这种社群对组织来说几乎是不可能有意为之的。这种社群缺乏一个明确的目标。到目前为止，一个社群失败的最大原因就是试图让成员做一些他们本无兴趣去做的事情。虽然有客户忠诚地从你那里买货或者有网友经常仔细阅读你的网站，但是这并不意味着他们会愿意把业余时间花在谈论你和你有多伟大上面。

如果你不相信我，就问自己一个简单的问题：你有多少业余时间是花在参与其他品牌的社群上的，即使是你真正喜爱的品牌？我猜答案是零或接近于零。现在，你去问几个朋友这个问题，答案肯定是一样的。

你无须害怕随着时间的推移你的社群会演变，你的社群可能从提供一个好处开始，然后扩大到其他好处。同样，你也无须害怕同时提供多种好处。唯一真正重要的是，你要清楚地知道你打算创建的社群类型、这种选择所涉及的取舍，以及你的社群为成员提供的价值。一旦做出决定，你就可以开始明确你的社群目标了。

四个动作，确定社群的目标和价值

如果是为一个企业创建社群，你可能会一边频频点头，一边心想："到目前为止，你说的都很有道理，但我的老板要的不是模模糊糊的好处，他想要具体的东西。这个社群具体会怎么帮助企业发展业务呢？"如果你真的不走运，你的老板可能还会问一个可怕的问题："社群的投资回报率是多少？"

BUILD YOUR COMMUNITY

投资回报率

按最严格的定义，投资回报率是你所赚的钱与你所做的投资之间的比率。如果你投资一美元，而拿回来两美元，你就有100% 的投资回报率。

投资回报率本质上是一个粗略的工具，组织将其用来比较不同的活动的结果，从而分配资金，以实现尽可能多的回报。如果你的广告活动取得了 20% 的投资回报率，而社群取得了 40% 的投资回报率，那么理论上，一个组织应该减少对广告的投资，同时增加对社群的投资。但在实践中，情况要复杂得多。例如，许多活动都有在超过了一个峰值水平后收益递减的规律。而且，很少有组织能够准确衡量出社群的投资回报率。但是通常情况下，组织领导者需要知道社群的价值及其衡量方式。

出于个人动机去创建社群与代表企业去创建社群，在目标或投资回报率上是非常不同的。如果你是为了自己的激情或者是代表一家非营利性组织去创建一个社群，那么前文提到的社群的那些好处，即互助、探索、影响和归属，通常就足够了。也就是说，你创建一个社群的目标是为成员提供巨大的价值。你可能会用更复杂的语言来描述这些目标，但仅此一点可能就足够了。然而，如果你是代表一个企业去建立一个社群，那就需要更深入地挖掘一个社群能提供什么以及不能提供什么，而且要知道一个社群是如何提供这些好处的。

第 1 步，确定社群可能达成的目标

社群的价值无法用投资回报率衡量

企业创建社群的原因有很多，我在表 1-2 中列出了最常见的原因。

表 1-2 社群对企业的价值

价值	如何实现这一价值
降低客户支持的成本（大规模的支持）	如果有其他客户无偿回答问题，那么客户支持人员就无须回答了。每个答案都可以在网上搜索到。一个好的回答可以被成千上万的人看到。在社群里，每个找到解决方案的人都不再需要打电话找客户支持人员

续表

价值	如何实现这一价值
了解客户需求	一个社群会让你贴近成员需求的脉动。在社群里，成员可以提出他们的想法，你可以跟踪数据，看哪些话题是最受欢迎的，成员在哪些方面感到纠结。与组织一个焦点小组来解决特定问题相比，这节省了大量的时间。在推出新产品和展开营销活动之前，社群也是测试新产品的理想场所
提高客户忠诚度和满意度（客户满意度、净推荐值、客户留存率）	随着社群成员更加了解产品、更多地认识社群伙伴，他们也就不太可能转向你的竞争对手，而更有可能继续从你这里购买产品和服务。他们也会对自己的购买行为更加满意。一个社群可以大力提高净推荐值、客户满意度和留存率
吸引新客户	社群成员会宣传你的品牌，分享你的内容，发表评论和提供案例研究。你也可以通过成员在社群中的行为识别那些有助于销售的线索。社群内容也可以被整合到销售路径中，从而增加转化率。你也可以从通过搜索引擎找到你的社群并注册成为社群成员的访问者中受益
会费和广告收益	要想加入一些组织的社群需要交会费，还有一些组织的社群则卖广告位。少数组织会利用在社群中让第三方开展活动或主持来收集数据。所有这些都会直接带来收入
降低招募成本	你可以发布广告，通过社群招募成员，而不是通过传统渠道。这种情况没有其他好处那么普遍，但时有发生
节省员工时间并提升效果	一个内部社群可以帮助员工分享和准确记录工作内容。这可以减少他们的重复性劳动，让他们在组织内获取和改进认知；还可以帮助成员相互协作，节省大量时间

你可能已经看出了表 1-2 的问题，它似乎遗漏了许多社群令人惊异的好处。例如：有成员分享了令人难以置信的产品洞见，这让你在惹恼成千上万的客户之前迅速修复错漏；有成员发现潜在的公关危机，并向你发出警告；有成员为你的销售团队提供极佳的案例研究和素材；有成员帮助你开发出一款畅销产品。这些事情如果发生了，它们的价值该如何衡量呢？

这就是为什么投资回报率并不适用于社群的价值估算，正如它不适用于公关活动的价值估算，也不适用于对公司承诺使用环保包装的价值估算。你可能并不会计算这些投资的回报率，至少没有以金钱来计算。

你的社群带来很好的投资回报率是否很重要？绝对很重要。那么，这是衡量一个社群的价值的最佳方式吗？绝对不是。如果严格使用投资回报率这一衡量工具，你就只能捕捉到自己的社群所创造的价值的一小部分。因此，虽然你需要清楚地了解社群是如何使组织受益的，但社群的真正好处并不体现在盈利水平上。实际上，这些好处是盈利的先决条件。我们需要给这些好处一个不同的名字，我称之为社群的可见影响。

社群的可见影响

去年，我和一个客户的销售主管参加了一场利益相关者会议。这种利益相关者会议通常有两个主要目标。第一，确保社群没有越界冒犯他人。如果我们计划推出一个社群，当然不希望在无意中惹恼别人，那样有可能会破坏这个项目。第二，讨论社群如何支持他们的工作。一个社群几乎有助于企业的每一个方面，我很好奇，想知道社群会如何帮助销售主管达成目标。

在会议期间，这位销售主管给我看了他向潜在客户展示的幻灯片。我注意到幻灯片中只有两个案例研究，而且这两个案例研究都是三年前的了。当我问他为什么没有更多的案例研究时，他叹了口气解释说，创建一份好的案例研究需要很长时间，而且要获得使用授权也很麻烦，其烦琐程度简直是一场噩梦。他告诉我，他的销售团队忙于追踪销售线索，无暇创建案例研究。

我感觉这是一个机会，于是问了他一个简单的问题："你想要有更多这样的案例研究吗，只不过是由社群成员来创建？"他似乎有点怀疑，但并没有反对。在推出社群的几个月后，我们建立了一个案例研究的模板，并为社群成员提供了一个一次性的机会。如果他们写了一个案例研究，并允许我们在营销材料中使用，他们就可以获得通常在一个月内所获积分的 10 倍积分（后文会有更多相关介绍）。我们还承诺会将最佳案例研究推广给其他成员。仅仅在那一个月，我们就收到了 11 个新的案例研究，每个都有图片和使用授权。当在 8 个月后再做这样的挑战活动时，我们又收到了 37 个案例研究。

现在，那位销售主管的销售幻灯片里全是各种各样的案例研究，几乎涵盖了我的客户所从事的每一个领域。这位销售主管特别提到，潜在客户似乎对他们的案例研究的数量和质量感到惊讶，他认为这已经成为一个使更多潜在客户转化为客户的主要原因。

我无法告诉你这些案例研究的金钱回报是多少，但是很明显它有很大的可见影响。这种可见影响会发生而且确实一直在发生，你只需要知道如何创造并捕捉它。大多数组织只利用了他们社群潜在价值的很小一部分，白白浪费了剩下的部分，因为他们没有一个系统来捕捉和利用这些可见影响。

每天，你的社群都在准确地告诉你成员们想要什么、需要什么。他们告诉你哪些错误需要修复、他们对你产品的不同部分有什么不同感受，等等。他们创造的故事可以用于你的新闻稿、推荐信、新客户的获取，并帮助其他人更好地使用产品。

要想利用这种可见影响，第一步就是将可见影响作为社群的一个目标。一旦它成为一个明确的目标，你就可以组建一个系统来捕捉它。你可能无法衡量每花出去一美元可以赚回几美元，但是可见影响却是所有人都清楚的。

社群的可见影响清单

如果你不确定社群可以如何使你的组织受益，你就可以像我在 FeverBee（一个在线社群咨询软件和课程软件）的咨询项目中那样，先列出一个你和你的组织所面临的问题清单。

你可以列出这些问题，但更好的方法是，让你的同事和主要利益相关者参与其中，尽可能多地了解他们所面临的挑战。这一步比你想象的还要重要。在准备我的上一本书时，我发现一个人花了多少时间去接触和了解同事，与他之后觉得自己获得的支持程度几乎是正相关的。

当你与同事接触时，有两件事会发生。第一，你的同事会感到自己被倾听了，并且在就社群的经营发表过自己的见解之后，他们更有可能支持这个社群；第二，你不仅可以获知他们大致需要什么，而且可以知道相关的具体细节，比如他们何时需要以及如何需要。例如，我的一个熟人有一个社群，这个社群为他公司的产品提供了非常有用的见解和反馈，但这些反馈从未被工程团队采纳过。于是他开始参加工程团队的会议，想找出原因。他发现，社群的反馈非常好，但反馈的时机不对。工程团队需要在每次工程冲刺（快速工作阶段）之前得到反馈，而在冲刺期间，他们会确定自己的优先事项。一旦反馈在恰当的时机出现，社群对工程团队就变得不可或缺了。

另外，如果要让社群产生巨大的可见影响，你需要的成员其实比你预期的要少得多。例如，Quick Base（一个自定义的应用程序构建平台）说服了少数社群成员在他们业内最大的比较网站上发布对 Quick Base 产品的评论。在几周之内，Quick Base 就开发出其类别中排名第一的产品，这带来了数百万美元的收入。

2018 年，我与一个客户合作，为其软件的新用户建立指导小组。使用这个软件的老手将加入小组，并且每月指导一小批新用户。这直接提高了我的客户的软件用户从免费版到付费版的转化率。

一旦有了一份你的同事所面临的挑战的清单，你很快就会发现可能的社群解决方案。我在表 1-3 中列出了最常见的社群的可见影响，它并不全面，但可以作为一个有用的起点。

表 1-3　社群对于不同利益相关者的可见影响

利益相关者	目标、挑战和可能的可见影响
高管	• 通过贴近社群的脉动，帮助企业转变为一个创新且以客户为中心的组织 • 识别长期趋势 • 留住最好的员工

续表

利益相关者	目标、挑战和可能的可见影响
工程和设计人员	• 获得优质的反馈以修复产品问题和缺陷 • 获得关于客户或来自客户的最佳洞察 • 确定需要优先考虑的修复内容和修复顺序 • 通过位置信息和其他数据识别趋势
销售人员	• 识别新的销售线索 • 增加搜索流量 • 将社群成员变成拥趸 • 将社群变成销售渠道 • 为销售和营销团队收集最好的案例研究 • 让顶级的社群成员在主要的比较网站上发表评论
营销人员	• 测试和改进营销活动 • 寻找优秀的内容创意 • 提高对新产品的认识 • 收集推荐和用例 • 在社群中测试营销资料
售后服务人员和客户忠诚度管理人员	• 建立一个包含所有官方和非官方的产品信息的最佳信息库 • 增加应用程序和产品的新用户数量 • 帮助新用户在第一次使用产品时就上手，并使他们继续使用该产品 • 提高客户满意度和净推荐值 • 在客户中建立一种强大的社群意识
公共关系人员	• 是潜在公关危机的早期预警系统 • 能为记者提供可使用的案例和有趣的故事 • 捕捉理想的参与者群体画像

根据表 1-3，你应该至少能够列出社群的 6 个可能目标。下一步就是对这些目标进行排序。

第 2 步，明确目标的优先顺序

当启动一个新社群时，你不要试图一次树立太多的目标，这一点很重要。我通常建议开始时只列一个明确的目标，然后随着时间的推移进行扩展，但这意味着，你需要决定目标的先后顺序。

如果你是为自己工作或为非营利性组织工作，你的目标就更可能与为社群成员带来最大利益的事情相关。如果你为一个企业工作，你的目标就需要与该企业的需求一致。有三种方法可以用来确定你的社群目标的优先顺序。

1. 你的老板想要的是什么？确定目标优先顺序的第一种也是最简单的方法是，直接问你的老板他想要什么。有时，你可能就得到了一个明确的目标，这并不意味着你以后不会有更多的目标，但此刻你有了一个明确的目标作为起点。不过，你要确保它不是“提高参与度”这样模糊的东西，而要尽量具体化，如“生成 30 条评论，使我们成为同类别中的领先者”或“通过社群回答 20% 的客户支持问题”。对于你是否达成目标的衡量标准不能有任何含糊不清之处。

2. 什么是要解决的最大问题？第二种方法是从要解决的最大问题着手，或者从能给企业带来最有价值的结果着手。在应该优先解决哪个问题上，人们的想法往往是相互冲突的，因此，你可以先从对社群有着最大影响力和最有兴趣的同事提出的问题入手，然后逐步深入。

3. 什么是最容易解决的问题？第三个方法是，快速获胜以创造良好的势头。如果你的企业没有给予你的社群广泛的支持，或者你心里对独当一面有点儿打鼓，那么就从最快速的胜利开始。这通常是少数成员就可以做到的事情，比如发布评论、推荐或创意，它们会产生立竿见影的可见影响。一旦获得了支持，你就可以有更多的资源来达成更多的目标。

这三种方法各有优缺点。从你的老板那里得到目标确实很容易，但我发现，高管往往对社群理解不够透彻，无法设定准确的目标，他们最终设定的目标总是模糊的或者不适合社群的。如果你得到了一个好的明确的目标，那么就按照这个目标来做。如果你没有得到这样的目标，但社群获得了大力支持，那就采用对社群最有兴趣和最有影响力的同事的个人目标。如果社群的支持程度很低，那就采用最容易获得成功的目标。

BUILD YOUR COMMUNITY

利益相关者的共识

在咨询项目中，我经常发现自己陷入困境，即利益相关者对社群的目标达不成共识。当这种情况发生时，我会邀请利益相关者参加一个研讨会，通过一系列活动，让每个人都可以强调他们的挑战，表达他们的担忧，并促进合作来确定他们目标的优先顺序。

最终决定仍然要由你做出，而且不是每个利益相关者都会同意，但至少每个人都有被倾听的机会，并提出自己的意见，同时了解其他人的想法。

第 3 步，为实现社群目标构建路线图

一旦有了按优先顺序列出的目标，你就可以开始构建社群路线图了。这个路线图是社群的简略规划，它表明了你的社群计划在什么时候实现什么目标。我的路线图分为三个阶段：短期、中期和长期。

个人和非营利性组织的社群目标路线图

个人和非营利性组织的社群目标路线图如表 1-4 所示，请注意从归属型到探索型，再到互助型的逐步扩展。你不一定非要按这个方向发展社群，但这有助于你明确每个阶段的工作重心，以及在核心工作之外还能做些什么来给成员和组织提供长期的最大价值。

表 1-4 个人和非营利性组织的社群目标路线图

短期目标 （0～1年）	中期目标 （1～2年）	长期目标 （2～5年）
达到每天更新 50 个以上帖子的关键活跃度	达到每天更新 75 个以上帖子的关键活跃度	达到每天更新 150 个以上帖子的成熟活跃度

续表

短期目标 （0 ～ 1 年）	中期目标 （1 ～ 2 年）	长期目标 （2 ～ 5 年）
在首批 300 名成员中创造一种强大的排他性和归属感（通过调查来衡量）	随着社群成长，继续保持归属感；让成员去控制社群的运行	保持强有力的归属感；将社群管理的大部分事务交给其成员
协作创建在某个主题上如何起步的清晰指南	每两个月创建一个社群指南，讨论最热门的话题	每两个月创建一个社群指南，讨论最热门的话题
	设置一个区域，让成员提交“板块报告”，说明社群板块中哪些对他们有效，哪些无效	保持“板块报告”项目，并每月向成员介绍最好的 20 份“板块报告”

随着社群的发展，它为成员提供的好处也会越来越多。请记住，我们还没有解决战略和战术问题，我们只是在确定社群的目标。

企业的社群目标路线图

为企业和大型组织构建的社群目标路线图又有不同，它的重点是社群对组织的好处。你可以在表 1-5 中看到一个例子。

表 1-5　企业和大型组织的社群目标路线图

短期目标 （0 ～ 1 年）	中期目标 （1 ～ 2 年）	长期目标 （2 ～ 5 年）
通过社群解决 25% 的客户支持方面的问题	解决 50% 的客户支持方面的问题	解决 75% 的客户支持方面的问题
生成 30 个优质的推荐	生成 50 个优质的推荐	生成 75 个优质的推荐
公布 10 个可使用的案例研究	公布 30 个可使用的案例研究	公布 60 个可使用的案例研究
	建立一个客户最佳建议的信息库	建立一个客户最佳建议的信息库
	利用社群的数据和创意来验证组织的开发重点	利用社群的数据和创意来验证组织的开发重点
		在正式推出前，先在社群里测试营销和公关材料

续表

短期目标（0～1年）	中期目标（1～2年）	长期目标（2～5年）
		将社群参与融入员工培训
		在主要的社群比较网站上生成评论

一般来说，你应该假定，随着社群逐步发展并取得成果，社群将获得额外的投资，而这将使我们能够达成更多的目标。

正如你在上面的例子中所看到的，你在第一年就要设定可实现的目标，并在获得成果时将目标稳步扩大。请注意，这些目标要看起来很容易实现。开始的时候，你要尽可能树立简单的目标，避免不现实的期望。你可以在以后提高标准，但要降低标准却很难。

第 4 步，将目标转化为行动

第 4 步是为了实现目标，社群成员需要采取的行动。为了达成上述每个目标，你都需要准确地列出你要社群成员做什么，这就是你为社群设定指标的方式。如果你在为企业工作，你的绩效最有可能来自这些指标的完成度，所以在决定这些指标时你要谨慎。

有时候，这个过程很容易。如果想帮助销售团队收集优秀的推荐语，就组织社群成员创作出推荐语。如果想收集产品反馈，就组织成员发送电子邮件或发帖给予反馈。有时候，这个过程却比较困难。如果想提高客户满意度或客户留存率，什么样的行动会带来这样的结果呢？它可能是社群成员解决了自己的问题，也可能是学习使用你的产品，还可能是拥有一个很好的社群体验，甚至是其他十几种可能性中的一种。这可能反过来意味着你希望社群成员完成新用户计划、培训课程、阅读置顶文章等行动。

为了帮助思考你可能希望成员在社群中采取的行动，我在表 1-6 中列出了许多常见的行动。

表 1-6　社群目标及其相应的成员行动

目标	达成目标的成员行动
提高客户满意度或忠诚度	• 提出产品问题并获得快速反馈 • 阅读有关产品优越性的信息 • 阅读关于如何发挥产品更大功效的建议 • 与朋友一起使用产品或服务 • 赚取积分或升级，从而提高更换商家的成本
产生和识别销售线索	• 创建能吸引高搜索流量的内容 • 分享成员认为可作为好的销售线索的想法 • 下载成员认为可作为有用的销售线索的产品信息 • 提出购买前的相关问题 • 搜索产品信息
发展拥趸，提高口碑	• 与朋友分享社群信息 • 撰写评论和推荐语
降低客户支持成本	• 在社群中提出产品问题 • 在社群中回答产品问题 • 在社群中搜索答案 • 对产品问题进行标记、更新和记录
产生产品创意	• 提出新的创意 • 发布产品反馈 • 对创意进行投票 • 参加焦点小组 • 参与调查
提高广告覆盖率或者降低广告成本	• 订阅品牌内容 • 打开来自该品牌的电子邮件 • 点击邮件中的链接
招募成员	• 回答展示专业知识的问题 • 查看在社群发布的招募广告 • 分享社群里发布的招募广告
提高效率，降低重复成本	• 在社群中寻求帮助，而不是通过电子邮件求助 • 在社群中回答问题 • 标记和分享文件 • 给有技能和专长的人贴上标签 • 更新文件 • 邀请人们分享他们的专业知识
捐赠、筹款或发起集体行动	• 开始请愿 • 签署请愿书 • 捐款 • 向朋友筹款

续表

目标	达成目标的成员行动
更了解彼此 （非营利性组织）	• 在社群中提出个人困境方面的问题 • 发布个人经验 • 阅读他人的经验

这远远不是一个全面的清单，所以请你根据实际情况添加。请记住，社群所创造的动态使令人赞叹的彼此奉献成为可能，但你不能期望这一切如魔法一样发生。很多社群都在试图提高参与度，但是却并不确知自己需要哪种类型的参与。如果你不清楚你希望成员做什么，他们行动的准确概率就非常低。

●● BUILD YOUR COMMUNITY ●●

使用具体的动词

你不应该在社群目标中使用模糊的动词，比如“分享最佳做法”，这个表述就是模糊的。这是否意味着参与讨论、发布内容、创建视频或类似的表述就是具体的呢？你、你的同事和你的受众可能对这些表述意味着什么有完全不同的理解。一个更好的表述是，让社群成员“创作长博文，解决其他成员所面临的主要挑战”。

你可以试着用更具体的动词和短语来取代“分享”“协作”“支持”等动词，如“创作博文”“回复问题”“加入群组”，这样每个人就都能理解你要实现的目标了。

一旦决定了社群成员需要做什么来实现这些目标，你就可以把它们添加到表 1-7 的模板中。

表 1-7　社群目标和成员行动模板

短期目标 （0～1 年）	中期目标 （1～2 年）	长期目标 （2～5 年）
通过社群解决 25% 的客户支持方面的问题	解决 50% 的客户支持方面的问题	解决 75% 的客户支持方面的问题
生成 30 个优质的推荐	生成 50 个优质的推荐	生成 75 个优质的推荐
公布 10 个可使用的案例研究	公布 30 个可使用的案例研究	公布 60 个可使用的案例研究
	建立一个客户最佳建议的信息库	建立一个客户最佳建议的信息库
	利用社群的数据和创意来验证组织的开发重点	利用社群的数据和创意来验证组织的开发重点
		在正式推出前，先在社群里测试营销和公关材料
		在主要的社群比较网站上生成评论
每一阶段主要的成员行动		
在社群中提出问题，而不是递交回函或致电客户支持人员； 在社群中回答问题	在社群中提出问题，而不是递交回函或致电客户支持人员； 在社群中回答问题	在社群中提出问题，而不是递交回函或致电客户支持人员； 在社群中回答问题
创作推荐视频	创作推荐视频； 从其他成员处征求推荐视频	创作推荐视频； 从其他成员处征求推荐视频
在社群中公布案例研究； 阅读和学习他人的案例研究	在社群中公布案例研究； 阅读和学习他人的案例研究	在社群中公布案例研究； 阅读和学习他人的案例研究
	就社群中的主要议题创作长篇建议性文章	就社群中的主要议题创作长篇建议性文章
	对当前的工程和设计方向进行投票	对当前的工程和设计方向进行投票
		对营销材料进行反馈
		在比较网站上发布评论

上面的例子可以说明，每个成员行动都应该是清晰和准确的。我们现在知道，当推出这个社群时，我们需要成员在社群中提出问题、回答问题、创作推荐视频、发布自己的案例研究，以及阅读其他人的案例研究。我们整体都将基于让成员这样做的设计思路，尤其是当我们要决定使用什么技术时，这一点非常重要。

BUILD YOUR COMMUNITY

警告：不要陷入参与陷阱

太多社群的项目都是在试图提高参与度，这就像用霰弹枪射击，希望能击中些什么。更多的参与确实对社群有益，但也可能造成伤害。

社群越大，你需要处理的问题就越多。大的社群吸引了更多的捣乱者，使它更难管理，而且对于你想吸引的那种成员来说，社群会因此变得陌生。如果成员不做你需要他们做的那些事，有再高的参与度其实也没用。永远不要仅以参与度来衡量社群。高参与度是不可持续的，也不能帮助你实现社群目标。

现在，你应该能够很自信地谈论你的社群目标、你需要成员采取的行动，以及你要建立的社群的类型了。在下一章，你将了解是什么促使成员参与社群活动，以及为了说服成员采取你列出的行动，你可以采用哪些策略。

社群行动清单 BUILD YOUR COMMUNITY

如何让社群高效达成组织目标

- 明确你要建立的社群类型，依据类型确定打造社群的策略和方法。
- 了解企业的需求，明确社群要解决的潜在问题。对这些问题进行排序，确定优先级，并将其纳入短期、中期和长期的目标路线图之中。

- 确定你需要成员采取什么行动来实现目标。
- 制定社群的成功标准，让整个计划得到利益相关者的支持。

第 2 章

步骤 2，精准切入，发现目标受众的独特需求

BUILD
YOUR
COMMUNITY

相关性是
使社群用户
不断回到社群中来的
吸铁石。

Relevance is
the magnet which draws
your members in and
keeps them
coming back.

社群繁荣的秘诀在于相关性。想一想，现在有多少人在争抢你的关注。你的社群成员不是非要参与你的社群不可，他们大可在视频网站上欣赏《每日秀》（*Daily Show*）的精彩片段，或是在 WhatsApp 上与朋友叙旧，抑或是在奈飞上追剧。争抢关注的战争总是如火如荼。

即使你的受众觉得有种强烈的需求，要去提问、向他人学习或分享自己的专业知识，你也不能保证他们必定会去你的社群里做这些事。他们也可以在社交媒体上、其他社群里或通过与他们的朋友和同事交谈的方式做到这些。那么，他们为什么最后要决定访问和参与你的社群呢？如果你不能回答这个问题，那你的社群就注定会失败。

只有在某个特定时刻为了满足需求和愿望，你的社群是与其受众最相关的地方时，他们才会访问和参与你的社群。这些需求和愿望每时每刻都会有所不同。当你在等公交车时，你可能只想消磨时间，访问社交平台是最相关的方式。当你在工作时，你可能需要得到一个软件问题的答案，访问软件公司的社群是最相关的方式。尽管这些需求和愿望每时、每日和每月都在变化，但万变不离其宗。在生活中某个时刻，访问你的社群需要成为社群成员满足自身需求和愿望最相关的方式。

相关性是使社群成员不断回到社群中来的吸铁石。相关性决定了你在社群平台上应该增加和删除哪些功能，决定了你应该发起什么样的活动和讨论。而且，最重要的是，它引导你了解应该邀请谁加入你的社群。你所做的每一个有关社群的决定，出发点都应该是将社群打造成满足受众需求和愿望的最相关之处。

相关性通常有两类，它们非此即彼。一个社群要么在短时间内与大量的人相关，比如互助型社群；要么在长时间内与少量的人相关，比如与兴趣和归属感相关的社群。Facebook 之所以流行，是因为你在那儿能比其他地方更好地表达自己、保持与朋友的联系。苹果社群之所以繁荣，是因为它是那些玩不转苹果手机隐藏功能又不想向客户支持人员求助的用户获得帮助的最佳场所。彩妆品牌 Fenty Beauty 的社群之所以繁荣，是因为它是展示用户的造型并在顶级品牌的主页上露脸的最佳场所。

按独特的需求来划分目标受众

如果你试图与所有人都相关，那你最终将与任何人都不相关。你的受众是非常多样的，他们并非具有相同需求和愿望的同质化人群。他们有着不同的背景和经历，甚至可能在完全不同的领域工作。有些人可能是对某个主题充满热情的新人，而另一些人可能是激情不再的老手。对一个群体有相关性的东西，可能对另一个群体就完全不是那么回事儿了。例如：新人可能需要关于某个主题如何上手的建议，比如产品和服务的购买建议，以及避免犯常见错误的提示；老手希望得到的可能是独家新闻、深刻见解和高级技巧，并希望自己的经验获得认可。

社群是为谁而建立的？这是你将为你的社群做出的最重要的决定，特别是在开始的时候。做这个决定不是一件容易的事，你可能面临几十个选择。想象一下，你要为产品经理创建一个社群。你可以从产品经理的经验值着手，比如新人、老手等；也可以从他们所在的地理位置着手，比如纽约、伦敦、新德里等；还可以按照他们所处的行业来创建，比如技术、零售、体育等；甚至可以按照他们工作的公司类型来创建，比如小型、中型、大型企业等。这些选择将决定你的社群与受众之间的相关程度。如果你是一个在《财富》500 强企业工作的产品经理，你可能就会发现相较于一个为所有领域的产品经理服务的社群，一个专门为《财富》500 强企业的产品经理服务的社群明显更有相关性。这种相关性的区别非常大，区别程度可以达到成员觉得社群里的讨论只有十分之一与自己有关，还是有十分之九与自己有关。顺理成章地，这也就带来了另一个区别：有些社群是成员每天都会访问的，而另外一些则是数月才想起一次的。

增强相关性的秘诀在于细化社群的目标受众。例如，如果你要创建一个跟爱好相关的社群，比如烤面包，那么让专业面包师觉得有价值的相关讨论和信息与周末才烤面包的业余爱好者感兴趣的信息就完全不同。那些专业面包师可能想讨论商用烤箱的价格和功能比较，而业余爱好者却可能只想了解该用哪种酵母或者如何让烤出的面包不再软塌塌的。当你准确地锁定目标受众和社群目标时，在社群初创时吸引用户就会变得更加容易了。

BUILD YOUR COMMUNITY

使用好专属性这个强大工具

2012 年，一家医疗服务公司向我提出了一个常见的问题：他们的社群缺少参与度。他们想创建一个社群，吸引在医疗服务行业有影响力的人和医疗服务的购买者共同参与到他们的生态系统中来。他们聘请了一家知名的设计公司来制订推广方案，也聘请了一个小型的社群运营团队来把参与度推到较高的水平，而且花了一大笔钱设计了一个很花哨的技术平台。

这个平台拥有你能想到的一切。它有讨论区、私人小组、博客、游戏化功能、社交媒体整合……它充斥着各种各样但少有人用的功能。每隔几个月，他们就会硬推一个新的活动、比赛或促销，以吸引人们加入他们的社群。他们的每次努力都会带来参与度的爆发，但是，那些新人来得快，消失得更快。这个社群变成了一个昂贵的“鬼城”。当这家公司找到我的时候已经得出结论，他们需要换一个全新的社群平台。

我觉得他们不应该那样做。其实问题不在于他们使用的平台，而在于他们与目标受众的相关性不足。把一个“鬼城”从一个平台搬迁到另一个平台上并不能化腐朽为神奇，让它一夜爆红。那个社群根本就不是他们的受众想去的地方。真正的问题在于他们试图同时吸引太多的人，这造成了他们与目标受众之间没有足够的相关性。

我们尝试了另一种方式。我们没有试图创建一个人见人爱的社群，而是创建一个仅向顶尖人群开放的社群，希望吸引在医疗行业内有影响力的人士和高级采购经理逐渐加入。我们列出了一份医疗行业排名前217位的顶尖人士名单，并为他们建立了一个专属群组。名单上的每个人都收到了公司首席执行官的私人邀请，解释了他们每个人被邀请的原因、这个群组创建的目的，以及在这个群组里他们将与谁联结在一起。

名单上的人进入群组之后，我们马上征求和发起了对热点问题的讨论，这些问题是我们之前对受众研究时发现的，还举办了在线私享网络研讨会和线下活动，帮助人们相互认识。最重要的是，我们每个月都投入数小时与每个参与者联络，了解他们的具体需求，然后跟进，确保他们在几周内就得偿所愿。如果是在一个有数千名成员的社群里，要做这些事是完全不可能的。但是，由于我们缩小了受众范围，所以只需要每天联系 5 ～ 10 个人，每个月就可以与所有人都联系一遍。

效果立竿见影。这个群组的大多数人每个月至少有一次贡献或分享，而且从一开始，讨论就一直很活跃。群组成员不断告诉我们，这个小小的社群在他们的工作中有着怎样的作用，他们觉得自己终于找到了同伴。这个社群已经成为业内顶尖人士公开分享和相互帮助的专属私人空间。

更重要的是，我的客户从中追踪到，由于这个新社群发展出来的关系和对话，采购额直接增加了 430 万美元。与超大型社群相比，这个群组可能太小了，但它将我的客户与这个行业的所有关键人物联结在一起。而且，我的客户意识到这些关键人物不需要一个花哨、昂贵的平台，只需要专属性和 VIP 待遇。

如果你想让你的社群成为受众的优先项，它就必须与他们的生活有无与伦比的相关性。这才能确保你的受众每天一睁眼就自然而然地访问你的社群，而不是你的社群眼巴巴地盼着受众无所事事时能赏脸光顾。如果你不能使你的社群具有相关性，其受众将永远不会把它作为优先项。

从尽量小的切入口入手，精准满足受众需求

我们可以把相关性分为两类：与你当下的事情相关以及与你的长期目标相关，即日常相关性和长期相关性。从长期来看，你可能想变得快乐、健康和富有，并与配偶、家人、朋友和同行有良好的关系；而当下的你可能正在找寻提高社群参与度的技巧，正想找一家好餐厅与好友聚餐，或者正在等待提出加薪要求的合适时机。是否了解日常相关性和长期相关性在内容上的差别，对于你的社群成功与否至关重要。围绕宏大、崇高、长期的目标建立社群听起来很美好，但根据我的经验，将社群定位为服务于那些直接的日常需求会更好。

几年前，我受邀拯救一个奄奄一息的教师社群。这个社群已经运营了近 5 年，但最近两年教师的参与度直线下降。我已是这个项目邀请的第三个顾问

了。前两个顾问研究后发现，教师们都太忙了，所以建议社群提高使用便利性，但这个建议没有奏效。他们只是听了教师的话，却没有正确理解教师的需求。让社群更容易使用并不能让社群与教师之间更有相关性。人们无论如何都会为足够重要的事情腾出时间，所以真正的问题是，这个社群与教师的日常需求没有相关性。

如果这个社群里的教师说他们被工作压得喘不过气来，根本没有空余时间，那么解决方案就很明显，而且明显到太容易被忽略的程度。我帮助我的客户重新定义了这个社群的根本任务。因为缺少时间是教师面临的最紧迫的问题，所以我们调整了这个社群来解决这个问题。我们把整个社群变成了一个供教师交换节省时间技巧的所在。

我们请来了效能专家，让教师追踪统计自己利用每个点子节省了多少时间，并且选出每周最佳省时窍门。我们创建了一个“快速省时技巧”专区，用来展示教师们使用那些技巧的照片和视频。教师社群的参与度在社群改头换面之后的第一个月里缓慢爬升，然后在接下来的几个月里迅速飞升。在 6 个月内，社群的参与度超过了其历史峰值。这里的关键在于，确定当下什么与我们的成员有相关性。一旦我们搞清楚了这个概念，制订参与度提升计划就变得容易了。

“当下”这个词在这里非常关键。当然，教师们仍然关心这个行业的未来，会讨论薪资问题，并深切地希望帮助他们的学生。但当下，他们真的是太忙了，忙到无法把这些事情作为优先项。一旦社群了解到教师在目前面临的最大挑战，这个挑战就成了优先项。

另一个很好的例子来自我 2018 年参与的一个社群，它服务于销售人员和税收专业人士，当时它的情况有些不妙。这个社群创建时有个宽泛的目标，要帮助成员分享建议和专业知识。然而，我们的研究却表明，销售人员最需要的是案例研究模板、报价模板，以及在电话推销中使用的合适话术。我们没有再继续推动人们参与讨论，而是从一小部分成员那里获得了 150 个模板，并与网上的其他模板集合到一起，以此作为起点。然后，我们告诉社群成员，如果他们想进入这个宝库，就需要分享自己的模板和资源（请注意我们在这里是如何解决集体行动难题的）。每一个新的模板都会被添加到这个宝库中，这反过来又吸引了更多人分享他们的模板。这种良性循环也推动了关于各种情况下可用的最佳模板的讨论，稳步提高了社群的参与度。

如果想让你的社群茁壮成长，你就不要对它的好处语焉不详，也不要让它的目标大而化之，而是要确保社群目标与成员当下的需求相一致。没有人需要加入“另一个差不多的社群”，他们希望加入的是一个能为他们的日常需求服务的社群。这一点对每一种社群都是至关重要的。即使管理的是亲密朋友之间的小型 WhatsApp 群组，你也要考虑满足成员的直接需求。它可以是找乐子、创造归属感，也可以是计划马上要动身的旅行。

通常，让一个社群起步的最佳做法就是找一个尽可能小的切入口，即你可以通过满足成员的某个日常需求来吸引他们。然而，这就引出了一个显而易见的问题：如何找出社群受众的日常需求？

四个动作，真正为目标受众的需求服务

第 1 步，构思和完成受众调查

要想知道你的受众想要什么，最简单的办法就是直接问他们。如果是为了一小群人（少于 100 人）的爱好而创建社群，你就完全可以在几周内接触到其中绝大多数人，并一一询问他们的需求。你获得的答案是无价的。

如果是为一个组织创建社群，你就有两种常见的受众调查方法。第一种方法很简单，就是选择一个你的组织已经建立的用户画像。许多组织本就有可供

研究的细分市场或典型用户，你可以向营销或销售团队索要。如果你足够幸运，他们甚至可能已经根据这些细分市场，将用户划分到不同的电邮通讯录群组，这将为你节省大量的时间。如果你的组织还没有这些或者你无法接触到它们，你就需要使用第二种方法，即自己做研究。确定细分市场最简单的方法就是做问卷调查，你有很多工具可用，包括便宜好用的在线调查平台和专业的调查系统。如果为了简单方便，我倾向于选择免费的在线调查平台。你做调查时应该尝试从人口统计学、行为学和心理学的角度入手，我在表 2-1 中对这些角度进行了拆解。

对于不同的社群，与之相关的问题也不同。请根据你的具体情况，自行决定对调查问卷该做哪些调整。在理想情况下，你提出的问题应该不超过 7 个。你的问题越少，能配合完成调查的人就越多。你要坚定地拒绝那些想在调查中加入更多问题的同事。如果不确定将如何处理某个问题的答案，你就不要问那个问题。请尽量避免用奖励来换取调查对象完成调查。有多少人愿意花时间完成调查是一个很有用的指标，它可以表明在开始时有多少人可能会加入你的社群。如果你随后需要进行用户预测，这也将是有用的信息。

表 2-1 受众调查的问题类型及其原理

类型	设计原理
人口统计学问题	人口统计学问题通常会提供最简单的方法，帮助你预设和开发受众群体。这类问题包括受众所属行业、年龄、性别、地域等
行为学问题	行为学问题是关于调查对象曾经或正在从事什么工作的问题。最常见的问题是，作为用户、社群成员、行业从业者、对该主题感兴趣的人，他们在其中有多久的经验。这一点很重要，因为刚进入某一领域的新人的需求，往往与专家的需求非常不同，这就提供了一个简单的划分受众的方法。在这个部分还可以问一些其他有用的问题，比如：是什么让他们来到这个社群、他们会从其他什么地方获得有用的信息等
心理学问题	心理学问题有助于你深入挖掘受众的性格特征、需求和欲望。你可以问调查对象觉得社群的哪些方面最有用、他们对社群主题的哪部分最有兴趣，从而找出潜在的有用的痛点。对于这类问题，我们通常会采用打分和排序的方式

如何找到调查对象

一般来说，调查对象可以来自你现有的客户名单、电子邮箱通讯录以及新闻简报通讯录。如果一开始没有受众，你就可以通过社交媒体广告和其他推广渠道来找调查对象。

如果你要接触的是完全不了解你的受众，可能就不得不提供小小的奖励来让人们做出回应。通常情况下，小奖品就足够了，但最好在不得已的情况下才这样做。

为了提高有效性，你至少需要收回 285 份有效问卷。只要可能，就要收回尽可能多的问卷，但 285 份通常是最低限度。这通常意味着，你必须将调查问卷发送给 2 500 ～ 5 000 人。如果做不到这一点，你也不必太担心，但你收回的问卷越多，结论就越有效。

第 2 步，依据受众独特需求，确定细分市场

现在，让我们来面对棘手的部分。通过调查，你要找出具有独特的共同需求、行为或兴趣的成员集群。你可以逐个审视每个问题的回答，并对前后的回答进行比对。一些调查软件会提供比较功能，让这个过程变得简单，你可以根据某个问题的答案将调查对象分类，并比较他们对另一个问题的回答。例如：你可以比较过去一年内加入社群的新人和社群老手各自列出的挑战；你可以先根据所属行业将调查对象分类，然后比较不同行业的人对其他问题的回答，以寻找显著差异。这种做法并不那么严谨，但通过使用不同的过滤标准，你还是能够分出一些群组的。你可能会对有哪些不同的群组有一些预感，所以测试一下你的直觉吧。通常情况下，年龄、地域、职业等因素有助于你细分受众中的独特群体。有的调查软件还会提供统计学显著性选项，显示你所使用的过滤标

准是否具有统计学意义。

每当你找到一个潜在的独特细分市场时，请马上把它写下来并记录这个细分市场的独特之处。你不需要把社群的每一个成员都整整齐齐地归入特定的群体中，而是要为你可能针对的目标受众描摹一个轮廓。最理想的情况是，你找到了具有独特日常需求的群体，而且你可以比其他渠道更好地满足他们的需求。如果你愿意，可以把这些都转变成完整的用户画像，但通常简单地列出细分市场的独特兴趣就足够了。表 2-2 举了一个典型的例子。

表 2-2　社群细分市场概述

细分市场	概述
新用户（使用产品的年限为 0 ～ 1 年）	• 迫于当下面临的产品问题而不得不加入社群，希望得到解答，且不希望因为问了一个“傻问题”而被嘲笑 • 寻找可以遵循的例子和指南 • 担心在一开始被太多的信息所淹没 • 通常通过电子邮件向客户支持人员和身边也使用该产品的朋友求助
中级用户（使用产品的年限为 1 ～ 2 年）	• 如果社群中的问答和长篇文章的内容、形式组织得好，他们就会感兴趣 • 有时会浏览问题，并且回答一些他们知道答案的问题 • 访问的最大目的是获得最新的产品信息
老用户（使用产品的年限为 2 年以上）	• 出于习惯而经常访问，看看是否有新的东西可以借鉴 • 非常介意有用信息和“灌水”的比例，如果社群里有太多初级的内容，他们会有些不开心 • 他们喜欢的新的一天的打开方式是：快速浏览一下社群，同时打开几个对话框，回应相关的问题 • 希望有一个更私人的地方与其他老用户聊天，感到自己是公司使命的一部分

你还可以添加几个限定条件，从而得到更具体的细分市场，比如在美国境内的老用户或者使用特定产品的新用户等。不要担心某一细分市场的人数太少，甚至与社群成员总人数不成比例，重要的是确定每个人的独特需求。

第 3 步，优先服务首选细分市场

在这一步，你需要从已获知的细分市场中挑选一个或几个，作为你一开始的服务对象，你有两种选择方式可用。

第一种方式是，选择你认为对组织最有价值的群体。你可以按价值高低排列细分市场，然后从最顶端的那个开始。例如，如果你正在创建一个客户支持社群，你可以在启动社群时，帮助客户解决某一类问题，或者只关注新用户，然后逐渐扩大服务范围。同样地，你可以只为你最忠诚的客户、最热情的粉丝或在社群主题上最有经验的人创建社群。

第二种方式是，选择最有可能参与社群的那个群体。这通常是最容易的创建社群的方式。这个群体一般来说与你本就有较好的关系，他们对你的社群能提供的东西有显著的热情，或者在吸引这个群体的关注方面，你的社群面临的竞争最小。一般来说，在开始阶段最好避免竞争激烈的领域。

BUILD YOUR COMMUNITY

对细分市场的服务

标题中的问题引发了另一个问题：难道我不能同时服务多个细分市场吗？

你当然可以同时服务多个细分市场，但这会增加风险，你可能无法很好地满足每个细分市场的需求。正如我们很快就会看到的那样，为任何一个细分市场提供服务都要付出极大的努力。试图为更多的人服务就像同时举办多场聚会，通常情况下，最好能专注于单一的细分市场，然后逐步扩展。这并不是说你要禁止用户从其他细分市场加入你的社群，而是说你需要明确自己在开始阶段的服务重点。

第 4 步，进行访谈，以确定用例

现在，是深入了解受众需求的时候了。你可以去参加各种活动，与你的受众面对面相处，这很重要。我曾花了好几天的时间，待在潜在社群成员的办公室，还与他们在咖啡馆里碰面，尝试全面了解他们的需求。如果做不到，你也可以尝试安排电话访谈。

我建议在每个细分市场选取 3 ～ 5 个成员进行访谈，最好是当面交谈或通过电话访谈，从而更深入地了解他们是谁、他们需要什么。例如，先前提到的销售专业人士社群，这些用户就很清楚他们需要报价和案例研究的模板。但是，只有在访谈中，我才能准确地发现他们需要的模板类型和格式。一旦知道了这一点，我们就可以确保在推出这个社群时储备了足够的模板。

你可以通过你现有的电子邮箱通讯录找到受访者，或者发送邮件邀请人们自愿接受采访。请记住，访谈不是调查。你可以从几个宽泛的问题开始，但接着就应该更深入地了解确切的背景和信息。让访谈对象说出他们想要的有用信息，这很容易，但是，要让他们准确描述自己正在做什么以及需要什么样的具体资料及其格式，这就不容易了。我还喜欢问一些其他问题，比如他们的需求、挑战和志向是什么，他们把哪些人归为同类，等等。

通过访谈数据，你应该能够准确地定位成员的需求。然后，你就可以将这些需求转化为社群的具体用例。在表 2-3 中，你可以看到针对新用户这一细分市场的需求和用例的例子。

表 2-3 针对新用户的社群用例

成员需求	用例
不被太多信息淹没	• 新用户在加入社群时，只会收到有限的信息，说明他们接下来需要做的事情
在加入社群的每一步都获得指导，了解当前要怎么做	• 通过一个精心设计的为期 30 天的入门流程，以讨论、指导和传递内部专业知识的方式逐步引导新用户入门

续表

成员需求	用例
有足够的自信提问，不担心被他人嘲笑	• 新用户会与经验丰富的导师结成伙伴，他们可以向导师提问并得到解答 • 新用户加入一个专门为新人提问而设的私人群组，在此无须担心出丑
针对具体情形获得建议	• 社群成员可以分享他们正在进行的工作的截屏，并看到其他人的截屏，以获得即时反馈
知道自己是否做得对	• 社群成员可以分享并跟踪自己的进展，与其他也在经历同一阶段的人进行对比
轻松找到相关信息和文档	• 社群成员会在产品指导页中收到弹出的信息，看到与此阶段有关的问题和答案
感到与其他处境相同的人联结在一起	• 社群成员可以在其他成员的个人资料信息中看到对方使用产品的天数
即使做成的只是小事，也能有成就感	• 当加入社群超过 30 ～ 60 天时，新用户会晋级，同时获得奖励、折扣或推荐代码

BUILD YOUR COMMUNITY

用例

简单地说，用例描述了你的目标受众该怎样使用你的社群。如果社群成员需要信息，用例可以是如何在该社群内搜索某个主题的相关信息、如何针对这个信息提问，或者如何获得其他成员已经发布的相关信息。

用例将你从成员那里收集的情感需求和愿望清单，转化为人们在社群内需要采取的具体行动。在此之后，你将根据它们来选择需要使用的技术和设计你的社群。

希望现在你的社群在你心中已经初具轮廓。你应该能够清楚地意识到，你的社群主题是什么，以及在这个社群里将发生什么。在下一章，你将学习如何利用上述这些用例，为受众提供完美的社群体验。在后面的章节中，你还将学习如何使用这个设计框架来创建成员喜欢的内容，引导他们讨论。这样做的目的是帮助你的社群爆发或重振生命力。你能否做到这一点完全取决于社群是否能成为满足其成员日常需求的最相关之处。

总体而言，对成员注意力的争夺是很激烈的。如果你希望社群蓬勃发展，你的社群就要比其他渠道更好地满足受众的日常需求。然而，受众的需求太过多样，无法同时得到满足。所以你要按独特的需求来划分受众，并决定你首先要满足哪些需求。你可以做一个简单的调查，来了解这些细分市场，并选择最适合你的入手之处。

一旦清楚了你要选择的细分市场，你就要对其了如指掌。你要参加目标受众所参加的活动，对其中 3 ～ 5 名受众进行访谈，并尽可能深入地了解他们的需求。随着你对他们的了解加深，你应该能够列出一些受众需求，并把这些需求变成你的社群的用例。这些需求和用例将为你今后针对社群所做的每一个决定提供信息。你始终要坚持的任务是，使社群成为与其成员最相关的地方，满足他们的日常需求和愿望。

社群行动清单 BUILD YOUR COMMUNITY

如何让社群成员“唤得起、撩得动”

- 针对你的社群成员做问卷调查。
- 按不同的标准对受众进行细分，详列所有独特的细分市场，选择最适合的细分市场来推出社群。
- 对潜在社群成员进行访谈，从而确定其具体需求，为每类社群成员制定一个需求清单，并将这些需求转化为具体用例。

第3章

步骤3，选对平台，打造非凡的社群体验

BUILD YOUR COMMUNITY

好的社群体验
让成员努力最小化，
回报最大化。

Great community experiences
minimise efforts
and maximise rewards.

如果你以前没有开发过社群网站，实际操作时你可能会觉得自己仿佛戴着眼罩走在雷区里，身边到处都是可以把你炸飞的玩意儿，而你甚至都不知道它们究竟是什么。我见过一些组织让几百万美元打水漂，做出来的社群网站糟糕透顶。对社群管理员来说，没有什么会比从无到有地创建一个社群网站的压力更大了。就像建造房屋一样，它往往比你预期的更昂贵、更耗时、更困难。

本章将指导你完成为你的社群建造家园的整个过程。无论是服务几十个成员还是数百万客户，你的社群本质上都是一个供成员参与和互动的地方。一些组织在社群平台上投资数百万美元，而另一些组织只花费几百美元就为他们的成员创造了非常好用的社群。如果你是独行侠，只要在功能上做好取舍，就算不花钱你也能开发出非常高效的社群平台。在这一章中，你将了解有哪些可用的社群平台、如何为你的受众选择合适的社群平台，以及如何设计你的社群平台。我还将提醒你避免一些常见错误，解决可能出现的其他问题。

社群平台和社群网站之间有什么区别呢？让我们首先区分这两个关键术语，它们经常混用，但其实含义完全不同。平台是一套技术，你使用这个平台来创建你的网站。例如，Facebook 是一个平台，你可以在 Facebook 这个平台上组织一个群组。社群网站建立在平台之上，是社群的家，它是社群成员看到的东西，也决定了他们相互之间的互动方式。例如，流媒体音乐服务提供商

Spotify 的社群网站是建立在 Khoros 平台上的，Khoros 平台还为 Fitbit、惠普和丝芙兰等公司的社群提供服务。为了简洁，也为了避免混淆，我会将在平台上创建的所有界面都称为社群网站，尽管如果你使用的是 WhatsApp 或 Slack 这样的平台，这样称呼并不严谨。

你可以把整个过程看成找房子。一些社群平台提供类似于精装房的东西，你只需把你的名字贴在信箱上，就可以搬进去了。另一些社群平台则只给你提供材料，要你自己组装，你可以完全按照自己的意愿进行定制，但这将花费更多时间和金钱。

五大方向，选择合适的社群平台

在决定使用什么平台之前，你需要弄清楚自己打算采取什么方法创建社群。你可以在以下五个大方向上做选择。

1. 自建平台

你可以从零开始建立自己的社群平台。这样做的好处是，你不需要支付使用费，这一点后文会提及更多，并且可以随心所欲地设计它。你能想到的大多数主流网站，如 Facebook、领英、Reddit（社交网站）和 Stack Overflow（IT 技术问答网站），都是组织自己开发的平台。最近，一些大品牌也开始采取这条路径。

然而，自建平台完全就像从零开始自建房屋。如果之前没有做过，你就会发现它比你想象的更复杂。即使聘请行家里手，你仍然会面临意想不到的挑战。许多尝试这种方法的人很快就意识到，它的麻烦远远超过它的价值。对所有组织而言，自建的平台所带来的社群体验很难与主流平台供应商所提供的相媲美。

主流的社群平台供应商在社群方面拥有更多的技能、知识和经验，他们整个组织的存在就是为了把这一件事做到最好。当你购买一个平台的服务时，不仅是在为技术买单，而且是让自己避免了一大堆代价高昂的错误。自建平台能确保它有你想要的每一个功能，还节省了使用费，但这些好处通常会被你在实际工作中面临的麻烦完全抵消掉。

只有两个群体应该尝试自建平台，一个是拥有大量专业知识和资源的大型组织，另一个是一无所有却热衷于尝试新事物、愿意承担风险的初创企业。

2. 白标平台

白标平台是已经建好的社群平台，你可以直接贴上你自己的品牌。你可以把这些平台看作精装房，它们完全是为你建造的，你当天就可以搬进去，而且与其他选择相比，它更便宜。

白标平台虽然更便宜，但每个网站看起来几乎一模一样。这些平台的运作方式是：向每个社群提供相同的产品，而不是为每个社群定制一个网站。虽然你可以改变一些东西，但改善空间有限。

“白标”一词意味着，在社群中显示的是你的名字，而不是平台的名字。这就是这些平台与 Facebook、领英、Reddit 等平台的区别，后者虽然是免费的，但自带平台品牌，而不是仅显示你自己的名字。那么，为什么不直接使用上面某个免费平台，而要去使用白标平台呢？主要原因是，你不仅可以对白标平台进行更多的定制，而且作为一个付费客户，在遇到问题时会有人为你提供帮助。当对问题抓狂时，你试着给 Facebook 的管理人员打电话看看！这也意味着，白标平台供应商不会像 Facebook 那样，在没有任何解释的情况下突然删除你的群组。想象一下，你花了多年时间建立 Facebook 群组，有一天你发现它因为一个语焉不详的投诉就彻底消失了，而你无能为力。对于白标平台，你还可以期待更好的沟通，你能了解即将发生的事情，并且向一个真实的人反馈信息。通常，你的社群里也不会出现广告，尤其是来自竞争对手的广告！请记住，社交媒体提供的工具之所以是免费的，是因为你为社交媒体提供了向你的社群成员销售广告的便利。

你有很多小型白标平台可选，其中最受欢迎的三个是 Mighty Networks、Tribe 和 Hivebrite。这三个平台都允许你选择自己想要的功能，比如讨论、私人小组、在线课程、文件共享等，你可以按自己所需稍改设计，在几分钟内就可以启动你的社群。这些白标平台在最基本的功能选项上是免费的，如果需要高级功能和技术支持，则要支付一定的费用。如果你的预算和技术能力有限，白标平台不失为一个好选择。

使用白标平台的最大优势是，社群通常启动得更快，而且比投资一大笔钱在一个花哨的社群网站上风险要小得多。特别是当你还没有成千上万的用户时，你不必一下子投入大量的金钱，然后眼巴巴地等着人们光顾。

白标平台也有明显的缺点，它没有企业平台那么多功能。要将这些平台连接到你现有的数据库可能非常棘手，而且你不能完全按照自己的想法定制网站。当你想升级社群时，你很难离开这些平台。例如，如果不能将你的社群数据从一个平台转移到另一个平台，你就需要所有的成员重新注册账号，并失去他们之前的所有对话和分享的专业知识，这会非常痛苦。

3. 开源平台和自托管

让我们回到之前那个房子的比喻。你不只是需要一幢房子，还需要有地方来放置你的房子。在技术上，这被称为托管。例如，你的网站由某个服务器托管，而你为使用该服务器支付费用。社群也是如此。当你为一个社群平台付费时，不仅是为社群技术付费，而且是在为它托管了你的社群而付费。这意味着社群平台担当了房东的角色，你向它支付使用费，平台持续更新软件，维护社群运营，并在出错时进行修复。有些平台可能会为其日常维护和问题修护服务收取额外费用。选择社群平台的好处是有人负责平台运营，缺点是你得花钱。

在自建平台和使用白标平台之间，还有另一个折中的选择，那就是使用开源软件。这是由组织、编码者和开发者组成的社群提供的软件，你可以免费下载并随心所欲地修改。你可以在自己的网络服务器上或者从如亚马逊网络服务这种第三方公司租用服务器来托管社群网站。

选择开源平台的好处是价格低廉，并且一开始就有一些可以使用的东西，即你不是从零开始开发，而且你通常背靠一个社群，可以向其寻求帮助。它的缺点是，你仍然需要花大量的时间来设计网站，而且必须自己处理所有琐碎的事情。这些琐碎的事情包括定期更新软件、确保没有重大的安全风险，以及修复损坏的东西。除非你有很强的技术背景和使用开源软件的经验，否则我建议你暂时不要选择开源平台。

4. 企业平台

企业平台功能齐全，是社群平台世界里的豪宅。今天，大多数大型客户社群都是由企业平台托管的，主流的企业平台大约不到 10 家。原因很简单，大品牌有非常具体的需求，它们不希望自己的新型社群托管在一个功能有限的廉价平台上。

从技术上讲，企业平台也属于白标平台。它们给你软件，你在上面贴上你的名字和标识。你的大多数用户甚至不知道他们使用的是谁的软件。但是，企业平台提供的功能更广泛和深入。这些功能远不止于论坛的问答，用户通常可以分享博文、发布文档（知识库）、通过贡献赚取积分并获得排名（游戏化）、直播、给其他人的想法投票（创意交流）、创建和加入群组等。

另外，企业平台拥有更优化的搜索、新用户导引功能，以及更好地与你现有系统集成的能力。与你现有数据库的集成非常重要，你肯定不希望你的客户使用你的社群时必须记住另一个用户名和密码。在这个层面上，集成意味着当客户从你的公司网站转移到社群时，不仅能够无缝登录或保持登录状态，而且能够跟踪社群活动和购买活动。例如，你的客户支持团队会知道客户以前在社群里问过什么问题、看到过什么答案，团队可以利用这些信息，避免让客户重复那些已经尝试过的东西，并引导客户找到最佳解决方案。你还可以根据客户在社群中的行为，得到客户真正想要什么的有趣数据。

企业平台通常还提供更多的定制服务、更高级别的隐私和安全选项，以及其他服务来帮助你运营和发展你的社群。在大公司，任何不符合公司安全要求的软件都不可能获得批准，这往往意味着，你其实并无其他选择，只能使用企业平台。

在撰写本书时，我了解的顶级企业平台有 Salesforce、Khoros、Telligent、inSided、Higher Logic、Vanilla 和 Discourse。虽然肯定还有大量的竞争者，但通常最好是选择一个知名供应商。原因很简单，如果你花了大量的时间和金钱在一个平台上创建社群，就不会希望某天发现你的平台供应商陷入财务困境，可能会关闭业务或无法与其他更好的平台竞争。

BUILD YOUR COMMUNITY

你买的到底是什么

你要知道自己从企业平台那里买的到底是什么。正如我们之前提到的，你买的不是软件，而是在一个具体时限内，通常是三年左右的软件使用权。

这些平台的使用费也反映了这些平台功能的广泛性。费用往往从每年几万到几百万美元不等。根据我们的经验，大多数组织一般预期的年费从 8 万美元到 40 万美元不等。你也可以购买高级支持包，以便在出错时立即得到帮助。

使用企业平台主要有两个不利因素，最明显的是成本。创建社群的成本不仅包括平台使用费，还包括运营费用，它用来设计和配置你的社群，使其按照你想要的方式运作，还用来优化社群的呈现效果。另一个不利因素是时间。在经历了漫长的选购过程后，你仍然需要创建社群，将其与现有的系统集成在一起。从你签署合同到社群真正投入使用，通常需要 3 ～ 6 个月的时间。

上述两个不利因素都会带来另一个缺点：高风险。成本越高、创建时间越长，社群要证明自己并立即取得成功的压力就越大。如果社群没有立刻成功，你的同事可能很快就会开始质疑社群的价值。即使社群没有流行起来，你可能仍然要在合同剩余期限里每年支付数十万美元。

5. 社交媒体工具

你可能会想，使用一个花哨的企业平台听起来似乎很麻烦。你的社群真的需要依托一个金光闪闪的平台来做各类活动吗？如果每年花在社群平台上的预算不到几千美元，那该怎么办？为什么不直接使用你和社群受众每天都用的社交媒体工具呢？

社群受众每天花在社交媒体上的时间已经有好几个小时了，这些平台是免费使用的，而且在许多情况下具有最先进的功能。你可以马上就启动社群，让这些平台来处理所有的烦琐小事。你可以使用现成的工具，创造相当不错的社群体验。你可以把 Twitter、Slack、WhatsApp 或 Facebook 群组作为成员之间相互交流的场所。你可以在内容发布平台上创建和分享博文，在在线会议软件上举办网络研讨会，在电子邮件平台上发送电子邮件，还可以使用各种活动软件来达到协同成千上万甚至上百万人的效果，而无须直接控制这些平台或工具。

如果使用像 Zapier 这样的自动集成工具，你就可以整合其他优质软件，如 Tettra（供成员相互分享资源）和 Donut（在成员之间建立联系）。你甚至可能最终创造出比使用昂贵平台更好的社群体验。

使用社交媒体工具的主要好处是省钱，而且在许多关键功能上你得到的通常是最优体验。这也是相对快速的启动方式，你的工作更灵活，而且会有其他人负责后台运营。你使用的是社群成员已经在使用的工具，所以你不需要劝说他们去访问一个新的网站。另一个主要好处是赋能社群成员。你可以去他们已经在的地方，帮助他们从现有的社交媒体用户中获益，并支持那些决定创建新小组、博客或以自己的方式做出贡献的成员。

然而，使用免费的社交媒体工具也有很大的弊端。对于大多数社交媒体，你是完全没有控制力的。而且在 Facebook 这样的大平台上，覆盖率，即会看到你的信息的人数比例，可能低至 0.1%，这意味着在喜欢或关注你的账号的人中，只有千分之一的人会看到你发布的新信息。另外，当发生意外时，控制力的缺失也会成为一个问题。如果社群成员开始互相辱骂和传播虚假信息，你的品牌就会受到影响，尽管这样的事情你根本无法阻止。而且，你也没有办法阻止竞争对手溜进来搞破坏。

如果使用免费的社交媒体工具，你还不容易收集到有关自己社群成员的数据。你想知道有多少人在关注和参与社群吗？你得有极好的运气才能得到答案。你想知道你的努力是否产生了很大的影响吗？你很难找到答案。你根本无法得知你的客户中有多少人是真正参与了社群活动。

最后，如果你的社群要更换平台，社群成员不得不从一个工具换到另一个工具，整个过程就缺少一个中心网站来推动和协调，这也会是一个令人困惑的社群体验。这样，社群成员就缺少类似“大本营”的体验，你的社群就像没有心脏一样。你可以制作一个网页来连接所有这些东西，但大多数成员不太可能看到这个页面。

虽然对顶级品牌来说社交媒体工具可能不是好的选择，但如果你正在为你热衷的话题发展一个社群，这可能就是一个完美的选择。对于一个较小的群体或地方俱乐部，这可能也是一个很好的选择。越来越多热衷于自己动手的人正在通过这种方式创建他们的社群。

不同方向的比较

表3-1对不同的社群平台选择方向做了比较，你可以用它来找到适合自己的最佳方向。

表3-1　5大社群平台选择方向的比较

	使用费	托管费	落实费用	所需的专业知识	定制化程度	功能
自建平台	无	数千美元	数万到数十万美元	非常多	高	可变
白标平台	数百美元	—	数百美元	少	低	少
开源平台和自托管	无	数千美元	数万美元	多	高	中等
企业平台	数十万美元	—	数万美元	中等	中等	多
社交媒体工具	无	无	无	无	低	少

如果你为一个大型组织工作，你当然不希望推出的社群有功能不完善、存在安全漏洞或者外观不漂亮之类的缺陷，这可能会促使你选择大型的企业平台。如果你在中小型组织中工作，就应该使用白标平台或者便宜的社交媒体工具来创建社群。如果你有独特的需求或者具备高级的技术技能，就可以尝试开源平台，但要确保知道自己在做什么。

请注意，以上都是从经验中归纳出的大致法则，而不是必须遵循的僵化规则。而且，在决定采取哪种方法之前，你应该首先对社群成员参与的热情有个预期。如果你预期会有数百人参与，那这个选择就尤其重要了。

买的没有卖的精

社群平台供应商会按你社群的用户数量收费，这种做法本身是合理的。一个拥有 100 万用户的组织当然应该比拥有 1 000 个用户的组织支付更多的费用。然而，实际情况要比这稍微复杂一些。平台供应商并不是看着计数器，精确无误地查看上个月有多少人使用你的社群，然后再向你发送账单；相反，很多平台供应商都会预测你可能会有多少用户，然后提供一个定价区间。例如，一个典型的企业社群可能按表 3-2 中的标准付费。

表 3-2　企业社群的付费标准

用户（人次）	定价（美元 / 年）
不超过 50 万	9 万
50 万～ 300 万	21 万
300 万～ 600 万	33 万

虽然这样的付费方式使事情变得简单，但它也不动声色地给你挖了一个坑。如果你吸引的用户比预期的多，就不得不按更高的定价区间付费或支付额外的费用。然而，如果你吸引的用户比预期的少，仍然必须按预期的成员数量付费。这意味着，以表 3-2 为例，如果你按 50 万～ 300 万的用户签了合同，而你的社群只吸引了几百个用户，你仍然要每年支付 21 万美元。但是，如果你的社群吸引了超过 300 万的用户，你就会被升级。这个做法有店大欺客的嫌疑。如果你的社群实际吸引的用户比预期的多，所有供应商都会乐意让你升到更高等级；但如果你或他们的估计过于乐观，却无法降低付费等级。

之所以会出现这种情况，是因为平台供应商让你相信你会有尽可能多的用户，这最符合他们的利益。你问一个社群平台供应商你将有多少用户，就像问一个卖家你应该买多少东西，你最终可能会购买远远超过自己需要的数量。因此，你在预测用户数量时最好保守一些。

我知道一些社群推出后并没有足够的吸引力，却仍然不得不在接下来的几年里为数百万从未到来的用户痛苦地付费。为了避免这种情况，你需要对社群可能吸引的用户数量做合理的估计。如果你已经有一个社群，那就有一些数据可以参考；如果没有，就需要做预测。

准确预测社群用户人次

要做出准确的社群用户人次预测，你需要三类数据。

- 网站流量。你应该知道目前有多少人访问你的公司网站主页，你可以用这一数据估计今后会有多少人访问社群。
- 点击率数据。这显示了有多少人点击了公司网站主页与社群其他地方的标签和菜单选项，它表明了访问者可能访问社群的概率。
- 受众数据。它指的是当你推出社群时，有多少人可以作为推广对象。

你可以在表 3-3 中了解数据的类型及其用处。

表 3-3　预测社群用户人次的数据类型和作用

类型	来源	作用
网站流量	Google Analytics、Adobe Analytics、Mixpanel、Matomo	表明每月有多少人访问你所在公司的网站
点击率数据	Google Analytics、Crazy Egg、Adobe Analytics、Mouseflow	表明有多少人会在公司网站的主页上点击进入下一层网页或浏览导航栏

续表

类型	来源	作用
受众数据	电子邮箱通讯录、客户忠诚计划、促销活动	表明在社群启动时你能给多少人发送推广信息

如果你无法获得这些数据，也不要担心，下面我很快就会提出其他解决办法。现在有三种方法来进行准确的用户预测。

第一，按网站流量估算。这是最常用的方法。看一下你的公司网站目前的访客数量，然后估计其中有多少人可能会访问社群。例如，如果主页每月有100万访客，通常一个导航标签会被10%的人点击，而社群名字也是导航栏上的标签之一，那么假设你的社群每月会吸引10万名访客就是合理的。这种方法的问题在于它忽略了搜索流量。对大多数公开社群来说，很多人都会通过搜索引擎访问，而不是通过公司网站的导航。这里有一条粗略的经验法则，你可以看看有多少人通过搜索引擎访问你的公司网站，然后估计其中20%～30%的人将在2～3年内直接访问社群，而不是去公司网站。

第二，估计活跃用户的数量。有时你需要知道你的社群会有多少活跃用户，即会登录的人。如果你使用像Slack这样的平台，这个数据就很重要，因为这些平台是按活跃用户的数量，而不是按访问者的数量收费的。这种平台有可能比其他平台更便宜，也可能更贵，它取决于有多少人会登录你的社群，而非仅仅阅读内容。如果你打算创建一个非公开的社群，这个数据也很重要。一个简单的估计方法是，看看今天有多少访问者登录你所在组织的网站。例如，如果今天有5 000人在公司网站上咨询某个问题，你就可以估计一个百分比，比如10%～20%的人今后会转而在社群中提问。另一种估算方法是，如果你的社群是非公开的，就可以估计你目前的电子邮箱通讯录中有1%～10%的人可能会定期登录社群。

第三，根据其他类似规模的组织进行估算。如果无法获得上述两类数据，你就可以观察其他类似规模的组织，并在其基础上估算自身数据。如果一个类似规模的竞争者在最初几年吸引了两万用户，你就可以据此大致估计自己的数据。有一点需要注意，你的社群需要几年时间才能达到与现有社群相同的规模和参与度。另外，一些组织的做法令人沮丧，它们会在公开声明中夸大业绩，使自己在外人眼中看起来更好。

你可能注意到了，关于目前访问你的公司网站主页的人中今后有多少人可能会访问或登录社群，我们在这里使用的估计数字比较宽泛，不足以做出具体的预测。这是因为情况会因社群和主题的不同而不同。我们的目标不是要 100% 准确，而是大致准确，只要能让你做出社群位于哪个定价区间的决定就足够了。你只要确定你的社群用户人次是在 0 ～ 50 万、50 万～ 300 万，还是在 300 万～ 600 万的区间，如果与两个区间都很接近，你就选低的那个。

现在，你已经知道社群可能会吸引多少人，接下来可以考虑你需要这些人在社群中做什么，并开始筛选社群平台了。

BUILD YOUR COMMUNITY

活跃用户

有一点要注意，你有 10 000 名受众，并不意味着你会有 10 000 名社群成员。英国零售商德本汉姆（Debenhams）在女性电子商务平台 Beauty Club 上拥有 130 万名会员，但自 2017 年推出以来，其社群只吸引了 75 000 名成员，其中只有几千人是活跃用户。这个社群在 2020 年 7 月彻底关闭了。

把用例变成技术要求

在上一章中，我们把受众需求转化成了用例，它们是受众如何使用社群的具体事项。在列出可选的平台之前，我们需要把这些用例转变为更具体的技术要求。

如果你要使用白标平台或社交媒体工具，就只需列出宽泛的用例，然后开始寻找匹配的平台。如果你要使用企业平台、开源平台或自建平台，就需要明确社群具体要怎样运行。

为哑巴机器人编程

如果这是你第一次将用例转变为技术要求，可能就会有点困惑，你需要向有经验的人取经。你可以想象自己在为一个哑巴机器人编程，所以必须非常精确。

例如，如果你想让新用户在社群里体验独特的入门过程，并且收到不同于老用户的电子邮件，你就要考虑这该如何实现。你的社群平台要能够按加入日期对成员进行分类，并将他们自动分配到不同的邮件列表组中。你需要创建一系列可编辑的电子邮件，按照特定的可编辑的时间表发送给每个组。为了实现这一点，你不能直接说你想要新用户与老用户收到不同的电子邮件，而是需要一个有电子邮件工具的平台，能够将成员自动分配到不同的组，并且需要一系列可针对不同组进行编辑和调度发送的电子邮件。你必须尽可能明白这一切在技术方面是如何实现的。

我建议，最好同时列出用例和技术要求。通常情况下，你会发现在平台供应商或开发人员当中，有些人也会注意到这一点，这样的人可能会有比你提供的更好的方法来实现同一个用例。但你还是要先列出你的社群的主要用例，并尝试列出具体的技术要求，表 3-4 提供了一个例子。

表 3-4　用例及其技术要求

用例	技术要求
让社群成员分享和跟踪自己的进度，并与其他处于同一阶段的成员做比较	• 管理员可以设置社群成员能收到的在线通知，使其更新自己的个人资料 • 社群成员可以将自己的最新指标和正在使用的应用程序更新到个人资料中 • 社群成员可以在个人资料中看到自己的进度及其与他人的对比
在产品中设置弹窗，引导人们看到与此阶段相关的提问和答案	• 管理员可以在固定的时间为特定的成员设置弹窗 • 管理员可以用文本、图片和视频制作弹窗 • 管理员可以根据社群成员以前的活动创建一系列引导性弹窗，指导成员的后续行动

你不需要列出社群平台需要做的每一件事，大多数平台都有一套默认的功能，它们差不多已经是一套标准了，账号注册、浏览讨论等功能几乎肯定是现成的。然而，你确实需要确保在每个平台都有的功能之外，自己的主要用例能得到平台的支持。

列出首选的社群平台

一旦你知道自己需要什么功能、将选择什么平台方向，以及预期有多少成员，就可以开始筛选合适的社群平台了。

现在的技术变化很快，所以你要自己做功课。通过研究，你应该能够将选择范围缩小到不超过 5 个平台，通常是 2 ～ 3 个，然后就可以从中选择最适合的那个了。

制作建议邀请书

如果你的预算有限，少于 5 万美元，那么你在做出决定之前，就应研究各种案例，并测试每个平台。如果你正在寻找一个企业平台，就需要针对平台供应商与具体的信息和要求制作一份建议邀请书（request for proposal，以下简称 RFP）。

制作 RFP 的目的是，针对你的社群最重要的那些方面，比较不同社群平台的特点。这意味着你首先要对自己的需求进行排序，这些需求就是在上面详述的用例与技术要求。

制作 RFP 时，至关重要的一点是从利益相关者那里收集他们对 RFP 的内容反馈。你可能会惊讶地发现，法务、公关、营销、技术和采购团队对品牌、隐私、安全和服务支持都有不同的要求。在主要利益相关者内部达成一致之前，千万不要将 RFP 发给平台供应商。

为了做好 RFP，你要列出自己需要的每个功能并确定其优先级。不是每个平台都能实现你想要的一切。在评估时，你通常可以在 1 ～ 3 分或 1 ～ 5 分的范围内标注每个功能的优先级。这个优先级有助于你权衡每个平台，做出最适合的决定。数字代表的优先级通常表示以下含义：

- 1 分表示有固然好，但不是必需的；
- 2 分表示非常重要，但没有也可以；
- 3 分表示必要的，如果没有就完全不考虑此平台供应商。

例如，社群成员能够改用户名这一功能可能是一个优先级相当低的事项，即 1 分的功能，有固然好，但不是必需的。而社群成员能够使用他们在当前系统内的登录信息直接注册、登录社群，可能是一个优先级为 3 分的功能，即如果它无法实现，社群发展就会遭遇障碍。

在制作 RFP 时，区分平台现有的功能和需要定制开发的功能也很重要。例如，一个平台供应商可能会说他们的社群平台可以让成员对彼此的想法提建议和投票，却不会提到实现这个功能需要两万美元的投资和三个月的开发时间。在社群发展过程中出现的许多问题都源于此，人们混淆了什么是社群平台在一开始就能够实现的，什么是需要投入大量时间和资源才能有效运作的。

制作 RFP 这一流程大约需要两周时间。虽然这个过程应该不受直觉和个人判断的影响，但根据我们的经验，你往往可以从这段时间内与供应商的沟通中了解到很多今后的工作关系，并能估计你将来可以从供应商那里获得支持的程度。

谈判和签署合同

如果你使用的是白标平台，通常只需按几下键盘就可以购买好平台服务。如果你使用的是开源平台，只需下载软件就可以开始使用了。然而，如果你使用的是企业平台，就要经历一个谈判和签署合同的过程。即使整个过程是由采购团队负责的，你也应该知道自己为此付出的是什么，这里有几件事很重要。

第一，大多数合同的期限都是三年。一份典型的企业平台社群合同的期限是三年。许多平台供应商都会给出较大折扣，吸引客户签署三年期合同，这与贪婪无关，而是因为通常需要这么长的时间来启动和运营一个社群。只是开发一个社群就需要 3 ～ 6 个月的时间，接下来你还得花几年时间来提高参与度。

第二，你要准确理解合同条款。在一份典型的企业平台社群合同中，条款差不多是对以下内容的排列组合。

- 对具体的年用户人次的设置，通常以 50 万、300 万、600 万人次为分界点。确保这个数据与你的用户数量预测相符。正如我们所讨论的，一些平台主要按社群的活跃用户数收费。如果你的社群主要用于客户支持，考虑到大多数人无须登录或注册就能查看信息，你就没必要签太高的价位区间。如果社群主要用于让人们讨论某个话题，如丝芙兰的美容社群，平台服务就会更贵。
- 对于调用某些应用程序的授权。如果你要在社群中整合一些附加功能，而这些功能要求平台供应商提供信息，这里可能就会产生额外的费用。
- 附加功能的成本。把附加功能捆绑在一起，以不同的价格区间出售，这是平台供应商很常见的做法。你一定要确定自己得到的是期望的功能。像游戏化或知识库这样的功能，除了使用费之外，每年额外收取一两万美元的费用并不罕见。
- 支持服务，比如客户支持、响应速度协议。你可能会得到高级支持服务，合同中明确了你可以期望多快得到回应，以及以什么方式获得回应。请注意，如果合同中没有明确规定你能得到的服务水平，你可能就会发现自己得不到发展社群所需的支持水平。
- 培训费用。这里的培训包括平台的使用培训、持续的功能优化讨论会，以及管理社群的策略建议。你也许可以通过谈判达成协议，让这些培训免费。一般来说，任何不需要平台供应商花费大量精力来提供的服务，通常都可以免费。
- 实施和开发成本。如果平台供应商也参与社群的开发和设计，这里也会有笔实施费用。我们将在后文更深入地介绍实施这一块。

你要确保自己充分利用了花钱购买的支持服务。你需要清楚地知道，哪些活动属于你的责任范围，哪些不属于。要知道，即使是向你的供应商求助一个很小的问题，也可以被认定为计费事项。

第三，你要做好一切准备。在合同生效的那一刻，你获得了对平台的使用权，从此，你就在为社群付费了。即使还没有向公众推出社群，你仍然在为它付费。这意味着，你需要确保在合同生效第一天，开发人员、设计师和实施伙伴就已到位。我以前有一个客户在获得了平台使用权后才知道，他们在 5 个月内无法利用公司的开发团队。在这段时间里，他们在一个毫无用处的平台上花了将近 8 万美元。

在签署合同之前，你应该把所有事情安排妥当。这些准备包括以下几点：

- 准备就绪的实施伙伴或已经安排好的开发人员；
- 支持开发的内部技术人员，比如助力集成和单点登录的技术人员；
- 关于社群的设计相对清晰的想法。

签署合同就像为你的社群打响了发令枪，你要做好准备，枪一响就出发。

寻找实施伙伴

一些组织会惊讶地发现，在为一个昂贵的社群平台付费后，他们得到的东西看起来并不怎么样。这就像买了一幢昂贵的房子，但当你入住时却发现它是毛坯房。它有巨大的潜力，但你需要做大量的工作来让它启动和运行。即使你使用的是一个廉价的白标平台，也需要花一些时间来建立和设计网站。

一些平台供应商会提出收取额外费用来为你设计和开发社群平台，还有一些会向你推荐实施伙伴，为你做这些设计和开发工作。实施伙伴本质上是社群的水电工和装饰人员，他们是专长于使用你选择的供应商软件的第三方公司。他们通常得到了供应商的认证，甚至可能向供应商付费，作为供应商的合作伙伴获得推荐。

这些实施伙伴的优势在于他们的速度和经验。他们可以快速行动，拥有丰富的合作经验，并能创造非常个性化的社群体验。劣势在于成本，他们并不便宜。如果你的团队中有开发人员，你的团队就可以自己承担这个任务。然而，要注意的是，如果你没有经验而从事这份工作，就像自己铺水管，现在可能省钱了，但最终却会花更多的钱。实施伙伴应该做两件具体的事情。

第一，他们应该集成你现有的系统。如果你要从一个社群转移到另一个社群，实施伙伴要负责迁移工作，基本上就是从一个平台导出可读格式的数据，然后上传到另一个平台。这听起来很简单，但在实践中可能非常棘手。供应商数据库中的许多字段与你的原有数据并不相互匹配，因此你需要转换数据才行。例如，有时一个数据库不兼容特定的字符，这使用户不得不改变他们的昵称或个人资料，这种情况具有破坏性，使用户不安。

第二，他们应该使社群看起来非常好。你肯定不希望自己的社群给人的第一印象是负面的。它不一定要达到 Facebook 的水平，但如果你对其投资巨大，它就不应该只是一个平淡无奇的论坛。

实施伙伴的费用完全取决于其整体工作范围。我们参与过的大多数社群项目中，这项费用从 5 万美元到 50 万美元不等。对于一个不太复杂的企业社群，8 万～ 25 万美元通常都是合理的。你可以找独立的开发人员或较小的开发公司，但要确保他们能够胜任这项工作。

三项原则，打造高参与度的社群体验

无论你是否聘用实施伙伴，都应该遵循一些强有力的指导原则，这些无可争议的原则有助于为社群成员创造卓越的社群体验。

1. 最少化社群成员获得奖励所需付出的时间和精力。与其他网站的访问者一样，社群成员在社群中投入的时间和精力是有限的。他们需要花费越多的时间来寻找所需的东西，就越不可能持续参与社群。所以，你在做出每一个设计决定时，很重要的一点是要确保努力最小化、回报最大化。例如，如果社群成员需要向下滚动并多次点击才能找到他们想要的东西，那么社群将失去很多参与度。

2. 明确显示什么是新的、什么是有用的。这一点很重要，社群成员想知道今天社群里有什么新东西，也想知道什么是真正有用的。这意味着你需要优先考虑最新的、最受欢迎的活动，以及社群成员可以轻松获得他们迫切想了解的问题答案的板块。

3. 保持高度适中的社交密度。社交密度指在社群的每个板块内的参与度水平。社交密度必须足以维持在一个参与度的临界点上，即人们需要看到彼此的提问并给出回答，但参与度也不能太高以至于对人有压迫性。你应该限制社群成员可以使用的功能和参与的板块数量，以确保他们关注重要的板块。

   随着社群的逐步成熟，你可以增加和删除一些功能以平衡社交密度。在成熟的社群中，你应该像创造新内容那般，花时间来删除旧内容和精简讨论。我们总是相信，通过提供尽可能多的功能和内容，你可以为社群提供最好的服务，但卓越体验的创造往往也取决于你删除了什么。

设计社群体验

现在我们可以开始考虑社群成员的整体社群体验是什么样子的了，社群体验可以体现在三个方面。

1. 结构。这决定了各个功能被放置在哪里，以及如何导航。
2. 设计。这决定了社群的外观和给用户的感觉。
3. 功能。这决定了社群将如何发挥作用。

虽然开发人员和实施伙伴可以给你提供方向，但你需要握好缰绳，把握每一个决定。任何一个方面出错都不利于你的社群工作。我们不可能在本书中讨论每一个方面，但可以涵盖主要的原则，以确保你能提供高质量的社群体验。

开发合理的社群结构

社群结构包括分类法、导航、主题和主页布局。分类法是一个技术术语，表示你将如何对社群中的所有信息进行分类。这听起来非常无聊，但它至关重要。社群成员将创造大量的内容、进行大量的讨论，如果没有一个好的系统来对这些内容进行分类，大家就很难找到有用信息。

有时候，你可以借用现有网站、知识库中的结构，或改编同事提供的结构。有时候，你需要为社群创建新的分类法，比如将什么放在导航栏中、将哪些板块放在子菜单里。你要在一开始就做出关键的决定，确保社群中的所有信息，比如讨论、内容、活动等，都是围绕产品、兴趣或社群成员试图实现的目标而构建的。例如，想象一下你在运营 Fitbit 的社群。你是按照健身手环的型号、社群成员要做的运动，还是按照他们的目标，比如减肥、跑得更远、锻炼肌肉、改善睡眠等，来组织社群呢？不同的选择会带来不同的社群体验。

你的社群受众群体越大，做这些决定就越困难、越重要。如果你为一家拥有几十种产品的公司工作，你的社群可能就不得不将一些产品合并成一个类别，以平衡每个板块的参与度。如果有一个产品变得很受欢迎，你可能就需要在它所在的板块中分出一个单独的子类别了。

我的一个经验是，开始时尽量少设置功能和类别，增加功能比删除功能容易得多。

创建一种分类法

创建分类法时，你应该以吸引人们参与社群的用例及其独特需求为中心。例如，如果主要的用例是获得产品帮助、了解更多产品信息、分享建议和了解如何使用社群，你就可以创建一个如表3-5所示的分类法。当然，如果你的用例不同，分类法也应该有所不同。

表3-5 社群网站分类法实例

主页	搜索	帮助	探索（浏览）	讨论区	社群指南	个人资料/注册
		• 产品类别1 • 产品类别2 • 产品类别3 • ……	• 博客/简报 • 图书馆/维基百科 • 热点讨论 • 热点内容 • 焦点会员 • 知名事件 • 员工代表 • 社群故事 • ……	• 创作博客帖子 • 回答问题 • 还未被解答的问题 • 当前的会员排名 • 如何实现游戏化	• 加入指导小组 • 规则和指南 • 常见问题 • 对首次访问者的指导 • 内行梗 • 缩略语	• 登录/注册 • 忘记密码 • 如何使用社群 • 安全、隐私和法律法规

规划社群设计

如果你是出于自身目标而创建社群，在如何设计社群网站方面就有很大的自由，但这也意味着你有更多的决定要做。如果你是为一个组织工作，你的社群网站就应该与你的公司网站很类似。这有助于为社群成员创造连贯的体验，因为他们需要在你的公司网站和你的社群之间切换。这就意味着你出于其他目的创建社群时需要自己做的许多决定，比如按钮大小、颜色、背景等，在为组织创建社群时一早就确定了。

在开始设计网站之前，你要确保有一份你所在公司的品牌指引，从而设计出连贯的社群体验。然而，即使有了这些指引，你仍然要在社群内容方面做出一些关键的决定。有些决定看起来随意，比如应该先显示最新的还是最受欢迎的活动，但它们对社群成员是否会参与及如何参与这些活动都有很大的影响。这些决定涉及主页、横幅、页面和简报模板。

主页设计

让我们从主页开始，这是每个用户访问社群时都会看到的页面。如果你的社群给人的感觉不是一个欣欣向荣、令人兴奋的活动中心，那么社群成员就不太愿意发起和参与讨论。你在主页的设计上有很多决定要做。

- 主页应该显示的是最新的、最受欢迎的，还是最相关的活动？从经验上说，如果你刚刚开始，主页就先显示最新的活动，这有助于社群看起来有吸引力、很活跃。随着社群的发展，主页可以显示最受欢迎的活动，这可以让人们筛选到最好的内容。如果社群达到了“巨型社群”的水平，你就需要创造个性化体验，向每个成员展示最相关的活动。
- 主页上要显示哪些平台功能？关于在主页上显示哪些功能，你有很多选择，比如可以显示讨论区、搜索、群组、博客、排行榜等。
- 在主页上召集活动。主要的活动召集公告有哪些？最常见的是邀请用户搜索信息、注册、登录、讨论、投票和分享内容。你的活动召集公告越多，用户就越可能忽略它们。一般来说，要尽量将主页的活动召集公告限制在 2 ～ 3 个。对大多数社群来说，搜索信息、注册和登录、讨论这三个活动召集公告应该就够了，具体的就让你的用例来指导你吧。对社群成员来说，所有优先的事项都应该显示在主页上。

即使是看起来最简单的社群主页，也是做出十几个棘手的决定之后的结果。事实上，有些网站之所以看起来很简单，正是因为它们的创建者在这个阶段做了很多艰难的决定。主页看起来越是杂乱无章，就越说明设计师没有做好关键的决定来确保成员有很好的社群体验。

横幅设计

横幅是当下社群设计中最被低估的工具之一。一个好的横幅可以极大地增加加入和参与社群的人数。我们曾因为调整横幅，使社群注册率提高了 400% 以上！

横幅本质上是图片，位于社群页面的顶部。横幅的目的不仅是为了好看，而且是为了向社群成员宣传社群的内容或告诉他们接下来应该做什么。

大多数横幅都很糟糕，这很丢人，因为它们占据了社群主页的主要位置。很多社群横幅要么太大，要么不能引导成员采取下一步行动。例如，许多社群的横幅占据了其主页 70% 的位置。虽然将这种做法应用到公司网站的主页可能是有好处的，但对社群网站来说却是一场灾难。它把社群活动推到了页面下方，用户必须向下滚动以获取更多信息。这迫使社群成员在每次访问时都要向下滚动页面，以查看社群的新情况。这显然违反了打造高参与度社群的原则，让社群成员在得不到奖励的情况下多付出精力。在手机上，这个问题就更严重了，因为成员必须用拇指滚动页面才能找到他们想要的内容。如果每次访问社群都要不断地用拇指翻动页面来寻找内容，人们就不会每天多次访问你的社群。因为来自手机的访问可以占到 20% ～ 90% 的流量，所以横幅应该移除或最小化。要想使横幅为你锦上添花，你有几件事要做对。

1. 将横幅放在页面显示区域的顶部 1/4 处。至少，用户应该在不滚动页面的情况下看到最新的活动。
2. 将搜索框放在横幅内。在大多数社群中，搜索功能是很多人想要使用的，要确保人们可以很容易地看到搜索框，从而找到他们想要的信息。
3. 所有横幅内容都要体现社群的独特价值。社群中不需要欢迎词，放欢迎词就像一个品牌在时代广场做广告，欢迎人们来到时代广场。这是对一个绝佳机会的浪费。正确的做法是解释社群强大、独特的用例，告诉用户社群的神奇之处。

4. 横幅中要有一个明确的活动召集公告。最常见的活动召集公告是邀请用户注册并开始讨论，但如果你需要他们做其他事情，就不要将活动召集公告仅限于此。

5. 为不同的成员显示不同的横幅。新用户可能需要活动召集公告，由此注册并参与活动，老用户可能想轻松地参与讨论并建立他们的声誉。你可以使用条件逻辑，根据用户以前的活动向其提供独特的横幅。另外，你可以经常更换横幅。如果你有一个令人兴奋的事件或活动即将到来，就可以制作横幅来宣传它。

瑞士的银行软件公司坦密诺斯（Temenos）的社群主页就是一个很好的例子。它有明确的活动召集公告、简单的导航栏以及涵盖了主要功能的小方框按钮。而且，最新的活动都呈现在页面上方，顶级成员还可以看到他们的排名。

页面和简报模板设计

除了主页和横幅之外，你还需要创建或改编一些标准的页面模板。页面模板就是各种社群内容，比如讨论、分类、群组、知识性文章、博客等显示的标准格式。在白标平台上，页面模板是现成的。企业平台上也有一些模板，你可以对这些模板进行调整和设计，确保它们适合社群受众的需求。

在设计模板时，你要确保体验的一致性。社群成员在不同板块之间浏览时，导航的设计不应该有变化。例如，如果你想要一个带有活动召集公告的侧边栏，以配合你的一个用例，这应该在模板内有所体现。还要注意的是，如果你想在这些模板上进行独特的个性化设计，可能需要比你预期的多得多的时间。

当你设计这些模板时，请遵循之前的原则。确保关键活动被置于页面上方，页面元素限制在几个核心元素上，并使用与网站其他部分相同的品牌标识。

规划社群的功能和特点

讨论完社群的结构和设计，是时候简单谈谈社群的功能了，其中许多功能我们将在后面更深入地介绍。

社群提供的几乎每一个功能都会有十几种不同的设置，你可以通过这些设置来创造不同的社群体验。根据我的经验，当你看到这么多选项时，会想象自己坐在飞机的驾驶舱里，你不想破坏任何设置，以防出错，因此，你可能使用默认设置。这是错误的。现实情况是，你是在创建社群，而不是在驾驶飞机。你需要探索每项设置的作用，并明确你需要改变什么，从而更好地帮助社群成员。我不打算详细介绍每项设置，因为它们在不同的平台上差异很大。然而，依次浏览每个设置，研究它是如何影响社群体验的，并检查它是否符合社群成员的需求和使用情况，这是一个好主意。打造卓越社群体验的关键点就在于社群设置的配置，它们必须匹配社群成员的独特需求。

开发一个社群网站是很难的，以下三大维度需要重点把握。

1. 决定使用哪一类社群平台。你应该一开始就明确社群的用例，然后确定你的社群可能会吸引多少用户。如果你预测用户少于百人，而且预算有限，就应该利用免费工具，并考虑在后续发展和拥有更多资源时升级到其他工具。如果你预计会有几百个用户，但预算不多，就可以使用白标平台。然而，如果你期望有大量的用户，比如超过千人，就需要一个企业平台。
2. 确定平台类别后，就把各种选项列入候选名单中，并按加权的用例进行比较，找到最适合的平台。尽量多找一些平台。对于企业平台，你应该首先完成 RFP，并确保所有利益相关者都积极参与到这个过程中。如果你使用企业平台，就需要有才华的内部开发人员或实施伙伴来开发符合你需求的社群网站。
3. 在设计阶段，要遵循三个核心原则：第一，最少化社群成员获得奖励所需付出的时间和精力；第二，明确展示什么是新的、什么是有用的；第三，保持较高的社交密度，但不要过高。它们会指导你做出许多决定，包括使用哪些功能、将活动放在哪里，以及如何设计横幅。

后文中，我们将更深入地探讨社群网站的功能。每一个功能都有许多选项，包括它的运作方式和成员将看到的内容。你将学习如何使用社群平台的许多功能，包括如何通过游戏化推动更多人参与，如何让人们参与到更小的分组中，以及如何设计完美的欢迎流程，让社群成员着迷并每天都回来访问你的社群。最终，开发社群网站的成功与否取决于是否有明确的用例、正确的平台、优秀的实施伙伴，以及仔细考虑过的各种指令。如果能把这些东西结合起来，你就能提供卓越的社群体验。

社群行动清单 BUILD YOUR COMMUNITY

如何用更低的成本打造更好的体验

- 决定你需要哪种社群平台。
- 预测你的社群用户人次。
- 筛选并比较潜在的平台。
- 如果需要，制作 RFP。
- 如果需要，选择一个实施伙伴。
- 根据用例来决定你的社群网站的分类法。
- 设计社群网站的主页和页面模板。

第 4 章

步骤 4，制定规则，创造有磁性的社群文化

BUILD YOUR COMMUNITY

不要害怕成为
社群中的异类，
独特的规则
才能成就高价值社群。

Don't be afraid to be
different from other communities.
Only unique rules
can make a high-value community.

规则在网络社群的世界里并不受欢迎，它们听起来是高高在上和独断专行的代名词。社群成员对规则的抗拒是众所周知的，就像戈德温法则（Godwin's Law），即在线讨论时间越长，参与者将他人或其言行类比成独裁者或独裁的概率越接近于 1，你越是试图在社群中推行一套行为准则，你被比作独裁者的概率就越大。这其实令人羞愧，因为制定规则的目的不仅仅是限制成员的言论，它的真正目的是建立和培养社交规范，为成员创造美好的私域社群体验。

在普里亚·帕克（Priya Parker）的著作《聚会：如何打造高效社交网络》（*The Art of Gathering: How We Meet and Why It Matters*）中，作者分享了她那些非同寻常的规则应用于现实的实例，正是这些规则将平凡的聚会转变成变革性体验。一场典型的由帕克组织的聚会中，与会者要么被告知不能谈论他们的工作，要么不被允许谈论他们的孩子。帕克甚至举办过这样的活动：第一个查看手机的人就得买单。你能想象去参加一个聚会，却不能谈论你的工作、家庭或查看手机吗？这些规则似乎很极端，甚至可能有些霸道。然而，正如帕克所解释的，非同寻常的规则把成员从他们的常规行为中抽离出来，这为非同寻常的甚至变革性的社群体验创造了空间。

线上和线下并无区别，当下最成功的社群并不是拥有最强技术的社群，而是拥有最佳文化的社群，这种文化由独特的规则和社交规范塑造而成。例如，

IT 问答网站 Stack Overflow 是一个由程序员组成的社群，它对提问和回答的内容要求非常严格。如果你提的问题结构不正确，没有提供足够的背景，或者没有检验过这个问题以前是否已被问过，那么它就可能会被审核人员如暴君般直接删除。如果你犯了两次这样的错误，你就可能会和你的帖子一起被删除。同样，如果你提供的答案没有给出足够的信息或者感觉更像一种观点，你的答案也可能会被删除。Stack Overflow 需要的不是观点，而是高质量的事实。这些规则使 Stack Overflow 成为一个独一无二的社群。大多数社群的管理者都希望一个问题有尽可能多的答案，但 Stack Overflow 只希望有一个答案——正确的答案。正确的答案才是最能解决问题的帖子。

如果你正在寻找一个问题的答案，Stack Overflow 这样的社群是理想之处。你不需要滚动浏览和测试十几个可能的解决方案就能找到正确的答案，但这也是有代价的，社群因此更具排他性。Stack Overflow 并不适合所有人。如果想就程序设计的所有事情进行交流，你就会发现自己将被善意地邀请到 Stack Overflow 以外的地方。这种社群的新用户会感到自己难以融入其中，社群散发出精英主义的味道。然而，类似的批评被一个简单的事实消解，那就是 Stack Overflow 无可争议地是世界上最有价值的程序员社群。

Stack Overflow 的成功源于制定和执行规则，这些规则创造了一种独特的文化，这种文化重视参与的质量而不是数量。创始人知道程序员需要什么样的社群，并在制定规则时考虑到了这一点。与之相反的是丝芙兰社群。Stack Overflow 邀请你提出一个精心设计的问题，而丝芙兰社群则邀请你展开一场对话。在写本书的时候，丝芙兰社群中最受欢迎的讨论是“你今天穿的是什么”，这是绝不可能出现在 Stack Overflow 中的。丝芙兰社群因观点而兴旺，因为其内容与编程不同，答案不是非黑即白的。争论哪种颜色的口红最好是很难有结果的，每个人都有自己的偏爱。随着时间的推移，各种观点汇总后可能会形成一个共识。因此，社群征求的意见越多，就越能形成共识，对成员就越有价值。

社群鼓励成员讨论他们心中的想法，每周分享他们喜欢和不喜欢的东西，这听起来好像有些不可能，但其实丝芙兰社群和 Stack Overflow 的文化都是精心培养出来的。社群成员找到了有归属感的地方，受到了启发，并去了解同类是如何生活的。这种通过制定和执行规则来创造独特文化的过程有一个我们更熟悉的名字，那就是审核。我们经常认为审核只是删除不好的内容，删除不好的内容当然很重要，在一个充斥着垃圾邮件、争斗和人身攻击的社群里，有意义的文化很难被创造。但是，审核不仅是一场驱逐喷洒毒液的地狱恶犬的战斗，更是为社群成员塑造理想的文化的艰苦工作。

审核有两个要素：制定规则和执行规则。

制定规则，创建独特的社交规范

让我们首先解决制定规则的问题。你的企业的传播政策、伦理问题、关于言论自由的哲学、你对社群成员的照护责任，以及你创造独特事物的冲动，这些因素激烈碰撞后形成了规则。在开始之前我们有一个小小的警告，某些领域会涉及法律问题，制定规则时务必请律师来审查你的管理政策和程序，以确保你遵守了所有必须遵守的法律。

乍一看，制定规则似乎是一件相对简单的事，它就是告诉人们社群里可以做什么、不可以做什么。如果他们违反规则，你就把他们赶走。这听起来很简单吧。然而，审核工作远没有你想象的那样黑白分明；相反，它决定了社群的灰调，并在社群成长和成熟的过程中维持这种灰调。我们可以把规则分成三个具体的类别，见表 4-1。有的规则是你创造的，它培养了独特的社交规范，有的规则在所有社群中都是通用的，还有的规则属于对某些领域做出的棘手的判断。

表 4-1　规则的三个类别

类别	解释
独特的社交规范	它们是帮助你塑造一种独特的社群体验的规则。这些规则主要是由你和社群运营团队制定的，成员不得违反
通用规则	它们是为社群成员提供安全体验的规则。这些规则是根据道德和法律制定的，比如不容许种族歧视
对某些领域做出的棘手的判断	这里涉及的问题位于上述两类规则之间的“灰色地带”。这些规则都是根据你的品牌、你制定的传播政策和你可用的资源来制定的，比如是否允许说脏话

第 1 步，建立独特的社交规范

制定社群规则要做的第一件事是，决定以怎样的显著规则或社交规范来定义社群。想一想前面提到的普里亚·帕克的例子，她知道妈妈们会在社交聚会上花大量的时间谈论自己的孩子，如果她禁止这个话题，就会迫使对话向她们的舒适区之外发展。什么样的规则可以使社群成员摒弃以往的交流模式，并推动形成你想要的社群文化呢？

在这里，请回想一下第 2 章中的用户画像。你所面对的是什么样的人？他们需要什么样的信息？在社群中，他们是想参与相对严肃的部分，还是相对轻松的部分呢？他们是想谈论自己，还是只想谈论这个主题呢？建立一种独特的社交规范可以彻底改变社群的互动类型。例如，“来改变我的观点”（Change My View）是 Reddit 的一个子板块，它鼓励人们发表自己的观点，呼吁不同观点的出现。在我撰写这部分文字时，此板块吸引了近 100 万成员。这是一种独特的社群体验，与每天在其他社交媒体上发生的火药味浓重的口水战截然不同。

另一个很好的例子是社群“项目管理”（ProjectManagement.com），这是一个项目经理们相互分享模板的社群。每个模板都必须是原创的，并且是高质量的，这样才能被社群接受。今天，这个社群里有了成千上万的模板供项目经理使用，这对社群成员来说是一笔不可或缺的财富。

几乎每一个线上和线下的群体都有其独特的社交规范。学术界对接受和发表同行评审的意见有严格的规范。四叶论坛（4chan）有独特的社交规范，成员几乎能够发布任何东西，而不论内容好坏。有时你想用一条社交规范来鼓励成员的某一种行为，有时可能想通过打破固定的预期来为大家引进一股新鲜空气。这些独特的规则可能是你为社群做出的最大的决定。例如，如果需要鼓励成员尽可能多地表达想法和灵感，那么你就可以禁止成员对其他人表达的想法和灵感发表意见，同时鼓励他们分享个人故事。同样，如果成员需要事实，那么你就可以只允许成员分享数据、解决方案或已经验证的事实。

你要决定哪些社交规范才是真正重要的，可以为社群设置 1 ～ 3 条最显著的规则。一个社群中的规则往往都是服务于社群的取向和目标，层层递进的。我在图 4-1 中列举了一些例子。

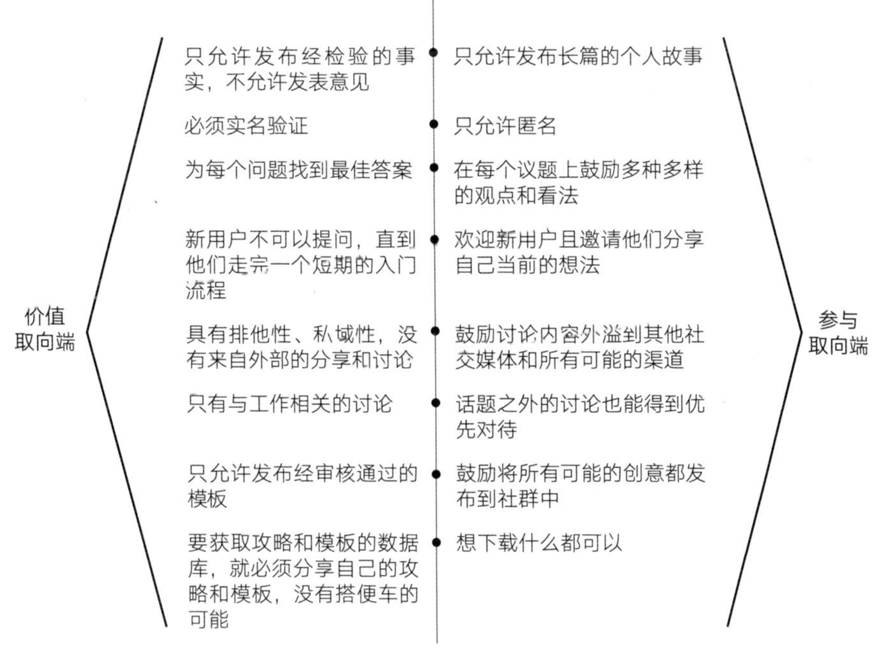

图 4-1　私域社群的社交规范

平淡无奇还是沸反盈天

社群向较为严肃的一端发展的好处是，它会为成员提供高价值的信息；缺点是，它提供的可能是一种平淡无奇的体验。对信息设定高门槛的社群通常对其成员来说只是在需要信息时才会访问的地方。更糟糕的是，这样的社群与搜索引擎存在信息竞争。

如果社群偏向有趣的一端，其优点是，它会是一个令人愉快的访问场所。社群成员可以感受强烈的社群意识，并谈论他们心中的想法。这样做的缺点是社群可能很喧闹，人们很难找到想要的东西。要想找到有用的信息，就必须忍受大量低质量的帖子。

不要害怕成为社群中的异类，从零开始通常是成就社群的最佳策略。如果你开始考虑一些“疯狂”的选择，比如拒绝观点而选择事实、拒绝问题而选择故事、拒绝没有佐证的解决方案等，可能就会创造一个极具冲击力的社群体验的框架。其实，我们目前还没有触及一套独特规则或程序的内核，谈论的只是皮毛，而这些规则或程序是可以创造一种真正独特的社群文化的。

你最好能想出 1 ～ 3 条独特的规则，为你的社群定下基调。你甚至可以让一些潜在的社群成员来讨论这些规则，以便了解他们期待的内容。

第 2 步，确立通用规则

明确的规则可以防止社群充斥着无礼的互联网表情包，阻止成员之间发生口水战和无休止地相互挑衅。这些不仅会降低社群的整体价值，而且会为想要制造问题的诋毁者提供明显的目标。

BUILD YOUR COMMUNITY

警告：为言论自由而战的危险

这里有一个给言论自由的倡导者的简短提示。你可能希望你的社群成为网络上言论自由的最后堡垒，这是一个崇高的目标，许多社群都曾追求过。但要注意的是，成为网络上言论自由的最后堡垒意味着，你可能会引来那些被其他网站踢出局的人。这是一场注定会发生的公关灾难。任何人都可以引用你所允许的言论，并声称你的组织没有删除它就是对它的认可。这很容易损害你的声誉和你的组织的使命。

倡导言论自由还会为恶作剧打开大门。我有一个客户，他的竞争对手在他的社群里发表攻击性言论，并向业内记者透露我的客户容忍这种欺凌行为。事实证明，这些言论经行业媒体曝光后产生了毁灭性的后果，导致这个社群迅速消亡。

我们认为有五条规则是通用的，它们应该在每一种社群中都得到执行。

1. 禁止仇恨言论。任何带有对种族、性别的歧视或歧视性的帖子都应该被删除，该用户也应该被禁言，甚至被注销账号。虽然这条规则的执行可以有不同的解释，但它仍然应该是一条无可争议的规则。

2. 禁止非法活动或分享非法活动。讨论非法活动、发布非法活动链接、分享非法活动的成果，以及非法使用侵权内容的帖子都应被删除。你应该禁止连接到非法流媒体的链接，也应该禁止成员分享规避法律的方法。如果允许这些作为，只会吸引那些想从事非法活动的人。

3. 禁止自我推销。除非有特别许可，否则不应允许成员露骨地宣传他们自己的工作。任何访问过领英的人都可以告诉你，自我推销是扼杀社群的最简单的方法之一。这是最常见的违规行为，它也涵盖了几乎所有类型的垃圾邮件。

4. 禁止人身攻击。社群应该鼓励成员尽情地讨论问题，但禁止人身攻击。这能保证讨论处于正确的方向上。社群成员可以说“你错了”并附上解释，但不能说“你很蠢”。一旦有成员攻击的是人而不是这个人的观点，讨论就结束了。
5. 禁止持续的冲突。网上的辩论往往会一直持续下去，因为双方会越来越固执地坚持自己的观点。在成员就同一话题发了几个帖子后，比如已经发了五个帖子，就是时候叫停并锁掉这个讨论了。

你可以在社交规范下列出这些规则，它们确保成员可以参与社群活动，而不必担心受到人身攻击。这些都是黑白分明的决定。接下来，我们开始涉足灰色地带，即那些棘手的需要运用判断力的领域。

第 3 步，做出棘手的判断

你需要在社群的某些领域做一些棘手的判断。有时，你的平台供应商会替你分担一部分；有时，你的公司及其传播政策也可以帮着解决一部分。常见的需用判断力的决定有七个。

1. 是否允许成员在社群里说脏话？如果你的答案是不允许说脏话，就要考虑是否要删除成员发的某些帖子，比如：“这真他妈的是个好主意，非常感谢你！”
2. 成员必须实名，还是可以使用昵称？如果允许使用昵称，对社群成员可以使用的字符和不适合使用的术语是否有限制？也就是说，你是否愿意看到社群成员的名字中有色情或意识形态的含义？如果不愿意，哪些用户名是被禁止的？另外，你要考虑允许使用哪些字符。记住，有些语言的字符在英语中是不存在的。如果禁止使用在标准英语字母表中没有的字符，你可能就会在无意中冒犯他人。

3. 什么样的头像是允许使用的？这是与上一个问题相似的挑战。社群成员是可以使用几乎任何类型的图片作为头像，还是必须使用自己的照片？如果成员不想公开展示自己的照片怎么办？如果成员使用国旗或有争议的政治人物的照片作为头像该怎么办？如果用明显是性暗示的照片作为头像该怎么办？如果头像上显示的是政治口号，又该怎么办呢？

4. 如何处理谎言和假新闻？是否允许社群成员分享不真实的信息？这个问题的难点在于，社群成员往往不相信他们分享的信息是假的。你愿意负责去判断什么是真，什么是假吗？

5. 社群成员可以进行脱离主题的讨论吗？是否允许成员发起并参与有关政治、个人生活或任何特定时间内他们的所思所想的讨论？你想阻止成员在周末谈论让他们开心的事情吗？

6. 社群成员可以用他们喜欢的语言交流吗？是否允许成员用他们的母语提问？他们必须用英语发言吗？这在社群内部可能是一个特别敏感的话题。如果你确实限定只能用英语，就必须做好心理准备，一些母语不是英语的成员为了参与社群活动，提问时因语言能力的不足可能会措辞不当。

7. 回复应该有多长？你会允许成员用“棒”、“好主意”或“听起来不错”等简单的评论来回应讨论，还是要强迫他们发表更长的讨论和回应？如果是后者，多长的回复才是可接受的长度？

BUILD YOUR COMMUNITY

资源与规则执行

请记住，你需要资源来执行上述每一条规则。如果你不能执行这些规则，为社群成员制定严格的规则就没有意义。执行每一条规则都需要时间。争论一个成员的头像中是不是有隐含的政治声明需要花时间，你在其中花的每一秒钟都是你可以用来做本书中其他关键任务的时间。因此，不要制定比你能执行的更严格的规则。

执行规则，塑造健康的社群文化

2017 年 4 月，我受邀到半岛电视台，第一次（希望也是最后一次）出现在电视新闻上。节目的主题是社群审核政策。英国《卫报》（*The Guardian*）在节目前一天曝光了 Facebook 的内部审核政策，我作为社群专家接受采访，谈论这些政策。正当我对未来的演艺界生活充满期待时，主持人向我提出了第一个问题："为什么 Facebook 对平台的使用规则如此保密？"我的回答是 Facebook 并没有对使用规则保密，这明显让他感到失望。Facebook 的使用规则几乎从其成立之初就已经在网站上公布了，它不是对规则保密，而是对规则的执行保密。

规则和规则的执行这两者的区别很重要。Facebook 可能禁止辱骂，但它没有明确说明什么是辱骂。原因很简单，如果不良行为者确切地知道应该避免使用哪些词、短语和图片，他们就可以让各种不良内容成为漏网之鱼。主持人似乎并不高兴，用下一个问题来回击我："那么为什么 Facebook 一再允许上传斩首视频？"我开始感到这次出镜可能是个错误，我试着回答道："Facebook 没有允许斩首视频……"主持人插话说："但你现在就可以在网站上找到这些视频！"

正如我再次试图解释的那样，问题不是规则本身，而是规则的执行。几乎所有围绕"审核"这个主题的争议都与规则本身无关，而是如何执行这些规则。例如，审核系统通常使用机器学习算法，标记可疑的内容，并将其放到审核队列中，其他社群成员也可以进行标记，然后由审核人员处理这个队列，决定哪些内容应该被拒绝、哪些应该被批准。但是，人类这个系统都是有错误率的。审核人员可能会在一天内审查几千条内容，并在 99.99% 的情况下做出正确的决定。然而，如果你每周收到近 10 亿条内容，最终仍然会出现数十万个错误。

这些错误可分为三类：第一类是真正的错误，审核人员可能按错了键，或者对内容做了错误的标记；第二类是由于不良内容的发布者特别狡猾，迷惑了审核人员，比如将一些非法内容编辑到一个无聊的演示视频中；第三类源自规则本身被主观解读。这些都表明，管理一个社群有多么困难。你的规则越多，执行它们所需的资源就越多，从裂缝中溜走的事情就越多。我在下文中将尝试解决你可能会遇到的最常见的问题。

防范不良行为者

不良行为者对大大小小的社群都是一个问题，而下文正是你在处理他们时可能面临的问题。即使是最小的社群，也会被少数致力于破坏的不良行为者损害。

让我们先来看看，是什么促使不良行为者敢于来到你的社群，针对无辜的成员大搞破坏的。关于不良行为者的研究文献几乎和不良行为者本身的数量一样多。我们可以把不良行为者分成三种类型：一类是为了个人的外部利益，比如垃圾邮件发送者、自我推销者等；一类是出于个人原因，比如发送挑衅信息、有害信息的人；还有一类是新出现的“美国国家认定”的不良行为者。

第一类人的动机是相当明显的。垃圾邮件发送者和自我推销者通常是为了谋取利益。[1] 他们已经将你的社群看成他们实现自己赚钱计划的渠道。大多数人甚至不是真人，而是垃圾邮件机器人，它通常是大型机器人网络上的一个节点，会探测数以千计甚至百万计的类似社群，寻找机会来做免费广告。[2] 属于真人的垃圾邮件账号往往会在帖子中巧妙地提到他们的公司或产品，在帖子和签名中插入链接，或者私下给他们认为对他们公司感兴趣的成员发信息。[3] 如果你最近访问过领英，就知道是怎么回事儿了。

第二类人的动机更复杂，也更难辨别。他们的行为往往有三大原因：性格、情绪与讨论的话题。每一个原因都引申出处理他们所造成的问题的不同方法。

首先是性格问题。不良行为者的性格造成了其不良行为是最容易理解的。正如有史以来最大规模的关于网络暴力的研究之一所得出的结论：网络暴力似乎是施虐者的一种互联网表现。[4] 简而言之，“喷子”之所以实施网络暴力，是因为他们的性格使他们喜欢打断别人的谈话。虽然多年来诊断施虐行为特征的方法发生了很大变化，但 2001 年的一项研究发现，仍有 0.2% 的人符合施虐型人格障碍的定义。[5] 一旦你的社群越过了一个相对较小的规模，比如成员超过了 500 人，在统计学意义上你就会遇到至少一个人热衷于实施网络暴力。这个喜欢对一切事物持否定态度的人可能会攻击别人，可能会说一些他自己都不相信的事情，只是为了得到回应。像这样的“喷子”可能是最令人头疼的，因为他们往往没有违反任何明确的规则，他们只是让人讨厌。这类成员应该被警告，如果他们的行为继续损害其他成员的利益，就应该被销号。

其次是与情绪有关的问题。有些人在心情不好时会对别人造成伤害。这类人几乎包括所有人，因为我们在某个时间点上都会成为这样的人。也许就是在现在，你的社群受众中的一小部分人，甚至是你最喜欢的一些人，就在经历糟糕的一天，这使他们更容易对别人发火。幸运的是，一个简单的提醒就可以扭转局面。处理这类成员的最好办法往往是在他们冷静下来之后给一个提示或警告，或者让他们暂时退出社群。如果一个有良好记录的人做了坏事，最好是迅速给他一个提示，而不是挥舞禁令大锤。

最后是与具体情况有关的问题，这是那些由特定话题引发的问题。例如，气候变暖的信奉者和怀疑者、奥巴马的粉丝和特朗普的粉丝，以及疫苗接种者和反疫苗接种者，这些人之间的任何讨论几乎都会陷入激烈的谩骂和诅咒之中。然而，即使是相对较小的问题，也会在以牙还牙的辩论中失控。2013 年，维基百科的编辑——这群典型的严肃甚至乏味的人在《星际迷航：暗黑无界》（*Star Trek: Into Darkness*）这一词条页面上，就电影名字中的字母“I”是否应该大写展开了一场多达 4 万字的争论。这些不良行为者认为，别人的观点是对他们自己专业知识的威胁，因此默认拒绝别人的想法。

与具体情况有关的问题处理起来比较棘手。有些人选择完全禁止讨论那些有争议的话题，或者严格限制关于这些话题的讨论。通常情况下，这些辩论只需要一位审核人员介入，在讨论失控之前结束就可以了。如果成员只是简单地重述或重复意见，那就是结束这个讨论的时候了。

培训审核人员，提高他们的判断力

要解决执行规则的难题，显而易见的方案是，提高审核人员的判断力。我的一个朋友曾经在《赫芬顿邮报》（*Huffington Post*）的网站工作，他非常自豪地宣称自己雇用了聪明的审核人员，让他们做出判断，而不是试图为每一种可能性制定严格的规则。这解决了上文的许多问题，但引入了一个新问题：不一致性。判断本身就是主观的，每个审核人员的偏好和个人观点都会影响判断。不用多久，你就会发现政治上的左派和右派中都有人在强调，社群对两个类似帖子的处理方式存在惊人的差异。他们都宣称，这证明了社交媒体公司雇用的审核人员对他们有偏见。

发挥主观性是以牺牲一致性为代价的。在社群的早期阶段，你可能会自己做大部分审核工作，并做出大量的判断。然而，随着社群规模的扩大，你的审核方法也必须转变，使它在更大的范围内发挥作用。

无论你管理的是哪种社群，都有一些最佳做法可以效仿。你的目标是快速有效地解决问题。例如，你不要与一个成员就其是否违反规则进行无休止的讨论，而是直接做出决定，并且这个决定是最终的。

你要清楚社群成员做错了什么及其后果是什么。根据经验，你花在处理违规行为上的时间应该少于造成违规行为的时间。例如，注销一个账号只需要几秒钟，但如果一个用户想再次制造麻烦，他就应该需要花几分钟时间来注册一个新账号。如果你禁止了该用户的 IP 地址，他需要的时间就会更长。你在最不遵守规则的社群成员身上花的时间不应该多于花在最遵守规则的成员身上的时间。

你还要记住，你的社群不是法庭，它是一个社群。你要像对待家中的不速之客一样对待不良行为者。你可以要求不良行为者退群或直接删除不良行为者，原因就是他们不适合。他们可能态度不好，持续散布有害言论，或者对其他成员无礼。他们可能没有违反特定的规则，但他们就是对社群不利。你的首要工作不是尊重他们的言论自由或其他权利，而是要成为一个成长中的社群的保护者和助推器。在要求一个不速之客离开之前，你不会试图收集他的行为的确切证据，只会要求他马上离开，但这并不意味着注销账号是首选的解决方案。虽然你想执行你的规则，但也不希望成员陷入害怕说错话的恐惧中。

●● BUILD YOUR COMMUNITY ●●

使用处罚升级量表

一些社群管理员使用简化的处罚升级量表来处理大多数不良行为者，表 4-2 是一个典型的量表例子。

表 4-2　处罚升级量表

处罚	描述
1. 给出处罚理由（小违规）	给社群成员发送一个善意的通知，指出他们帖子的问题和对其他成员的影响。当处理小问题和成员的负面情绪时，当成员造成问题但对其他人没有明显的恶意时，这样做效果最好

续表

2. 警告和移除帖子 （重复违规，审核人员认定为违规）	发出警告。警告中应该提到违规行为、该行为造成的不良影响，以及再次违规的后果。请注意，许多成员会自动对警告做出防御性反应。不要跟他扯皮，而要反复警告并结束沟通。与此同时，你也应该删除违规的帖子
3. 禁言 （重复审核人员认定的违规，违反通用规则）	如果违规行为进阶，下一步处罚就是短期禁言，这也是对更严重违规行为的惯常回应。禁言的期限通常为 1 ～ 30 天。审核人员要清楚地说明成员违反了什么规则，以及禁言的时间是多久
4. 销号 （重复审核人员认定的违规，反复违反通用规则，持续发布有害信息）	如果一个成员一直造成问题或做出严重违反通用规则的行为，他就应该被踢出社群
5. 禁止 IP 登录 （做出审核人员认定的严重的违规行为，在被销号后重新加入社群）	禁止一个成员的 IP 登录与踢出一个成员效果是一样的，但有一个关键的区别，禁止 IP 登录使一个用户以不同的名字重新加入社群变得更困难。如果要重新加入社群，他们需要从使用电脑换到使用手机、使用 VPN，或从不同的地方来访问社群。禁止 IP 登录还会禁止所有可能使用该 IP 地址的人，即原成员所在的整个组织访问社群
6. 屏蔽 （在被销号后一再重新加入社群）	一些平台可以让你对成员实施屏蔽。这种措施允许社群成员继续发布内容，但没有人能够看到。这实质上是在不让成员知道自己已经被禁言的情况下禁言他们。这么做有点残酷，只应该用于那些即使在被禁言后仍反复制造麻烦的成员

不同的处罚有不同的目的。执行的关键是要有明确和一致的政策，这些政策要有足够的灵活性，因为不是每个问题都有现成的处方，但你和你的团队要明确在每种情况下该怎么做。

成本控制，灵活调整社群审核方法

你配备了一个兵工厂似的工具库，可以用来击退想破门而入的“喷子”和垃圾邮件的攻击。你可以将不良行为者销号或对其禁言，可以对所有帖子甚至社群成员都实行事先审核，还可以设置垃圾邮件过滤器来捕捉讨厌的自动发送的垃圾邮件，并招募一批志愿者来监视隐藏在无害的链接和电子邮件签名中的潜在的自我推销。

然而，社群管理具有两面性，每一个解决方案都是有成本的。获得批准方能加入社群的做法会使参与变得缓慢，而遇到问题的人却希望立刻就能提问。如果他们必须等待几个小时才能提问，就会离开前往其他地方。同样地，对帖子施行事先审核需要一个成本越来越高的审核团队，从而保持社群活动的流畅性。注销用户也会使心中不满的用户变成社群的终身敌人，他们会竭力破坏社群的一切。因此，你需要利用你拥有的资源找到正确的方法。

看到这里，你可能会想：“我不需要一个审核团队，我的社群根本没有那么大！”别紧张，你可能是对的。如果你的社群每天只有几十个帖子的更新，而你也许还有几个志愿者，那就可以很好地处理事情。然而，你应该做好准备，你的社群在发展中会发生很多事情。除非你有正确的管理制度，否则你可能会成为一系列问题的受害者。例如，你可能习惯在周末休息，当你的社群运行还不错的时候，如果在周末没有人看着，也不是什么大问题。然而，随着社群的发展，反复无常的不良行为者很快就会意识到，在社群里发布垃圾信息或辱骂性言辞的最佳时间是周五晚上，因为他们知道直到周一早上才会被发现。

有一次，谷歌社群中有人在一个帖子里抱怨，谷歌的搜索结果中存在针对黑人妇女的种族歧视。当谷歌看到这个帖子并做出回应时，它已经病毒般疯传开了，最终传到了主流媒体上，引起了广泛的负面报道。

人们也会在小型社群里发布辱骂性言辞和夸大问题，但影响力通常较低。它被看到的可能性更小，更不可能吸引很多关注。随着社群的发展，你需要主动改变审核方法，我们可以把这种改变分为三个阶段。

阶段 1，小型社群

在社群的早期阶段，当你每天收到最多 100 个帖子的更新时，可以自己亲自管理社群。你可能会收到一些垃圾邮件和攻击性帖子，偶尔需要处理内部升级的问题。但是，浏览 100 个帖子并摘除坏苹果并不需要太长的时间，尤其是在其他成员也会帮助标记它们的情况下。你可以以一种一以贯之的方式行使你自己的主观判断来执行规则。

阶段 2，中型社群

在这一阶段，你需要一些帮助。这不仅因为这个阶段的社群管理很耗时，还因为需要提高速度。如果有人在社群规模还小的时候发表侮辱性评论，这是个问题，但不是灾难。一旦社群每天有 100 ～ 1 000 个帖子的更新，这就变成了一个严重的问题。

通常情况下，你会雇用更多的社群工作人员做协调工作，审核是他们的任务中重要的部分。然而，随着时间的推移，你可能需要专门聘请审核人员服务于你的社群。许多中等规模的客户社群从西方国家的公司聘请审核人员，这些人不仅删除帖子，而且可能参与、回应和升级处罚。这种服务的费用往往是每条评论 1 ～ 2 美元。

雇用提供审核服务的公司有一个巨大优势，这些公司不仅可以迅速审核，而且可以解决评论中使用多种语言的问题，这样社群就不必开设新的办事处或到世界各地寻找合适的工作人员了。

在这个阶段，你需要制定一些相当明确的规则，并培训人们去执行这些规则。规则的执行仍然会有很多主观性，但被控制在相当明确的政策范围内。

阶段 3，大型社群

在大型社群里，审核是一个数字游戏。你知道每天需要审查多少帖子，你要寻找适当的资源来履行这一职责。

大型社交平台倾向于雇用有严格规章的审核公司，每篇帖子仅需支付几美分。在高峰期，《赫芬顿邮报》每天要审核 50 万条评论，而团队只有 28 名审核人员，每篇帖子的平均成本只有 0.05 美元。

在这个阶段，你不仅需要规则，而且需要关于如何执行这些规则的极其明确的指示。此时也将出现越来越多的例外情况，你要决定如何更好地处理这些例外情况。随着社群的发展，规则的执行从基于你自身意见的主观解释，转变为一个付费的审核团队严格遵循的规则。没有多少社群会每天更新 1 000 个以上的帖子，但如果你的社群有的话，你就需要更明确的规则让审核人员可以遵循。如表 4-3 所示，你应该根据社群不同的活跃度使用不同的审核方法，不同的方法具有不同的主观程度。

表 4-3 社群不同活跃度下的审核方法及其主观程度

活跃度	审核方法	主观程度
每天更新 0 ～ 100 个帖子	社群管理员亲自检查新帖子，并删除那些他们认为不符合规则的内容	高度主观
每天更新 100 ～ 1 000 个帖子	由 2 ～ 3 个人组成的社群团队删除不良内容。针对常见的问题，制定一些更精确的规则	相当主观
每天更新 1 000 ～ 10 000 个帖子	社群团队、志愿者和付费审核人员都会检查新帖子。需要更精确的规则来指导审核人员和志愿者	部分主观，部分客观

续表

活跃度	审核方法	主观程度
每天更新 10 000 ～ 100 000 个帖子	审核工作主要由第三方审核团队负责，他们遵循明确的规则来确定哪些内容被允许、哪些应删除	相当客观
每天更新 100 000 个以上的帖子	审核工作由第三方审核团队负责，他们遵循编纂好的规则，并接受培训和测试，以确保这些规则得到遵守。规则越来越精确，可以用来处理各种情况	高度客观

到目前为止，我们所涉及的都是被动的行为。有人做出不良行为，而你看到了不好的信号，并立即采取行动。但问题是，你总是在追赶，从来没有把减少不良行为的发生放在第一位。其实你可以做一些简单的改变来改善成员在社群中的行为模式，让自己少做一些审核工作。

例如，在 2019 年，拥有 1 300 万订阅用户的 Reddit 科学社群进行了一项实验。[6] 实验很简单，审核人员在讨论区添加了一个置顶评论，显示社群规则。这条评论包括了有关社群规范的信息和对新用户的欢迎，并明确了不可接受的行为，说明了违规的后果。基本上，它表达的是："如果评论是笑话、表情包、辱骂、与主题无关的发言或不科学的医疗建议，都将被删除。我们的 1 200 名审核人员鼓励相互尊重的讨论。"

实验者随后在一些讨论中随机展示这一公告。一个月后，他们检查了结果，发现当规则呈现给社群成员时，规则的遵守率增加了 8%，新用户的参与率增加了 70%。这个测试不仅是对不良行为的回应，而且主动减少了不良行为的数量，同时也提高了新用户的参与度。

这种主动的干预措施可以产生巨大的影响，另一个例子来自视频游戏领域。神经科学家杰弗里·林（Jeffrey Lin）受聘来整治游戏《英雄联盟》社群中的有害行为。杰弗里·林很快发现，只有 5% 的辱骂是来自想要制造麻烦的专业“喷子”。大部分辱骂只是源于游戏玩家的不愉快情绪。为了解决这个问题，杰弗里·林开始用彩色短信息向成员发出行为警告。一个典型的警告可能是这样的：“如果你继续骚扰队友，他们的表现只会更糟。”仅仅是这些彩色短信息的提示就使辱骂减少了 6.2%，违规性语言减少了 11%。

彩色短信息只是个开始，杰弗里·林希望对社群及其负面文化做全面的改善。因此，《英雄联盟》的出品方拳头游戏公司（Riot Games）引入了一个新的想法，那就是仲裁庭。通常情况下，社群成员不知道他们做错了什么，一旦对他们的禁令解除，他们就会重复那些导致他们被禁的行为。仲裁庭将作为游戏玩家的陪审团，审查因不良行为而被举报的玩家的聊天记录，并决定玩家是否应该受到惩罚。

在第一轮，游戏玩家会收到一份报告，解释他们做错了什么，这使改造率在三个月内提高到 50%。改造率就是在一定时间内没有再犯的成员的百分比。第二轮，杰弗里·林推出了“改造卡”，其中包括仲裁庭的判决和玩家的聊天记录，准确解释他们做错了什么，这将改造率提高到 70%。

这些成果令人印象深刻，但杰弗里·林的手里还有一个看家的本领。杰弗里·林和他的团队使用机器学习工具来提供即时反馈。现在，玩家在违规行为发生后的 5 ～ 10 分钟内就能收到相关的报告。改造率随后上升到了 92%。

你可能无法为你的社群团队聘请一位神经科学家，但你应该考虑的不仅是如何删除不良内容，而且是如何减少未来的不良内容。正如我们在上面的例子中所看到的，有时非常小的干预措施，比如在讨论区置顶规则或者快速地解释成员做错了什么，就足以减少大量不良行为了。

审核不是“打地鼠”游戏，或者说，它不仅仅是“打地鼠”游戏，更多的是关于创造正确的社群文化。这意味着要鼓励好的一面，去除坏的一面。你应该在早期就建立社群的社交规范，并严格地执行它们。这些社交规范可能会成为你的社群的关键特征。然而，如果你的社群被垃圾邮件和争斗所淹没，社交规范就很难执行。开发正确的系统来防止这种情况是很重要的。你需要做出一些棘手的判断，根据你的社群类型制定正确的方法。记住，你制定的规则越多，执行这些规则所需的时间和资源就越多。

制定规则是一回事，执行规则却完全是另一回事。制定一条你无法执行的规则是没有意义的。随着你的社群的发展，你需要超越非正式的政策和主观的决定，制定更正式的政策，扩充管理团队。你也要记住，执行规则不仅是一个被动的游戏，而且是一个主动的游戏。你有很多直接的工具可以用来踢出或禁言社群中的不良行为者，但最有效的可能是重新思考你的系统，并在正确的地方使用鼓励措施，主动减少违规行为。

社群行动清单　BUILD YOUR COMMUNITY

如何减少低价值的用户和内容

- 清楚地列出社群的独特的和通用的规则，以防止对成员的伤害和辱骂。基于社群的基调和个性，制定“灰色区域”的规则。
- 出台社群规则的执行方法，也就是根据社群的发展阶段，使用恰当的审核方法和团队。
- 审视不良行为出现的常见原因，采取被动处罚和主动干预，双管齐下，减少不良行为。

第 5 章

步骤 5，快速启动，吸引第一批种子用户

BUILD
YOUR
COMMUNITY

比起“大爆炸”式启动，
小规模启动
更能带来快速增长。

Small launches
lead to faster growth
than
'big bang' launches.

想象一下，当你去参加一个聚会，到场时却发现，整个房间是空的，只有你一个人到了，在其他人出现之前你愿意等多久呢？可能不会等太久吧。没有人愿意去参加只有一个人的聚会，在网络上也是一样。一个社群的首批成员就像一个家庭聚会里最早到的那几个人，一个超棒聚会的承诺可能会吸引他们在那里待上一段时间，但如果环境没有迅速升温，他们很快就会离开。这就产生了一个问题，如果每个新人都在下一个人到来之前就走了，那么我们就不可能建立一个长盛不衰的群体，也不会有新人不断参与进来。

这是典型的鸡蛋悖论。没有人愿意加入一个不活跃的社群，但如果没有人愿意加入，又如何创建一个活跃的社群呢？这就是从零开始启动一个社群的核心挑战。一旦你有了一定的势头，有了相当数量的人积极参与，要让新人留下来就容易多了。但是，你的社群在达到临界点之前，都处于一个非常脆弱的状态。跨过这个临界点之后，在你的社群中，更多的讨论会引发更多的讨论，更多的成员会吸引更多的成员。

这个临界点被称为群聚效应（critical mass）。群聚效应是一个从核物理学中借用的术语，它在物理学中叫临界质量，描述了一个持续的链式反应所需的裂变材料的最低数量。在社群用语中，它表示确保稳定增长的活跃度所需的活跃用户的最低数量。

当你启动一个社群时，也就是网站面向你的受众上线的那一刻，你有一个相对较短的窗口期来触发群聚效应。如果你不能迅速触发群聚效应，社群的发展势头很快就会消退。在本章中，我将分享一个实用的方法，可以用来快速触发群聚效应，从而避免社群变成一座昂贵的鬼城。

比起“大爆炸”式启动，快速启动更有效

2018 年，我决定调查一下，确认社群需要多少活跃用户才能触发群聚效应。通过分析近 200 个社群的数据，我试图寻找那些活跃度持续上升的社群与那些没有做到这一点的社群之间的差异。数据的变动区间非常大，但我还是获得了一些通用的经验法则。成功的社群通常在三个月内能达到三个关键数据点，这些关键数据点如下所示：

1. 每个月有 100 个成员做出贡献，即发起或参与讨论；
2. 每个月更新 300 个帖子或每天大约更新 10 个帖子；
3. 每天有 10 个新的注册者。

即使是较小的群组，如 WhatsApp 或 Slack 上的群组，每天获得至少 10 条发言似乎也很关键。如果你只是针对同事或出于爱好创建一个社群，你的社群需要每月更新 10 个有机帖子，即不是由你自己创建的帖子。未能让足够多的成员更新足够多的帖子的社群通常会陷入两种境地，要么成为一座毫无活跃度的鬼城，要么成为一个“植物社群”，靠日益绝望的社群团队偶尔组织的爆炸性活动来续命。

“大爆炸”式启动

要触发群聚效应，最显著的方法就是做大多数人举办聚会时会做的事情，

那就是让所有人都在同一个时间到场，这被称为“大爆炸”式启动。你启动了社群，然后尽可能快地把尽可能多的人都吸引到这个社群里来。你可以集中全部精力把启动日的活动组织到最盛大。

大爆炸式启动在直觉上似乎有用。如果你每月需要 100 个真实参与的成员，而你有 10 000 名受众，包括客户、员工等，你就可以群发一封邮件。在几个小时内，参与社群的成员就能达到这个数字。但这种方法有两个主要的缺陷。

1. 成员在参与社群之前不会知道还有谁会参与。本章开头关于聚会的空房间比喻在此处仍然适用。你认为把 10 000 人送入一个空空如也的社群，他们就会自觉地开始参与吗？你有且仅有一次机会去给这些人留下美好的第一印象，而一个空空如也的社群是最糟糕的印象。如果被邀请的人没有亲至，他们是不会知道还有其他什么人参加聚会的，而如果他们不知道还有其他人在，也就不会参与其间了。
2. 成员不会留下来。即使在极少数情况下，你确实在启动时把活跃度推到了非常高的程度，这也只会是活跃度的高峰，而不是一个持续的参与水平。我们的数据显示，许多社群在大爆炸式启动之时都有一个初始阶段的活跃度高峰，但是几乎在每一个案例中，其参与度都会迅速回落到维持的状态。

即使大爆炸式启动成功了，你是否做好了迎接成功的准备呢？你能每天回答数以百计的问题吗？你能检查这几百个帖子中有没有辱骂其他成员、威胁社群合法性的内容吗？你能应对几十个要求重设他们忘记的密码的成员吗，哪怕这是网站自带的一个功能？你能解决无数的琐碎纠纷吗？用户数量从 0 跃升到 1 000 带来的压力，可能与社群根本无法获得关注度一样令人担忧。因此，我并不推荐大爆炸式启动，而是推荐快速启动。

快速启动

快速启动是我为客户使用了 10 多年的社群启动方式。你不需要在启动时将数以千计的成员带入社群，相反，要在一段时间内错开推广活动，不断改进社群，并满足每个群体的独特需求。你不需要搞大规模启动，而是从小规模启动开始，快速向前。

在快速启动中，你从一群核心的种子用户开始，迅速建立势头。这确保每个新用户都有比上一个用户稍好的体验，而只有种子用户会有空房间的体验。不同的是，这些种子用户明知会有一个空房间，但并不介意，因为只有这样，他们才是社群的元老。他们做好了体验空房间的准备，他们想用自己的努力来将房间填满。

如果你采用快速启动而非大爆炸式启动，就只能期望在第一周得到少量的内容贡献，但 2 个帖子很快就变成了 4 个，4 个变成了 8 个，8 个变成了 16 个，以此类推。

当你的社群快速启动时，你的资源将被用于确保每一个加入社群的成员有最好的体验，你有时间和资源来带着同理心快速回答问题。当你的社群快速启动时，你可以确保种子用户感到自己是这个崭新的专属的特别的新事物的一部分，你可以把他们培养成顶级的参与者。

BUILD YOUR COMMUNITY

现有受众的力量

为自身爱好创建社群与代表一个组织创建社群，这两者有着天渊之别。如果为一个组织工作，你通常就可以邀请一大群人加入社群，达到启动社群的目的。毕竟，如果一个组织没有任何客户或雇员，就不会有业务。这大大加快了社群的进程。启动社群时邀请已经认识你的人加入，比邀请完全陌生的人加入容易得多。

如果已经有成千上万的人每天访问你所在组织的网站，其中许多人有想要回答的问题，这个启动过程可能就更容易。你只需将他们转到社群，就可以开始了。然而，如果你不能通过足够大的电子邮箱通讯录发出加入社群的邀请，或者无法将现有的网站流量导入社群中，就会遇到麻烦。我最近的一个客户有超过 100 万的用户，但囿于该组织严格的数据隐私规则，他无法接触任何一个用户。另一个客户则不被允许向电子邮箱通讯录中的现有用户推广其社群，因为这个通讯录是营销团队拥有的，而营销团队并不想为了推广社群而中断他们的市场营销计划。

如果不能联系到那些你想邀请加入社群的人，你就很难启动社群。如果两个部门争夺同一群受众的关注，就会在下一步引发更多的问题。在这种情况下，最好是把所有事情摆在台面上，双方一起找出对彼此都有利的处理方式。坐拥一份庞大的邮箱通讯录，却无法邀请这些潜在成员加入社群，这听起来很反常。

三大阶段，逐步触发群聚效应

阶段 1，启动前

社群要达到群聚效应触发点，有三个阶段：启动前、启动中和启动后。启动前阶段在你开发社群平台之前就开始了，直到平台上线供成员加入为止。

启动前阶段要达成的目标是，在社群启动之前为它引流对的人群和设计对的活动。你要让社群在新用户眼中是很活跃的。如果你使用 WhatsApp 或 Slack 这样的工具，成员无法看到加入前的讨论，你只需在一段时间内将邀请相互错开，每天发起新的讨论，就能解决这个问题。如果你使用的是白标或企业平台，在邀请人们加入社群之前，就需要有大约 20 个活跃的讨论帖和一些种子用户。这只需要一个相对简单的过程。

首先，你自己提出和回答问题。一旦平台准备好了，你可以在社群里发布第一批问题或邀请同事来提问。最好的问题通常是那些你或你的组织最常听到的问题。如果无法得到这些问题的清单，你也可以在社交媒体上搜索关键词来找到相关问题。

有了问题清单，你就可以选择少量的问题，通常是 5 ～ 10 个，将它们发布到社群中，并确保这些问题有人回答。如果需要，你可以自己回答这些问题。更好的做法是，你可以拉一些同事来提出这些问题，这可以确保在早期讨论中总是有几个人表现得很活跃。

发起和参与这些讨论应该只需要一两周的时间。一旦社群中有了一些讨论，你就可以邀请种子用户了。

其次，邀请和吸引种子用户。种子用户不仅是最初活动的种子，而且是社群文化的种子。因为未来的成员在社群中的行为基本上源于现有成员，所以无论你在社群启动时建立什么样的行为模式和传统，都会被其他人无限期地延续下去。因此，选择合适的种子用户并与之合作成为启动社群过程中的关键部分。

如果你把感谢回答问题的人作为一种社交规范，那么它就会渗透到每一代成员中。同样，如果把回答问题时包含屏幕截图和要点也作为一种社交规范，那么随着社群的发展，这一传统很可能也会代代相传。这些社交规范应该与在上一章中所说的你确立的显著规则相匹配。

与在社群启动后改变成员的行为方式相比，在启动前塑造成员的行为方式要容易得多。做到这一点的唯一方法是，与最初的种子用户紧密合作。

BUILD YOUR COMMUNITY

寻找种子用户

种子用户并不是偶然出现的，你需要主动找到他们，有几种方法可以用来确定社群的种子用户。

1. 在你的调查和访谈对象中寻找。你可以问那些回应你的调查和访谈请求的人，看他们是否有兴趣成为社群的种子用户。
2. 审视现有的关系。如果认识和喜欢你的潜在受众与你本来就有联系，他们就更有可能愿意帮助你创建新事物。
3. 征集种子用户。你可以直接询问谁想成为种子用户，方式是通过给邮箱通讯录中的人发邮件，也可以借助你的公司网站、社交媒体账号或其他渠道。这种方法带来的参与者往往质量参差不齐，但如果前两种方法无效，这个方式作为最后的手段还是有用的。
4. 借助社交媒体和其他社群。如果上述方法都不适合你，那就表明你需要在启动社群之前建立一些关系。你可以通过联系在社交媒体和其他社群中谈论类似主题的人来做到这一点。

找到渴望帮助社群启动的种子用户，这是一个很好的试金石，可以揭示这个主题的吸引力是否足以维持一个社群。如果你的社群今天不能让一小部分成员对你的想法感到兴奋并参与其中，明天就不大可能吸引到几百人。

一旦你确定了 30 ～ 50 个社群的种子用户，就该邀请他们到社群网站了，此时的社群中应该已经准备好了一些讨论的话题。根据种子用户已经告诉你的他们感兴趣的话题发起讨论，并邀请他们参与，这绝对是个好主意。你可以让前期的调查和访谈来指引你，也可以直接联系你的种子用户，邀请他们就其面临的挑战或心中所想展开讨论。在这个过程中，你应该能够再增加 5 ～ 10 个讨论话题，达成这个目标没有太大的难度。

你要让种子用户真正觉得自己是种子用户，这一点极为重要。如果你不让他们承担任何责任，也丝毫不给予他们关于社群的决策权限或控制力，他们很快就会发现自己只是名义上的种子用户而已。你必须让种子用户有能力塑造你所创建的社群，他们需要知道自己对社群产生了影响。如果一个社群成员已经答应成为种子用户，这就意味着他已经答应了做实际工作，从而帮助社群发展。所以，给他们布置任务吧！

与营销活动的受众不同，种子用户不希望成为被动的信息接收者，他们希望成为社群创建和运营过程中不可或缺的一部分。他们不可能因为自己在其中没有任何实际影响力而感到自豪。幸运的是，当你创建一个社群时，有很多工作可以交给他们做。

如果要让种子用户觉得他们正在参与创建社群，最简单的方法之一就是，问他们想要什么样的社群。你可以问他们，社群应该组织什么活动，他们对什么样的功能感兴趣，等等。

正如我们在上一章所讨论的，你可以问种子用户的最佳问题是，他们希望看到什么样的社群文化。你可以问，社群是否应该专注于高质量、低噪声的讨论，并毫不留情地管控那些低于应有质量水平的讨论。你可以问，无论变得多么嘈杂，社群是否都应该努力帮助每个成员解决他们的问题。每一种选择都有优点和缺点，你可以让种子用户来主导。

你也可以询问种子用户，社群内应该有哪些强有力的传统和社交规范。然后，与他们一起创造这些传统和规范。你可以开启一个传统，对回答问题的人或者勇于提出问题的人表示感谢；可以庆祝成员的生日；可以邀请成员分享他们上个月取得的最好成绩。

你还可以询问种子用户，什么样的内容对他们有用，以及他们想在社群内扮演什么角色。种子用户可以在社群内承担无限多的独特角色。你可以建立一个你需要帮助的内容板块的清单，并呼吁志愿者来主持其中的板块；可以让专人负责特定的主题，也就是在一个主题内发起新的讨论和活动；也可以安排他们欢迎新用户。你还可以邀请成员对与社群未来可能有关的问题进行投票。

一般来说，你给予种子用户的自主权越高，他们的参与度就会越高。

你应该考虑为种子用户创建一个独特的徽章。关于徽章，我们很快就会在游戏化中介绍。随着社群的发展，这个徽章将是社群中最稀缺的。除了种子用户，其他任何人都不可能获得它。当然，这些徽章只颁发给那些在启动前阶段高度活跃的种子用户。如果你把同样的徽章分发给高度参与的种子用户和那些启动前加入却从未做出贡献的人，就完全降低了这个徽章的价值。

在启动前阶段结束时，你应该能够召集到15～30个每周都活跃的参与者，他们对参与社群的工作感到兴奋且对社群倍感兴趣。一般来说，如果在这个阶段连 15 个活跃的参与者都找不到，你可能就要在启动社群之前重新思考社群的理念。这可能是一个早期预警信号，说明要么社群很难打动你的受众，要么社群的理念本身对目标受众没有足够的吸引力。

启动前阶段应该只持续 3 ～ 4 周。如果时间太长，种子用户很可能会失去兴趣并渐行渐远。在这个阶段结束时，你应该感到社群良好的发展势头和由此带来的兴奋感。

阶段2，启动中

祝贺你！你现在已经有了不少跃跃欲试的种子用户，他们正摩拳擦掌要参与你的社群。社群中也有了大量的讨论，现在是时候向外界推出这个社群了。

向外界推出社群的方法有一些非常好，也有一些非常糟。最好的方法是，每次只向一小群潜在用户推广你的社群。这个过程可以持续几周，甚至几个月。如果使用这种方法，你就可以针对每一组成员分别给予周到的欢迎服务，若有任何技术问题，也能尽早解决，并能确保随着更多的人加入，社群发展的势头不断增长。

如果你使用 WhatsApp 或 Slack 这样的工具，就可以直接用电子邮件发送链接或用手机发出邀请。你可以每天添加几个人到群里，让它逐渐壮大。每个人加入时，你都可以给他搞一个温暖的欢迎仪式。如果你为一个组织工作或者拥有你自己的邮箱通讯录，就应该把受众分成几个小组，在几周内向不同的小组发送邀请邮件。你甚至可以尝试对比测试的方法，即在不同的推广中介绍社群的不同好处和功能，比较哪种推广对吸引人们注册更有效。大多数电子邮箱通讯录的工具都能轻易做到这一点。

如果你的组织有自己的网站，并且允许你使用它，你就可以在网站主页上放置一个社群链接来引流。但流量不宜太多，因此一开始可以在主导航菜单之外放一个小链接，随着社群的成长，逐渐提高社群在组织网站上的地位。同样，你也可以在更多的社交媒体渠道、新闻简报和其他途径中提及社群。

BUILD YOUR COMMUNITY

你应该在大型活动中推出社群吗

快速启动的方法有一个重大的缺点：它缺乏一个你的组织所渴望的

明确的启动日。根据我的经验，高管们通常渴望在公司的重大活动中添加一个“大型发布会”。这有助于社群获得内部支持，并能为需要完成的工作设定最后期限。然而，它也有一些弊端。一个主要问题是，许多活动会使用特定的应用程序，活动参与者可以用它来互相交流。这意味着，社群在推出的第一天就在与另一个工具争夺用户。更糟糕的是，这个应用程序通常只被集中使用几天，在活动结束后就会被抛弃。

如果你打算以组织活动的方式启动社群，请确保社群深度融入活动中，这将极大增加活动的价值。例如，你可以要求活动主办人员做一些安排。

- 在社群内向演讲者提问。更好的做法是，要求演讲者在活动结束后的一周里都在社群中主持关于演讲主题的讨论，他们将接受所有人的提问。这比在演讲结束时给演讲者 5 ～ 10 分钟的时间来回答问题好得多。
- 在社群中发起与活动内容相关的讨论。如果社群成员不知道该如何将建议应用于自身，仅仅接受建议就是不够的。为什么不在社群中发起讨论，让成员讨论如何应用活动中所给的建议呢？如果有需要，他们就可以向社群寻求帮助。
- 安排见面。你可以让成员着重说明他们希望在活动中与什么样的人联结，并利用社群来协调他们的聚会。你可以为你的种子用户举办一个小范围的会后派对，并邀请其他人加入。

你也可以为社群创造合适的情境，让人们在活动中互动。

- 在社群中创建活动参与度排行榜。在活动期间，大屏幕上可以显示当前社群最活跃用户的排行榜。如果能显示成员于活动期间在社群积累的积分的排名，那就更好了。你可以在活动期间举办一个比赛，人们可以通过在社群中提问和回答来获得积分。这可以在活动的发言中提及，并在每天的活动结束时向参与度最高的成员发放奖品。

- 在社群中设置挑战活动专区。你可以设置专区，用户可以在那里注册成为社群成员，并介绍自己或提出他们的第一个问题。更好的做法是为受邀参加活动的专家设置专区，让他们可以回答别人的问题，并为上排行榜赚取积分。
- 在社群中发布来自客户支持方面的新问题。在社群中分享客户支持团队收到的最新问题，并发起挑战让成员回答这些问题。这样做会在活动期间为成员创造源源不断的问题，如果他们的答案是正确的，他们就可以获得积分。
- 首先在社群中分享活动内容。如果你想鼓励人们使用社群，就可以先在社群内发布活动的录音、信息、会后派对的细节等。这为人们加入和访问社群提供了一个完美的理由。
- 设置现场“创意多多”环节。如果创意是活动的一个关键部分，你就可以在活动期间设计一个创意环节。你可以设定几个明确的条件并开启一次挑战，要求成员分享他们最好的想法，然后发起投票，选出他们最喜欢的那个。

只要愿意动脑子，鼓励成员相互交流的办法就会层出不穷。然而，如果你不能使社群成为活动的一个重要和有价值的部分，就不应该在活动中推出你的社群。

阶段 3，启动后

现在，你的社群已经上线，是时候来快速触发群聚效应了。你需要逐步加大推广力度以建立社群的上升势头。要做到这一点，关键是要在启动社群之前准备好所有的推广材料。

BUILD YOUR COMMUNITY

启动 Geotab 的社群

2019 年，我用 5 个月的时间与远程信息处理公司 Geotab 的一个优秀团队合作，推出了他们的社群。在这几个月里，为了获取资源，我们大部分时间都在与公司的不同部门会面，游说他们，勾起他们对社群的兴趣，让他们心动从而也想为社群做点什么。

我们的目标是在社群上线前准备好所有宣传资料。公关团队已经准备好新闻稿；首席执行官在公司的大型年度活动上宣布了社群上线的消息；营销团队在公司网站、社交媒体和其他渠道上进行了宣传，还将社群整合到了产品中；甚至客户支持和销售人员在与客户通话时也提到了社群。我们没有一下子利用所有这些资源，而是在不同的月份中交错推广，以建立势能。

3 个月内，我们超额完成了目标，数百名社群成员进行了超过 1 000 次的讨论。这个成果需要大量的努力才能取得，我们的秘诀就是在社群上线之前获得了所有需要的支持。

你可能有比你想象中更多的方法来推广社群，它们可以分为两类：向你已经接触过的现有受众推广，以及通过特定渠道向社群外部受众推广。你可以在表 5-1 中看到一些推广渠道的例子。

表 5-1 推广社群的两类渠道

现有受众	外部受众
• 公司网站（导航栏、弹窗等）	• 媒体报道
• 与产品或服务的融合	• 付费的社交媒体广告
• 新闻简报	• 网红推荐
• 电子邮箱通讯录	• 搜索引擎推荐
• 社交媒体账号关注者	
• 员工（千万不要低估员工对社群的推广和介绍）	

BUILD YOUR COMMUNITY

使用付费的社交媒体广告

如果你正在努力吸引足够多的成员来为社群捧场，付费的社交媒体广告就是一个很好的选项。然而，在 Facebook、Twitter 这样的渠道做广告可不便宜。

2017 年秋天，有关肺癌的社群 LungCancer.net 在 Facebook 上发布了为期 5 周的一系列付费广告，以提高其参与度。这些广告的受众近 9.2 万人，吸引了 863 名新用户进入社群。总的来说，这个社群为获得每个新用户支付了 2.02 美元。

你吸引的用户数量和每个用户的成本取决于受众的类型、广告的质量以及由此产生的对话率。然而，关键的原则一般是明确的，那就是如果愿意付费，你就可以迅速吸引大量的受众。如果你已经在一个平台上花了几十万美元，再花一万美元就能吸引 5 000 名用户，这笔投资就非常值得了。

有效推广，让用户量、讨论量和搜索量同步增长

你需要制订一个推广计划，详细说明你将向受众发送的每一条消息，以及通过哪个渠道来发送这条消息。一个典型的推广计划看起来应该如表 5-2 所示。

表 5-2　社群推广计划

时间	行动
第 1 周	• 向活动参加者推广 • 提醒种子用户启动日即将来临 • 邀请员工加入和参与
第 2 周	• 向电子邮箱通讯录中 4 个细分市场之一的受众进行推广
第 3 周	• 在公司网站的主页导航栏中添加社群的入口 • 向电子邮箱通讯录中 4 个细分市场之一的受众进行推广 • 向第 2 周的推广受众发送社群上线提醒 • 提醒员工加入和参与
第 4 周	• 向电子邮箱通讯录中 4 个细分市场之一的受众进行推广 • 向第 2 周的推广受众发送社群上线提醒 • 向第 3 周的推广受众发送社群上线提醒 • 在客户吸纳流程中添加加入社群这一环 • 向电子邮箱通讯录中 4 个细分市场之一的受众进行推广 • 向本周第 1 批推广受众发送社群上线提醒
第 5 周	• 在公司的新闻简报中提及社群 • 向第 4 周第 1 批推广受众发送社群上线提醒 • 向第 4 周第 2 批推广受众发送社群上线提醒
第 6 周	• 发布社群上线的横幅 • 投放社交媒体广告以吸引 1 000 名访问者 • 向第 4 周第 2 批推广受众发送社群上线提醒
第 7 周	• 投放社交媒体广告以吸引 1 000 名访问者 • 公司网站上推出推广社群的弹窗 • 媒体报道社群上线的新闻 • 员工的签名栏中加入社群信息
第 8 ～ 12 周	• 投放社交媒体广告以吸引 1 000 名访问者 • 公司网站上推出推广社群的弹窗 • 网红宣传 • 在产品中体现社群信息

在社群启动后，你应该看到三个指标的稳定增长。

1. 活跃的用户量。社群成员数量应该每周稳步上升，也应该出现一两个顶级成员。
2. 讨论量。你和你的团队之外的成员发起的讨论量也应该每周稳步上升。
3. 自然增长的搜索量。如果你的社群是公开的、可搜索的，你就应该看到每个月通过搜索到来的访客会增加 10% ～ 15%。

如果你没有看到上述指标的增长，情况很可能就是，社群要么难以每周吸引足够多的人访问，要么难以保持用户的参与度。如果是前者，你可以通过每周的访问人数来确认，确认后检查一下你关于社群的推广公告是否还能吸引与以前一样的人数。你可以在推广信息中针对更多的人，并调整信息以突出社群的独特好处。一般来说，要尽量保持信息的简短和直接。如果是后者，那就要么是因为社群成员没有问题要解决，要么是因为他们对在社群里提问毫无自信。请直接与他们交谈，找出参与度难以保持的原因。你可能需要改变社群的理念，比如专注于更广泛的行业，或者需要为新用户创造一个特别的地方来让他们提出第一个问题。

BUILD YOUR COMMUNITY

注册表陷阱

你不能要求用户在开始参与社群前做太多事，常见的错误做法是强迫用户为了注册账号而花非常多的时间填写个人资料。这意味着他们需要找到自己喜欢的图片、上传图片、写个人简历、分享工作经历等。要求用户填写复杂的个人资料所带来的微不足道的好处，远不足以弥补你错过的大量不愿意填写个人资料的潜在用户所带来的损失。

是的，你当然可以找到一些数据，表明填写个人简介和上传头像的用户的参与度的确远高于那些没有完成个人资料填写的用户。但这些数据混淆了原因和结果。当用户开始参与一个社群时，他们更关心的是别人对自己的看法，这反过来又促使他们更新和维护自己的个人资料。这就是为什么最活跃的用户往往有详细的个人资料。

在大多数社群中，任何人都可以直接浏览社群活动，而不需要注册。如果一个用户注册了账号，通常就意味着他已经找到了自己想做的事情，一般是提问或回答问题。如果必须在此之前完成个人资料填写，大多数人都会直接放弃。

你应该让用户尽可能容易和快速地做他们来社群想要做的事情。幸运的是，近年来，为避免法律风险，社群发展的趋势已经从收集尽可能多的用户数据转向收集尽可能少的数据。这是一件好事。在大多数情况下，注册社群只需要一个用户名、密码和电子邮箱，甚至不需要一个真实的名字。

你为简化注册过程所做的每一件事都会在未来几年内带来回报。现在增加几个百分点的转化率，几年后可以产生成千上万活跃用户的复合效应。这就解释了为什么单点登录等技术如此重要，如果使用单点登录，用户就可以通过现有的账号和社交媒体账号注册和登录社群。这些便利的技术通常将加入社群的过程简化到只需点击一两次。

你可以在图 5-1 中看到社群启动的整个过程。

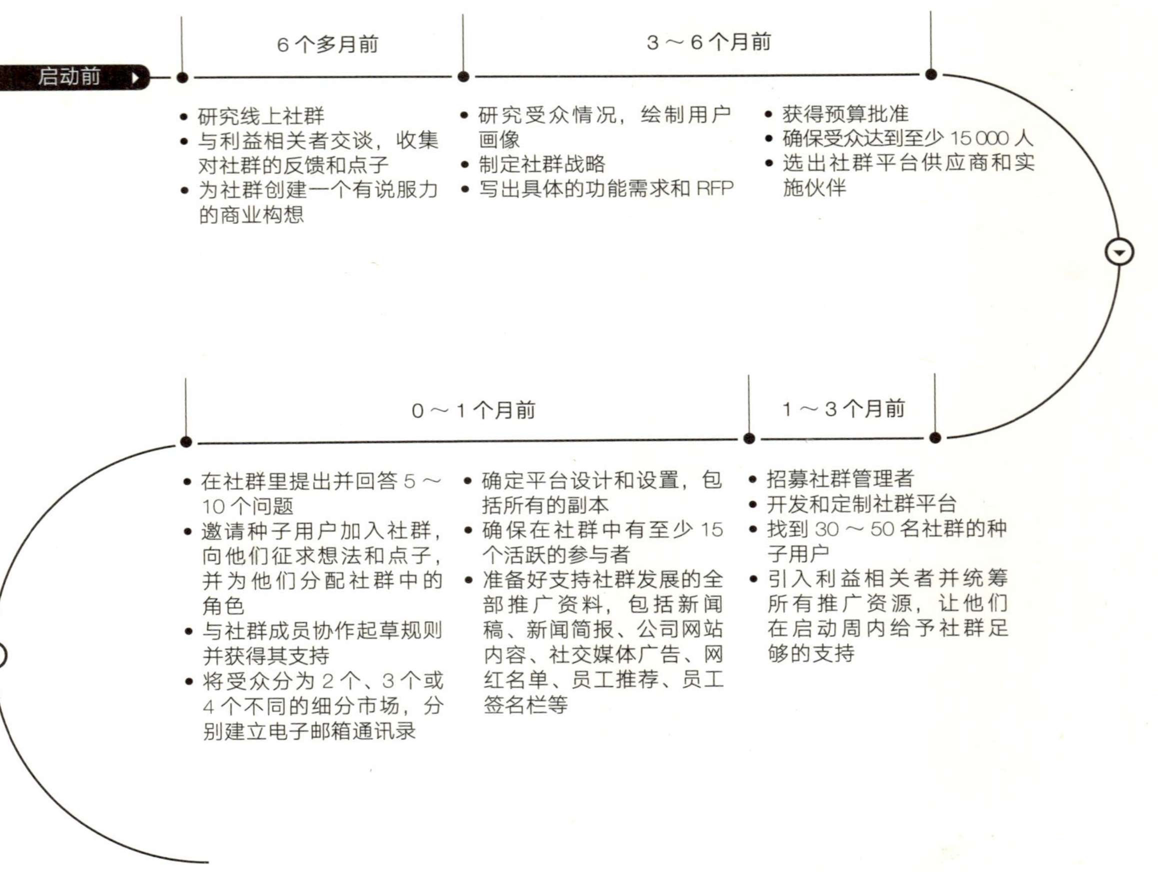

图 5-1 社群成功启动的时间线（见续图）

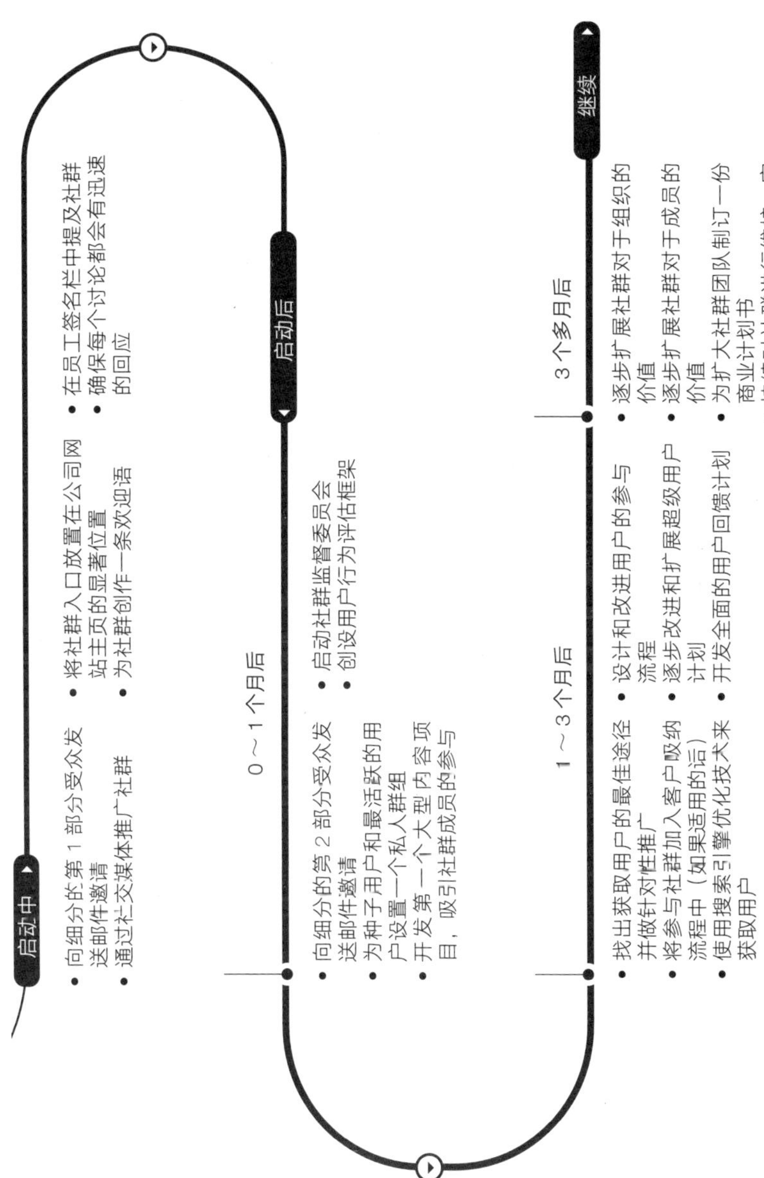

图 5-1　社群成功启动的时间线（续图）

帮助新用户提问

一旦用户注册成为社群成员，让他们尽快进行第一次分享就非常关键。从注册到分享，中间的间隔每多一小时，成员参与的概率都会急剧下降。大多数新用户要么立即参与，要么根本不参与。然而，在保持成员参与度方面，并非所有分享的效果都完全一致。我们的数据显示，发起讨论的成员与参与讨论的成员相比，发布第二篇帖子的可能性要高 7%，发布 10 篇帖子的可能性要高 8%。这样的小差异经过几年的累积，可以对整体参与度产生很大的影响。因此，你应该邀请新用户在他们第一次分享时发起一个新的讨论，而不是参与一个现有的讨论。但是，在社群中发起一个新的讨论并不总是一件容易的事情。

想象一下，你走进一个挤满陌生人的房间向他们寻求帮助，这会是怎样的场景。你不知道自己要问的问题是否已经被问过几十次了，不知道会不会因为问了一个答案显而易见的问题而看起来很蠢，也不知道你尊敬的同事会不会就在房间里，他们因为你的提问而意识到你并不像他们认为的那样事事通。更糟糕的是，如果你没有得到回应，会怎样呢？

新用户每天都会面临这些困扰，帮助他们的方法之一是，单独创建一个“新人角”。这是你引导新人加入社群的地方，你也可以在这里把他们自动拉入一个群组，同时征求他们的第一个问题。理想情况下，这个群组里有一位导师，他会花时间回答新用户的问题。这可以确保成员得到一个有同理心的回应，而不是“去阅读手册”或“在你问这个问题之前先研究一下”，这两种情况在现有的社群，特别是技术类社群中很常见。

设立新人角或入门区的一个巨大好处是，你可以将专家级讨论与基础知识答疑分开。在创建社群方面有一个臭名昭著的问题，那就是社群的顶级成员不可避免地把大部分时间花在回答新用户的重复性问题上，这对每个人来说都是乏味的。

我们曾有一个客户就遇到了这个挑战。专家级成员对反复回答同样的问题感到越来越沮丧，新用户的问题挤占了他们喜欢的高级讨论的空间。反过来，这也导致他们对新用户越来越不容忍，所以他们常常会做出冷酷、粗暴的回答，进而赶走新用户。我们的解决方案是为新用户单独创造一个地方，将他们联结在一起。这个解决方案的创新之处在于，我们不是要求新用户加入新人小组，而是每个月邀请公司新招募的客户加入一个专门为他们准备的私人群组。这种方法的神奇之处在于，现在新用户不再觉得他们是在独自了解新产品和新话题，相反，他们有了一个安全的地方来问一些基础问题，并了解其他与他们处境相同的用户是如何解决这些问题的。每个群组都有两名志愿者导师，他们热情地帮助新用户入门，回答初级问题，并确保这些新用户有最佳体验。这不仅解决了新用户的大部分问题，而且使社群其他成员不必回答同样的问题。在每个月的月底，这些新用户可以从私人群组“毕业”，真正参与到社群中。在那里，他们能够利用已获得的产品知识进行有效分享，同时身处一个相互联结的群组，凭借这两点，他们可以与其他成员充分接触并利用社群的全部知识。在撰写本书时，这个群组中用户的留存率比那些没有受邀请加入群组的用户高21%。

如果成员无问题可问怎么办

邀请新用户提问，以此作为他们的第一篇帖子，这个做法有一个问题，那就是许多人根本没有问题要问。如果社群中没有任何他们认为需要的信息，你邀请他们提问的方式再好、再有说服力也没有用。

许多社群的解决方案是，为这个群体设置欢迎帖。这个方法比你想象的更有效。2019 年，我研究了 14 个不同社群的 522 个欢迎帖的数据。我找出了一些成员，他们都是在加入社群 30 天内于某个欢迎帖中发过帖子的人，然后将他们与那些在其他地方首次分享的成员做了比较，对比双方在保持活跃度方面的数据。结果很明显：在非欢迎帖中回复的成员在社群中平均只发起了 2 次讨论，发布了 9 条评论；在欢迎帖中回复的成员平均贡献了 7.7 次讨论，并创造了 149 条评论。

总之，当你的成员加入社群时，你应该邀请他们做两件事。

1. 发起一个讨论。他们最好能提出一个对他们有帮助的实用性问题或挑战。这应该是大多数社群的主要行动目的。
2. 回复一个欢迎帖。最好是让成员分享一些关于他们自己的有趣故事。

这两点都会帮助成员在第一次访问社群时，就从社群中获取直接的信息或社交价值。你可以利用欢迎邮件、私信和现场通知（如有可能）的方式，引导成员在第一次加入社群时就采取这两个行动中的一个。

两项要素，让用户持续、主动地分享

在本书的其余部分，我将分享很多如何让成员保持兴趣的策略。现在，有一个重点需要我们注意：是什么让成员驻足于社群。最明显的答案是，你的社群从一开始就满足了他们参与社群的动机。2004 年的一项研究对 27 个社群的数百名成员进行了调查，发现人们参与社群的核心原因如表 5-3 所示。[1]

表 5-3　人们参与社群的原因

原因	人数占比（%）
交流信息	49.8
交友	25.0
社会互助	10.9
娱乐消遣	8.9
技术原因或共同兴趣	1.9
其他	3.5

虽然交友和社会互助对所有社群都很重要，但网络社群是独一无二的，它们的首要价值在于为成员提供获取信息的机会。只要人们觉得能够不断获得有价值的信息，大多数人都会不断地回到社群中来。

然而，社群过于关注信息也有问题，大多数成员往往只在需要信息时才会访问社群，这样的频率不会太高。这里就引出了一条我们需要遵守的关键原则：为了留住成员，社群需要超越他们的期望，为他们提供连他们自己都不知道自己需要的极其宝贵的信息。例如，一个人原本只想解决自己的苹果手机问题，却看到了相关的讨论和文章，给他提供了难以置信的苹果手机实用技巧和照片编辑建议。同样，一个访问软件产品社群的工程师可能会看到信息，发现自己有机会参与即将到来的与首席执行官或产品工程师的即时聊天。社群提供的信息越是稀缺和有用，不断回来的成员就会越多。

你也可以在社群中分享成员在其他地方无法得到的资源和新闻，或者举办在线解决问题的会议，让成员可以直接与专家和其他成员接触。有些社群会向种子用户提供产品的试用版，丝芙兰就开展了一个大型项目，向顶级成员赠送他们的产品样品。

你有一个非常短的时间窗口，来给人们留下良好的第一印象并创造一种势头，不要浪费这个难得的机会。但是，即使是信息丰富的社群，也不可能永远留住所有成员。由于市场竞争、政策变化，以及你的成员自身的生活变化，比如生育、跳槽等，你的社群会有一个自然的流失率。[2]

我们也许最好是将社群成员视为类似组织雇员的角色，有些人在那里待上几个月，有些人待上几周，还有些人会待上几年。这里的关键是要延长他们留在社群的时间，并尽一切努力确保他们在社群内提供和接收最大的价值。社群成员留存的时间越长，他们的知识就越丰富，就越不可能寻求信息，同时就越有可能提供信息。[3] 这些成员访问社群的频率可能会低一些，但每次访问都会贡献更多的帖子。[4] 然而，仅仅是成为社群成员的时间长短并不能作为预测人们是否会做出贡献的指标。[5] 在确保成员主动分享信息方面，真正重要的是两点：首先，成员是否觉得他们能对社群做出独特的有用的贡献；其次，成员是否对社群有一种心理上的主人翁意识。在下一章中，我们将讨论如何在社群成员心理上创造一种强大的主人翁意识。

你的社群需要快速启动，并迅速达到一个关键的活动量。你不需要有成千上万的成员，通常只要有几十个活跃的创始成员就足以让社群起步。尽量不要采用大爆炸式启动，它通常会在开始时给你一个令人印象深刻的活跃高峰，之后却无法再度企及。相反，启动社群要以小规模启动和快速增长为目标，这里有三个步骤。

- 第一，在启动前阶段，在社群里准备一些问题和答案，让创始成员看到。
- 第二，在一段时间内交错邀请受众、推广社群，而不是一次性向所有人推广社群，这有助于每个成员对社群有最好的第一印象。
- 第三，随着社群的发展，确保新加入的成员有一个可以提问的地方，而不用担心自己会被嘲笑或感到自己不属于这个群体。一个简单的方法是为这些新成员设立一个单独的入门区或私人群组。这可以防止老用户因为要回答重复的问题而感到沮丧，并能够推动新用户的参与。

一旦触发了群聚效应，你的社群就必须在保持对成员的吸引力方面表现出色。这意味着你的社群提供的价值要超越他们最初来到社群的期望，尤其是在满足他们对信息的需求方面。

社群行动清单　BUILD YOUR COMMUNITY

如何让种子用户主动推广你的社群

- 确保社群内有一些由已有答案的问题构成的帖子。列一个不超过 50 人的种子用户名单。邀请种子用户加入社群，为他们在社群内分配独有的角色和福利。
- 制订 12 周推广计划，并确保每个人的步调一致。
- 邀请首批加入的成员提出问题或向社群介绍自己。随着社群的发展，可以为新用户专门建立群组以指导他们使用社群，同时改善老用户的体验感。
- 在社群中提供出人意料的价值，以提升成员的留存率。

第 6 章

步骤 6，聚焦顶级成员，打造超级用户计划

BUILD YOUR COMMUNITY

社群的繁荣
恰在于
参与的不平等。

Communities thrive
because of
participation inequality.

仅在 2019 年 9 月这一个月里，社群成员阿卡特拉姆就为音响公司 Sonos 的社群贡献了 657 条回复。你可以算一算，这得花费他多少时间。让我们保守地估计一下，阅读每个问题需要两分钟，然后再花两分钟想出一个答案。这意味着，阿卡特拉姆在这个 9 月花了大约 44 个小时的业余时间为一家音响公司义务做客户支持工作。44 个小时比一个典型的工作周包含的工作时间还要多。对阿卡特拉姆来说，这甚至不算一个特别的月份。自从 2015 年 11 月加入这个社群以来，阿卡特拉姆已经为社群贡献了超过两万条回复，这大约等于超过 166 天的全职工作。这种极端的志愿服务在社群中很常见，但在他人看来是很奇怪的。

当人们在当地超市购物时，没人会主动帮助超市进货、扫地，或者主动接近其他顾客以确定他们是否有问题或需要帮助。但这实际上是像阿卡特拉姆这样的人每天都在社群中做的事情，而且它们几乎发生在你能想象到的每种行业的每个社群中。它们发生在苹果、思爱普、谷歌等高科技品牌的社群中，发生在丝芙兰、德本汉姆和百思买等零售业品牌中；它们发生在银行、电信公司、交通运输企业，以及很多其他行业的企业社群中；它们还发生在非品牌的社群中。在任何一个由同事和朋友组成的群体中，都会出现由一小部分人承担起回答大多数问题、组织大多数活动和推动事情发展的职责的情况。无论你建立了什么样的社群，你的成功都可能取决于那几个高度积极的成员。

把握社群成功的关键，培养 1% 的顶级成员

社群的成功取决于少数高度积极的成员，这其实是网络社群创建过程中最核心但尴尬的真相。网络社群其实远远不是我们通常所认为的平等的数字乌托邦。当然，有一些社群的成员会平等地做贡献，并从他们创造的集体利益中受益。但是，绝大多数社群的成功都要归功于少数积极性很高的成员。

在这一章，我将解释为什么你的社群的成功不是取决于你所吸引的成员的数量，而是取决于你所培养的成员的质量。你将学习如何识别像阿卡特拉姆这样的潜在超级用户，以及如何将他们培养成顶级成员。

大多数社群的规模

为了理解为什么少数顶级成员至关重要，我们要先了解一个社群通常有多少成员参与。长久以来，我都觉得大多数组织在其社群的规模上撒了谎。他们会吹嘘有几十万甚至几百万的用户在某个时候完成了注册，但这些用户中有多少人保持活跃呢？活跃度是一个更好的衡量社群成功与否的指标。

2019 年，我决定弄清问题的真相。我和一名同事从超过 38 个大型品牌社群中抓取数据，以确定在任何给定的月份有多少人在积极参与社群活动。我们发现了一些令人惊讶的事情，大多数品牌的社群参与人数都大大低于品牌所声称的。我们的研究显示，在任何给定的月份，一个公司管理的社群的活跃成员的中位数只有 355 人，或者每天约有 12 名独立贡献者。在我们的数据库中，即使是那些最大型的公司的社群，活跃成员的数量也远远低于我们的预期。美国艺电公司（EA Games）的社群是我们研究的最大社群之一，它拥有 3 亿玩家，但每月只有 51 000 名独立活跃成员。这意味着，他们的客户群中每个月只有不到 2% 的人积极参与社群活动。玩游戏是人们在网上能做的最具社交性的事情之一，大多数品牌的受众参与其社群的比例都比艺电公司少得多。

桶中一滴水

在大多数情况下，参与组织社群的成员数量与组织的受众总规模和组织自身的活跃度相比，只是一滴水之于一桶水的关系。如果你的组织有 50 万客户，那 500 个活跃成员也就相当于桶中一滴水。如果客户支持部门每天收到 5 000 个问题，每天回答的 50 个问题也只是桶中一滴水。同样，社群中可能涌现了 10 个关于产品的想法，但产品工程师已经有了一张路线图，其中充满了支持人员和其他人的想法。另外，社群当然可能会增加客户忠诚度，但通过创造更好的产品、改善客户支持质量、采用更好的营销方式，以及降低产品价格，公司也能增加客户忠诚度。即使你的社群与其他社群相比，几乎在所有可想到的衡量标准上都表现得高于平均水平，你的社群与组织的其他部分相比仍然可能只是桶中一滴水。

如果你为地方俱乐部、线下活动或组织内部员工创建一个社群，情况也是如此。与你可能接触到的受众总规模相比，参与社群的成员的数量和他们的活跃度只是桶中一滴水。与每天互相发送电子邮件的员工数量相比，一个只有 50 人参与的员工社群也是桶中一滴水。然而，正如我们即将发现的那样，只要你的社群能够掀起波澜，那么它是不是桶中一滴水并不重要。

培养 1% 的顶级成员

如果询问任何一位管理社群的人，他希望自己的社群有多少成员，答案通常都是一样的，那就是多多益善。这其实是错的。当你的目标是吸引更多成员时，你的社群就变成了规模至上。但是，假如你已经身处一个成功的群体之中，你是否还希望它变得更大？假如你加入了一个当地社群，而且特别享受身处其中的体验，你是否还希望有更多的人加入这个社群？在一个成功的社群里，人们不希望社群变大，而是希望社群发展得更好。人们希望感到自己被更好地倾听，彼此之间有更好的联结，并希望自己有更多的机会获得信息。

当你的目标变成扩大社群规模时，你的目标和你的成员的目标就变得不一致了，这将在以后导致很多问题。糟糕的是，社群永远不会有像你的电子邮箱通讯录那样的覆盖范围，也无法提供像客户支持团队那样的一对一直接支持。当你的社群由参与度来定义时，别人就会不可避免地将它与其他渠道进行比较，而其他渠道本身就有更多的参与度。这对你和你的社群来说都不是好事。

更糟糕的是，如果你试图推动参与度的指数级增长，就不可避免地会做出一些从长远来看将伤害社群的事情。你可能会举办有趣的、引人入胜的挑战性活动，在短期内吸引大量成员参与，但这种做法不利于成员开启认真的讨论，然而认真的讨论对成员有长远的好处。你可能会大肆宣传，而忽略了大量涌入的新用户可能会模糊你在过去几年里打造的严谨的社群文化。

除了触发群聚效应所需的成员规模，参与社群的人数真的不重要。真正重要的是，培养一小部分顶级成员，他们将为社群创造大部分价值。无论你设想的社群是大是小，真正推动社群前进的都是那一小部分顶级成员。

社群的繁荣恰在于参与的不平等，几乎每个社群的成员都有相同的动态分布。最上面是一层相对较少的顶级成员，他们会做出大部分贡献；在此之下是一小群不固定的人，人们时而加入，时而退出；再下面是一群新用户，他们来提问；最下面是一大批学习者或潜水者，他们消费信息，但从不做贡献。这种分布也清晰地显示在我们的数据中。我们按相对参与度把在过去 30 天内至少做过一次贡献的活跃成员分为几类，然后比较了每类成员为社群贡献的帖子在所有帖子中的占比，结果如表 6-1 所示。

表 6-1 活跃成员贡献的帖子占帖子总量的比例

成员类别	平均占比（%）	最高占比（%）	最低占比（%）
参与度前 0.01% 的成员	10	29	2
参与度前 0.1% 的成员	13	29	2
参与度前 1% 的成员	28	61	11

续表

成员类别	平均占比（%）	最高占比（%）	最低占比（%）
参与度前 10% 的成员	56	91	38
参与度前 50% 的成员	85	97	72

正如你所看到的，在品牌管理的社群中，参与度前 10% 的人在社群中贡献了大部分帖子。这并不奇怪，大多数人一般只是来问一个问题，得到答复后就会离开。更有趣的是参与度前 1% 的人，他们大约贡献了社群帖子总量的 28%。几乎每个社群都是参与度前 10% 的成员创造了社群中大部分的活动，但即使是这样的数据，仍掩盖了参与度前 1% 的成员的真正价值。

当深入研究这 1% 顶级成员的贡献类型时，我们发现他们的参与方式和其他人不一样。他们通常会花更多的时间来创造更有价值的内容，比如回答其他成员的问题。例如，阿卡特拉姆在 Sonos 社群回答了 20 000 多个问题，但在成为社群成员的 4 年半里，他只提了 22 个问题。因此，他是一台创造价值的机器。

这 1% 的顶级成员通常也是那些创建博文、给出好评和志愿帮助社群的人。为了实现社群的目标，你需要与 1% 的顶级成员进行最密切的合作。

回想一下，我要求你在设定社群目标时确定社群的可见影响。我敢打赌，大多数社群实现目标时并不需要所有人，而只需要一小部分成员，下面是一部分他们可以完成的事情。

- 一小部分忠诚的活跃成员可以每月在社群中回答成百上千的问题。
- 一小部分忠诚的活跃成员可以创造出成百上千的文章，分享关于某个主题、你的组织或你的产品的优秀建议。这直接提高了用户的留存率和满意度。
- 一小部分忠诚的活跃成员可以发布足够的评论，使你的产品成为所有类别中的领先者，并产生数百万美元的销售额。

- 一小部分忠诚的活跃成员可以给你所有的营销举措提供反馈，并确保你的下一个活动具有巨大的冲击力。
- 一小部分忠诚的活跃成员可以向他人推荐你的产品，为你的企业增加数百个销售机会。

如果你想在社群中实现任何一个目标，最关键的一步不在于推动尽可能多的人参与，而在于与那一小部分忠诚的成员紧密合作。

BUILD YOUR COMMUNITY

谁在真正参与你的社群

当我们想到社群的时候，我们想的是，人们带着强烈的归属感、仪式感和互助愿望走到一起。这与字典中对社群的定义很接近。然而，几乎在我们所做的所有调查中，大多数受访者都只是在寻找有用的信息、问题的答案或最新的消息。虽然听起来很可悲，但很少有人想成为一个由志同道合者组成的社群的一分子。那么，如果这些人现在只是在寻找信息，他们在一起就能组成一个社群吗？也许不能。

然而，几乎在每一个社群中，也有一小群超级用户，他们有兴趣与他人联结并相互帮助。他们确实感到彼此是群体认同的一部分，确实感到了我们之前提到的心理上的主人翁意识。正是这群 1% 的顶级成员才是社群的真正成员，你需要把他们变成超级用户。

三个步骤，制订超级用户计划

让我们从定义开始。超级用户计划是一个专属计划，旨在激励和奖励在社群中做出最有价值贡献的成员。每个社群都会有顶级成员，在一个有 100 人的社群中，有人会成为顶级成员，也就是参与度前 1% 的成员，但顶级成员不一定是超级用户。

超级用户是指那些被特别选择并纳入你的专属计划的人，你的专属计划旨在支持和奖励对社群做出独特、有益贡献的成员。你可能会发现，许多顶级成员非常乐意维持他们当下的贡献水平，而不需要任何额外的权限或奖励。他们只是很高兴并渴望能帮助他人，而不需要任何额外的激励。超级用户则不同，他们渴望获得更多的东西。他们之所以会加入超级用户计划，可能是因为想提升他们的贡献在自己和他人心中的影响和价值，可能是因为想获得特殊的权限或奖励，也可能仅仅是因为有这样的计划，而他们觉得有必要成为其中的一部分。

超级用户不一定要做出最多的贡献，有些人只是具有独特的洞察力或专业知识。但通常情况下，他们是从做出大量具有独特价值的贡献的用户库中挑选出来的。真止决定他们是不是超级用户的是，他们是否已经被你正在运行的超级用户计划所接受。

BUILD YOUR COMMUNITY

你应该如何称呼你的超级用户计划

有时，一个超级用户计划就被直接称为超级用户计划，但有的社群会更有创意，一些社群称他们的超级用户为专家，另一些称他们为圈内人，还有一些称他们为 MVP（最有价值的人）。有些社群则更进一步，如 Spotify 称其超级用户计划为摇滚明星计划。如果超级用户计划的名字能反映组织的特点，这当然更有益处，但如果你一时没有更好的主意，那就直接称之为圈内人计划或超级用户计划吧。

超级用户计划不一定是一个正式的计划。如果你以前管理过任何一种群体，可能就经历过某种非正式的过程，在这个过程中，你会比其他人更多地了解和支持顶级成员。例如，相较于那些不愿意帮助社区的人，地方社区的领导者通常更愿意认识那些愿意帮助他人的人，也会花更多的时间与之相处。

即使是由同事或熟人组成的社群，你也可以让顶级成员觉得他们因为对群体的贡献高于平均水平而受到了特别的赞赏。然而，由数百个成员组成的群体一般需要某种超级用户计划来激励成员为群体做出最好的贡献。接下来，我们将解释如何打造超级用户计划。

第 1 步，决定超级用户需要做什么

创建超级用户计划的第一步是决定超级用户需要做什么。如果你邀请人们参加超级用户计划是为了让他们做他们已经在做的事情，那又何必多此一举呢？毕竟，他们已经很乐意去做那些事情了，你这样做很可能弊大于利。如果你想让他们做的唯一事情是继续回答问题，那么一开始就没有必要制订一个超级用户计划。超级用户计划的目的是，以对超级用户和整个社群有价值的方式改变超级用户的行为。

在这里，你需要对你的超级用户的动机有一个深入的了解。超级用户希望感到与你和你的使命有联系，希望感到他们对你和社群很重要，希望感到与其他同类有联结。你的超级用户计划应该鼓励成员做一些与这些动机相一致的事情。

当然，你可能希望成员尽可能多地回答问题，但这只是你的超级用户可以做的一小部分事情，这将使他们感到自己有价值、很重要。你还应该征求他们的反馈和想法，邀请他们分享案例研究，请他们创建有利于社群的文档和资源。正如乔诺·培根（Jono Bacon）在他的书《用户共创》（*People Powered*）中提到的，你应该要求成员做一些对社群有利的事情，而不是对你有利的事情。你也可以让超级用户成为社群的领导者，比如请他们每周写一个专栏、帮助审核社群的各个板块，以及定期发布新闻帖子。在这方面有非常多的方法可用，你甚至可以帮助他们建立声誉，使他们成为自身所在领域的领导者。

我们合作过的一些社群会邀请他们的超级用户在公司的年度活动中上台发言、与资深员工会面，甚至可能在社群内创建和运营他们自己的群组。少数公司甚至会给超级用户提供即将上市的产品的测试版或试用版，请他们审查，还会给他们机会对即将推出的营销活动提供反馈。这些举措将使超级用户觉得自己极为重要。

超级用户也是那个你希望能支持你的社群倡议的群体。如果你要发起一个新的活动或试图启动一系列新的讨论，就应该先联系这个群体，获得他们的意见和反馈，并询问他们是否同意这个倡议。如果你想在社群内创造某种文化，那么肯定是由超级用户来实现的。

你可以把你希望超级用户做的事情列出来，同时参照第 1 章中我们讨论社群目标时你给出的答案，如表 6-2 所示。

表 6-2　社群目标与超级用户行为

社群目标	超级用户行为
通过社群解决 25% 的客户支持问题	在 24 小时内回复社群里的大多数问题
提高成员的专业度和能力，帮助客户成功	尽最大努力为其他成员创造最好的资源，或者找到最好的网上资源并在社群内分享
增加客户忠诚度并提高留存率	协助增强成员间的联结；欢迎新用户，与社群成员保持联系；移除不良内容

记住，你的超级用户想做有意义的事情。他们希望看到自己所做之事的影响力，想感受到自己所做的贡献正在帮助你和你的社群。你的社群的成败取决于你激励和说服超级用户做重要之事的能力，这一点怎么强调都不为过。

●● BUILD YOUR COMMUNITY ●●

你需要多少超级用户

你需要的超级用户可能比你想象的要少，特别是当你的社群刚刚开始的时候。我曾有个客户，他的社群曾经只有两个超级用户，而这个社群当时每天更新 10 ～ 15 个提问。

虽然一次性招募大量的超级用户看上去很诱人，但你肯定不想看到你的社群塞满了超级用户，却只回答少量的问题吧。如果目前社群中的问题得到了很好的、快速的回应，你需要的就不是更多的超级用户，而是更多的问题，这完全是一个不同的挑战。如果社群中的问题没有得到很好的、快速的回答，你就可能需要更多的超级用户。你需要的超级用户的数量主要由社群的规模决定。一般来说，在过去一个月中做出过贡献的人，即活跃成员中，超级用户应占 1%，如表 6-3 所示。

表 6-3 社群中活跃成员和超级用户的数量

每月的活跃成员（个）	超级用户（个）
1 ～ 100	0 ～ 3
100 ～ 500	3 ～ 5
500 ～ 1 000	5 ～ 10
1 000 ～ 5 000	10 ～ 50
5 000 以上	50 以上

超级用户数量的另一个计算方法是，按你每周收到的问题数量来计

算。一个典型的超级用户每周可以回答 30 ～ 50 个问题，有些人可以做得更多，有些人则少一点。你可以据此来大致估算一下你的社群可能需要多少个超级用户，如表 6-4 所示。

表 6-4　社群每周更新的问题和超级用户的数量

问题（个）	超级用户（个）
0 ～ 150	2 ～ 3
150 ～ 250	3 ～ 5
250 ～ 500	5 ～ 10
500 ～ 2 500	10 ～ 50
2 500 以上	50 以上

请记住，每个超级用户都需要大量的个人关注，他们需要感到与其他超级用户的联结。如果只有你一个人在管理这个计划，你就很难做到这一点。随着你的超级用户计划的深入推进，管理它的员工数量也需要增加。请记住，超级用户计划的一个重要部分是，让他们感到自己很特别。你的超级用户人数越多，就越难让他们感到专属性。

第 2 步，决定接受谁作为超级用户

你会想加入一个似乎急于寻找成员的志愿者计划吗？大多数人应该都不愿意。因此，有一点很重要，你的超级用户计划要被认为具有专属性，并反映出在能力方面的高标准。显然，要做到这一点，就要使其真的具有专属性并在能力方面提高标准。一般来说，它看起来越是排他，就越会激发成员加入的积极性，这意味着你需要确定招募超级用户的具体标准。

一种方法是根据成员的活跃度来选择。一旦你注意到某个成员每个月的贡

献数量很高，就可以主动联系并邀请他加入超级用户计划。但是，一定要计算成员过去几个月的平均贡献，而不是只看他的贡献总量。你要的是目前最活跃的成员，而不是几年前高度活跃的成员。

另一种更好的方法是，根据你需要成员做的事情，寻找与之匹配的具有具体技能和经验的超级用户。如果你注意到有些成员看起来参与意愿很高、特别乐于助人，或表现出高度的专业性，你就可以联系并邀请他们加入超级用户计划。请尽量确保超级用户所具备的技能和经验的多样化，你需要那些超级活跃的人，也需要那些能够回答各类问题和创造别人无法创造的资源的人。

对于大多数超级用户计划，我建议从以下四个角度来评估超级用户人选。

1. 活跃度；

2. 性格特征；

3. 对参与超级用户计划的兴趣；

4. 独特的技能。

表 6-5 展示了超级用户的招募标准。

表 6-5 超级用户的招募标准

角度	具体要求
活跃度	每月最低发布 30 个帖子
性格特征	礼貌、逻辑清晰、乐于助人
参与兴趣	愿意回答问题
独特的技能	在某个方面高度专业

一旦你确定了标准，就需要明确成员如何加入超级用户计划，这里有三种方法。

1. 直接接触。在选择过程中，你可以主动联系符合标准的成员，并以个人名义邀请他们加入。
2. 设计一个申请表。有兴趣的成员可以直接填写申请表，申请加入超级用户计划。
3. 设计一个提名程序。成员不能自己申请加入，只能提名其他成员。

在社群刚开始的时候，你通常会以个人的名义联系成员，邀请他们加入超级用户计划。但随着社群的发展，你通常需要设计一个申请表，让有兴趣的成员自行申请加入。

BUILD YOUR COMMUNITY

招募窗口

无论你选择哪种方法，都要明确加入超级用户计划的具体要求。许多超级用户计划有固定的招募窗口期，即每年一次或两次，成员可以申请加入。这创造了一种稀缺感，鼓励更多的人去申请。

第 3 步，决定如何奖励超级用户

现在我们进入了真正关键的部分。成为超级用户的人有什么好处？为什么有人会花这么多时间和精力免费帮助其他人？答案是，你会奖励他们一种在他们眼里甚至比金钱更贵重的东西！你会回报他们积极的情绪，那是一种感觉，他们会觉得自己是有用的，获得了认可和尊重，并且与同类联结在一起。

请尽量避免用有形的物品来奖励超级用户，尤其不要奖励金钱。偶尔送一些表达感谢的惊喜小礼物还是可以的，但不应该让他们期望因为做了一件特定的事而得到一个特定的礼物。如果那样，这份礼物就不是对他们贡献的感谢，而是报酬了。报酬不仅会破坏他们的积极性，而且会带来一系列麻烦的法律责任。奖励可分为如表 6-6 所示的 5 类。

表 6-6 为超级用户提供的 5 类奖励

奖励类型	具体说明
权限	为超级用户提供其他成员无法获得的独特的人际关系或机会
地位	使超级用户在其他成员眼中拥有一定的威望
影响力	让超级用户有能力对社群产生独特的影响力或拥有控制感
联结	让超级用户感到与某个独特的群体的联结
挑战	使超级用户能够参与独特的挑战

让我们分别来讨论一下这些奖励。

权限

权限是你可以提供给大多数超级用户的最常见和最有力的奖励类型。超级用户喜欢获得其他成员无法获得的东西。正如我们将在第 8 章中介绍的那样，它可以是进入一个私人群组的权限、创建群组的能力，也可以是在平台上的独特权力。但大多数情况下，它使超级用户能够接触只有你的组织才能提供的东西，这可能包括其他成员得不到的独家新闻和信息。我的一些客户会向他们的超级用户透露他们即将推出的产品线和产品规划，同时征求反馈意见，这使超级用户感到自己特别强大，受到赏识。

除此之外，一种常见的权限是，超级用户能够直接联系社群所属的组织的工作人员。认识在顶级品牌方工作的人是超级用户的一个强大的激励因素，这个权限有助于超级用户分享一部分工作人员的使命。另一种常见的权限是，超级用户能够参加社群其他成员不能参加的活动。一些社群在年度活动中会把超级用户当作 VIP，他们可以乘坐豪华轿车、坐在活动前排，还可以参加活动后的聚会，在其中拥有专属区域。另一些社群会单独举办聚会活动，只有超级用户可以参加。有些公司的社群在这方面很有名，比如 Spotify

和思爱普，他们请超级用户乘飞机去与产品开发人员会面，与首席执行官讨论超级用户使用的产品和服务。这是令人难以置信的奖励。我的客户丝芙兰已经举办了无数次私人活动，只有选定的超级用户可以参加，这些超级用户会提供个人反馈。

BUILD YOUR COMMUNITY

最好的奖励并不是你所想的那样

我曾经有一个客户，其社群成员经常互相分享视频教程和图片。我的客户想用免费的产品来奖励超级用户，但我觉得应该有一个更好的方法。我们没有用免费产品来奖励他们，而是聘请了一位视频专家来提供培训和资源，帮助他们制作更高质量的视频。

只有参加超级用户计划的人才可以接受培训。我们获得的是压倒性的积极反馈，视频的数量和质量得到立竿见影的提高。这之所以有效，是因为我们帮助他们把已经在做的事情做得更好。这提高了他们在社群中的地位，并为超级用户计划之外的成员提供了更好的内容。

地位

第二个最有力的奖励是社群内的地位。你的超级用户想要的可能不只是参与，而且是领导。他们想在社群内培养和建立声誉，他们希望得到其他成员和组织的认可。你有一些不费钱的工具，可以用来赋予超级用户这些感觉。

例如，如果你在一个大型活动的舞台上一一点名你社群中最重要的成员，你就是在表达对这些成员的巨大赞赏。在 Geotab 的社群中，我努力确保社群的顶级成员收到首席执行官的私信，即邮件从首席执行官的电子邮箱发出。这对成员来说是一个巨大的奖励，同时也给了他们一个直接与首席执行官联系的渠道。我建议只针对少数非常顶级的成员采取这种做法，这种做法会让成员对于自己在社群内的贡献的感受发生巨大的改变，他们会以顶级成员的身份继续前行。

你也可以给你的超级用户一个徽章或标签，让其出现在他们的名字旁边，表明他们所做的贡献。有些品牌专门为社群的超级用户制作定制版产品。你越能让成员感觉在社群中有很高的地位，他们就越有可能继续为社群做贡献。

BUILD YOUR COMMUNITY

超越社群的思考

我的一个软件客户曾遇到困难，一直找不到帮助社群成员展示他们社群地位的办法。我通过调查和采访，发现成员们并不关心他们社群资料上的徽章。然而，在研究这个客户的超级用户时，我注意到有几个人更新了他们在 Twitter 和领英上的个人资料，显示了他们在某个领域的资深地位，比如在某个方面有 10 年以上的经验。

于是，我们不仅给他们发能在社群中显示的徽章，而且创建了一个在社群中显示成员地位的认证列表，比如超级用户、VIP 用户、资深用户等，并创建了反映其地位的自定义头像，如果他们愿意，就可以特别显示出来。一半以上的超级用户都使用了这些头像，大多数人甚至更新了他们的社交媒体个人资料，附上了他们在社群中的“认证”状态链接。后来，我们开始拍摄他们与首席执行官会面和参加活动的照片，并免费分享给他们。这些被拍摄的超级用户中，有差不多一半的人都在其个人资料中分享了露出我客户品牌的照片。

> 社交媒体已经成为我们自我表达的主要工具，请确保你能帮助成员在社群内外都展示他们的成功。

影响力

第三类奖励是影响力。你的超级用户需要感到他们对社群有很大的影响力。他们可能会从他们所做贡献的覆盖范围、他们收到的感谢，或者通过观察他们所参与的事情的结果来确定自己的影响力。你可以通过三种方式给予超级用户他们想要的影响力。

1. 在关键决策上给予超级用户提意见的机会。增强成员影响力的最简单形式是赋予其在关键决策上提意见的能力，特别是那些关于社群的决策。你应该不断征求他们的想法和意见，了解他们想在社群内看到什么。另一种形式是请他们对你所做的事情进行反馈。例如，你可以在向整个社群宣布即将推出的产品、营销活动或重大决定之前征求他们的意见。
2. 让超级用户看到自己的数据。一些社群平台会向其超级用户展示他们在社群中所帮到的人数。一旦超级用户能够看到自己帮助的人数，他们就会有动力去让这个数字继续增长。这里有一个小建议，你可以每个月向超级用户发送报告，向他们展示他们的影响力，并将其与平均水平进行比较，这样也可以激励超级用户更多地参与。
3. 赋予超级用户独特的权力。正如我们将在第 8 章中看到的，你也可以赋予超级用户独特的权力和能力，让他们做到其他成员无法做到的事情。这可能包括审核帖子、创建某类内容或编辑网站的某些部分，比如问答、文档或知识库。

影响力这种奖励很大程度上与让超级用户看到他们的影响力有关。你越能为超级用户提供机会，让他们看到自己的影响力，他们就会越有动力去产生更大的影响力。

联结

超级用户计划的一个主要好处是，它能为成员提供联结感和认同感。你的超级用户会感到他们是一个独特的、排他的圈内群体的一部分。这里可能是为数不多的让他们感到真正有归属感的地方之一，他们与志同道合的人在一起。这里可能也是你的社群中唯一体现真正的社群意识的地方。

你会注意到，前面的许多想法也有助于培养超级用户之间强烈的社群意识。我的一个客户的社群有一个由十几个超级用户组成的核心群体，他们每天花几个小时在一个社群专门为他们设立的私人领域里相互交谈。他们在起床时互道早安，睡觉时互道晚安。与此同时，他们仍然会回答很多问题，并在这期间协助开展了很多项目，这种独特的联结感是使这一切成功的黏合剂。

在成员之间创造归属感、认同感和联结感会产生巨大的潜在力量，不要低估它。对许多超级用户来说，这是一种强大的奖励。你甚至可以强调，能够与像他们一样聪明和充满激情的人联结和合作是加入超级用户计划的主要好处。

然而，请注意，创造联结感需要做大量工作，而且并不总是一帆风顺的。你需要逐步构建传统，邀请成员公开讨论他们的想法和感受。你必须允许与主题无关的讨论，允许成员分享可能会使品牌不舒服的事情，比如积极谈论竞争对手或分享他们自己生活中的困难。你也可能必须处理这个群体中的冲突和争端，他们甚至可能会分裂成两个或多个“派别”。在社群中形成对立派别且其中一个最终脱离社群并试图建立他们自己的社群的情况并不罕见。

挑战

最不常用但可能最有趣的奖励是让成员能够一起完成令人兴奋的项目。不是每个超级用户都需要感到有影响力或得到认可，但许多人会发现与其他超级用户一起解决一个令人兴奋的挑战是很有吸引力的。这就将各种任务与你要求超级用户做的事情联系了起来。有时，仅仅为超级用户设置一个令人兴奋的挑战或问题本身就足以成为一个巨大的奖励。

例如，你可以给超级用户布置一个你的组织或社群正面临的挑战，看看他们是否能想出好的解决方案。有些超级用户就是想解决他们能解决的最难的问题。只要获得可以用来解决更难挑战的能力或工具，他们就会获得动力，这就是为什么培训（见 P143 专栏里的内容）与让他们能更了解产品这样的奖励会起作用。通过培训，成员就可以解决比原本能够解决的更困难的挑战。

BUILD YOUR COMMUNITY

警告：超级用户计划需要资源

超级用户计划需要有适当的资源才能成功。如果你的超级用户负责 30% 的内容，你就应该在该计划上投入 30% 的资源。在这么小的成员群体身上花这么多钱似乎有些荒唐，但这个小小的成员群体将为你的社群创造大部分的价值。在没有资源的情况下创建一个超级用户计划将是一个巨大的错误，你很可能会使你的超级成员感到不安，让他们站到你的对立面。

表 6-7 展示了一个奖励清单，这个清单并不全面，但确实列出了许多你可以给予超级用户的常见福利。

表 6-7　超级用户的奖励清单

奖励类型	具体福利
权限	• 专属的新闻和信息，比如产品信息、产品规划等 • 直接联系公司员工的权限 • 可以参加培训和获得专业技能 • 参加活动
地位	• 活动中享受 VIP 待遇 • 在新闻简报和活动现场被特别提及和认可 • 获得针对成员的社交媒体账号特别制作的社群地位徽章 • 在头像等方面赋予成员独特的显示风格
影响力	• 在关键决策上提出反馈意见 • 对产品有最早的接触权限并有提意见的机会 • 独有的控制社群某些部分的权力
联结	• 赋予专属感 • 可以加入仅供超级用户加入的私人群组 • 体会与其他顶级成员在一起的归属感
挑战	• 与其他想法接近的成员一起完成令人兴奋的项目 • 尝试解决那些其他人无法解决的难题

三个阶段，壮大超级用户计划

随着社群的成长，超级用户计划将经历几个不同的阶段。最初，它是非正式的、临时的，随着时间的推移，它将有一个更正式的结构，有明确的活动和投资。我们可以把超级用户计划的发展分为三大阶段。

阶段 1，建立雏形

在超级用户计划的早期阶段，你不需要为你要接触的少数超级用户创建详细的文档。相反，你应该联系社群中的一些早期顶级成员，通常是种子用户，询问他们是否愿意加入一个专门为像他们这样的顶级成员设立的私人群组。这个群组可以建在社群内，也可以建在你的顶级成员每天使用的工具上，如 Facebook、WhatsApp 或 Slack。在这个群组中，你可以询问他们对相关问题的想法和意见，邀请他们参加每月举行的关于产品或产品规划的电话会议，也许还可以向他们发出来自组织内高管的感谢信。

这样做对最初的 3 ～ 5 个超级用户很有效。一旦你的超级用户开始超过这个数量，就要把这个过程正式化，并把事情安排得更好一些。即使在此时，你也可以征求前面那 3 ～ 5 个成员的意见，询问他们想要什么样的程序和结构。这可以确保你是“与他们一起”设计一个计划，而不是“为他们”设计一个计划。

这个阶段是试验超级用户想做什么和不想做什么的好时机。你也可以测试不同类型的福利，观察他们的反应。你可以尝试邀请他们执行不同的任务，比较哪些最受欢迎。在只有少数人能看到结果的情况下，做测试就容易得多。

阶段 2，流程正式化

在阶段 2，你开始正式确定加入超级用户计划的流程、超级用户获得的好处以及计划的运行方式。你可以创建一个页面或者一个讨论专题，显示关于该计划的信息，包括它的目标、加入它的标准，以及超级用户能获得的好处。

在这个阶段，你的招募行动会从个人联系潜在的优秀成员，转变到提供一份成员可以填写的具体申请表。这里最好是利用招募窗口期来完成招募，从而创造一种稀缺感。在这个窗口期，你宣布超级用户计划并邀请人们填写申请表加入。你还可以在这个阶段移除那些对社群没什么贡献的超级用户。

同时，你需要在组织内部开展工作，确保高管关注并支持超级用户计划。例如，如果没有人愿意使用超级用户的反馈，那这些反馈就没有意义。同样，如果没有内部支持，你就很难为超级用户提供专属的权限，让他们获得独家新闻、信息或免费产品，进而提供反馈。

在这个阶段，你也应该把超级用户的讨论区移到社群平台上。这既能鼓励超级用户更频繁地访问社群，也有利于你以后扩大计划规模。

阶段 3，全面展开

如果你的社群从来没有扩张到每天更新 100 个问题，就不需要进入这一阶段。但如果有的话，你就需要制订一个全面展开计划，把握超级用户计划的发展方向，避免出现重大问题。

全面展开阶段的基本规则是，消除所有有关超级用户计划是什么以及如何运作的模糊性。这意味着你需要大量的相关性文档！大多数拥有超级用户计划的大型社群都创建了一个专门的微型网站，该网站可能与社群相连，却存在于社群之外，微软、思爱普、欧特克（Autodesk）等公司都是很好的例子。你可以与超级用户合作完成网站建设。在网站建设中，你应该概述超级用户计划是为谁准备的、成员能从计划中得到什么，以及成员需要做出什么样的行为。你也可以具体描述招募对象和招募原因，并列出计划中的现有成员。同时，网站中最好能介绍该计划取得的成就，并讨论超级用户的贡献情况。有些计划的网站甚至配有案例研究和贡献评价。

在这个阶段，加入超级用户计划的方式应该从申请转为提名。成员要想加入计划，只能由其他成员提名，并且只在每年 1 ～ 2 次的有限招募窗口期进行。一旦成员加入超级用户计划，你就可以引导他们完成一系列特定的培训活动，帮助他们迅速进入状态。

你还可以区分已经成为超级用户很长时间的成员和刚刚加入的成员。有些超级用户计划将其成员分为三个级别：新星、顶级贡献者、导师，这给予了已经加入超级用户计划一段时间的成员额外的认可。

在每个招募窗口期，你可以审查超级用户在过去 6 ～ 12 个月的贡献，并决定是否邀请他们继续加入计划，这可以鼓励所有超级用户继续参与计划。你可以创建一个“特别鸣谢”页面，感谢那些以前帮助过计划推进但不再参与的成员。

至此，超级用户计划应该已经在组织内部得到了广泛支持。通常你应该有高达 2.5 万～ 5 万美元的可支配资金，可以用来奖励超级用户，比如让他们能免费乘飞机来见你的团队、给他们寄送物品、为他们举办活动等。

记住，不要过快地扩大计划规模。超级用户需要有真正的工作可做，如果社群没有足够的问题需要回答，或者没有明确的需要提供帮助的地方，你将很快失去一些潜在的超级用户。另外，超级用户计划需要投入时间、精力和资源。因此，你之所以招募超级用户，不仅是因为你能招募到更多人，而且是因为你需要他们来完成明确而具体的活动。

最后，请记住超级用户希望感到自己是独一无二的，是受到重视的。超级用户计划中的人越多，他们就越难感到自己的特殊性。如果计划的规模太大，你可能就会发现一些超级用户会感到失望，或者不再像以前那样感到自己是特别的一员。

在表 6-8 中，你可以看到超级用户计划三大阶段的大致分解。这里有一点需要注意，社群并不一定要经历每个阶段，规模较小的社群可能不会到达全面展开阶段。如果你是为了爱好、员工或非营利性目的而运营一个较小的社群，可能就只需要一个非正式的超级用户计划和几个超级用户。

表 6-8　超级用户计划的三大阶段

项目	阶段		
	雏形阶段	正式化阶段	全面展开阶段
超级用户人数	2 ～ 5 人	5 ～ 50 人	50 人以上
投入的资源	社群管理员工作时间的 25%	社群管理员工作时间的 50% ～ 100%	几名专门配备的全职员工
招募方式	一对一联系招募	在招募窗口期提交申请表	在招募窗口期使用提名表

续表

	阶段		
项目	雏形阶段	正式化阶段	全面展开阶段
层级	无	两个层级	新星、顶级贡献者、导师
奖励	权限、地位	权限、地位、联结、独特的社群显示风格	权限、地位、联结、独特的社群显示风格、影响力、挑战
组织内部工作	试验并获得组织批准以提供超级用户某种程度的权限	游说组织内部人员以便建立超级用户与员工之间的更好联结	为恰当地对待超级用户建立完整的流程

你的社群可能不会是一个平等的乌托邦。你的社群的成功是因为你具有识别、培养和激励一小部分超级用户的能力，他们为你的社群创造了大部分价值。为了实现这一目标，你需要创建一个专门的超级用户计划，并随着社群的发展而不断扩大。

如果你的社群是小型的，并且是私人的，你就可以通过定期联系和询问你的顶级成员来非正式地做到这一点。你可以把他们彼此联结起来，了解他们的想法。然而，在一个更大的社群中，你需要正式开发一个超级用户计划，这将鼓励成员做出更具影响力的行为，从而获得他们重视的奖励。最好的奖励是无形的，它们包括权限、地位、影响力、联结，以及挑战。

你只需要 2 ～ 3 个超级用户就可以开始了，你的超级用户计划一开始可能是小范围的、非正式的。你可以从直接邀请一些顶级成员加入一个私人群组开始，但随着社群的成长，你需要扩大计划规模，并尽量减少模糊性。你要确保有一个明确指定的人负责管理该计划，并根据成员加入计划的时间长短，为他们建立一系列层级。运营超级用户计划的关键是合作。你应该不断与你的超级用户接触，以确保你不只是为他们设计一个计划，而是与他们一起设计一个计划。你要给你的超级用户提供他们需要的工具和奖励，让他们来指引计划实施。

社群行动清单　BUILD YOUR COMMUNITY

如何激励超级用户做出了不起的贡献

- 决定你需要超级用户做什么，这应该与社群目标匹配。
- 决定超级用户的选择标准，包括如何找到他们、招募他们。
- 决定超级用户将得到的奖励，包括权限、地位、影响力、联结和挑战。
- 开始接触你的首批超级用户，并把他们介绍给彼此。

第 7 章

步骤 7，玩转内容运营与活动策划，提升成员参与度

BUILD
YOUR
COMMUNITY

社群管理的目标不是效率，
而是展示同理心，
是让你回应的每个人
都感到被看见、被理解。

The goal of community management
isn't to be efficient, it's to be empathetic,
to ensure each person you respond
to feel seen and understood.

几年前，我和同事在暴风雪中飞赴纽约，与一个出版业的潜在客户会面。他们即将推出一个全新的社群，所以需要一个社群战略。

当讨论完常规的问题清单后，我们注意到一件奇怪的事情。他们虽然已经在社群平台上投入了几十万美元，但仍然没有决定由谁来管理社群。他们的计划是，一旦准备启动社群，他们就从市场部抽调人员来承担这个职能。不用说，我们认为这是一个非常糟糕的计划。对一个社群进行高额的投资，却让一个毫无经验的“菜鸟”来掌舵，这太疯狂了。如果你没有一个有能力的社群专家来吸引成员、提升成员的参与度并满足他们的需求，那么哪怕搭上世界上所有的钱，也不会让社群繁荣起来。

可悲的是，这并不是个例。太多的公司为开发他们的社群网站投入了大量金钱，却几乎没有考虑过由谁来管理这个社群。许多人甚至不清楚社群管理员的日常工作是什么。无论你是为几个朋友创建一个简单的 WhatsApp 群组，还是试图建立一个 Facebook 这样的巨无霸，你都需要掌握一套核心技能，提升成员参与度。很多时候，这被认为是一项任何人都可以做的工作，不就是“在互联网上与人聊天嘛”。

与在网上和人聊天相比，领导社群是一个完全不同的游戏。它需要同理心，领导者要激励成员不断前行；它需要理解力，领导者要清楚什么样的讨论会有热度，什么样的讨论没花头；它需要洞察力，领导者要知道与成员沟通时用的每一个词都会影响其参与的可能性。如果你在领导一个社群，你要有一个能够向众人推销的未来愿景，让人们对参与其中感到兴奋，还要说服他们分享专业知识，而且分享的对象中通常有他们最大的竞争对手。

领导社群不像是在 Facebook 上和哥们儿聊天，而像是去参加一个满是陌生人的会议，并为他们举办一个会后派对。你如何让人们加入社群、参与社群并做出贡献，如何确保每个人都度过一段美好时光，如何让人们敞开心扉，诚实地谈论他们的问题？在这一章中，我将概述你必须掌握的领导社群的技能，并逐步分析这些技能在初级、中级和专业级水平上的不同表现。

●● BUILD YOUR COMMUNITY ●●

你需要一个全职的社群管理员吗

如果把领导社群作为一个爱好或副业，也许你就不需要把它作为一份全职工作。有很多社群在没有人全职管理的情况下也获得了成功，甚至蓬勃发展。有时，仅凭你的热情和空闲时间就足够管理一个社群了。然而，如果你是出于职业原因创建一个社群，并为一家企业工作，那么这应该是一份全职工作。有时，企业客户会问我，他们应该在社群生命周期的哪个阶段雇用一个社群管理员。我的答案是，在开始的时候。你不能等到一个社群获得成功后再去雇用一个人管理它，因为没有领导者的群体永远不会成功。

一般来说，你在社群管理团队上的投资应该至少与技术本身一样多。如果你需要通过减少在技术上的支出来实现这一目标，那就这样做吧。一个优秀的社群管理员的价值怎么强调都不为过。这里有两张图，图 7-1 显示了梅奥诊所社群在聘请了一位专业社群管理员后的变化，图 7-2 显示了我自己的社群 FeverBee 在我愚蠢地决定不找新的社群管理员后的情况。一个全职社群管理员的价值真的是再明显不过了。

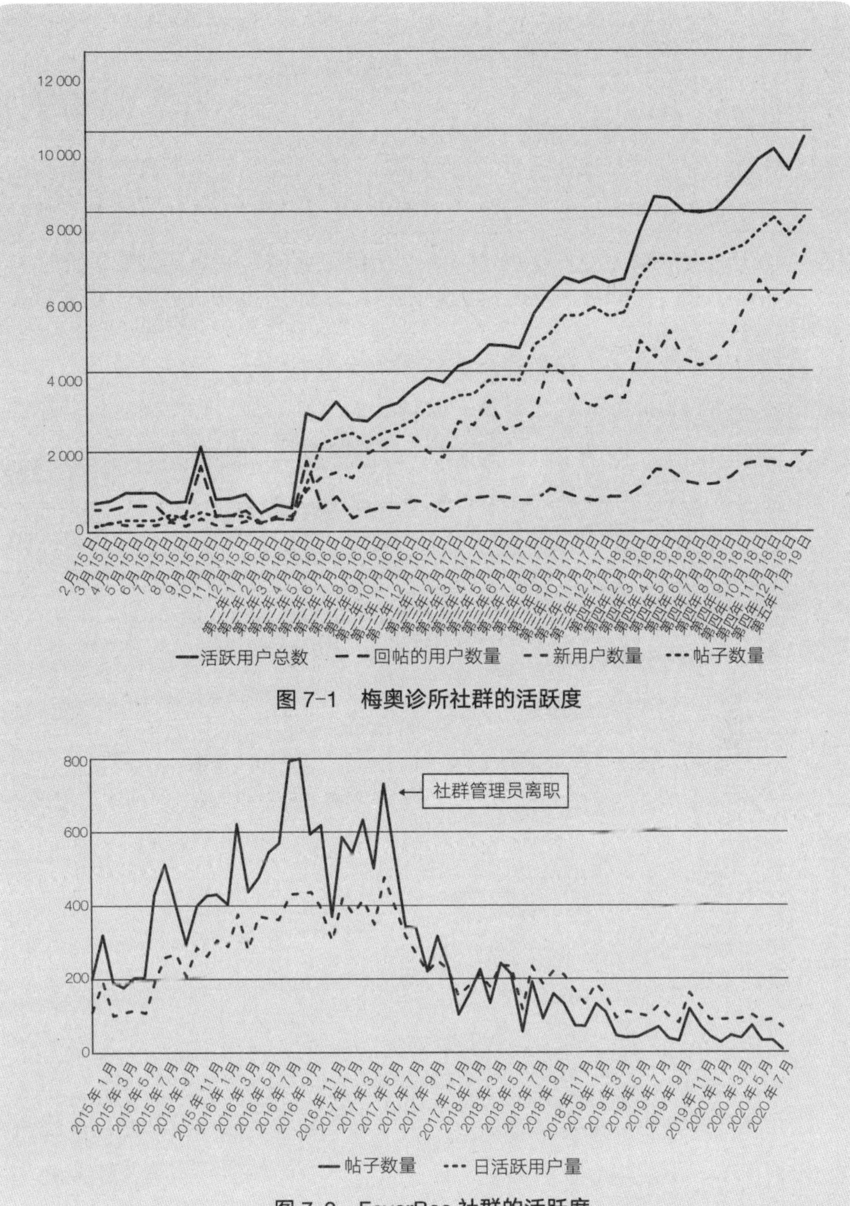

图 7-1　梅奥诊所社群的活跃度

图 7-2　FeverBee 社群的活跃度

四种隐藏技巧，吸引用户不断参与

社群管理员能使用的工具比你想象的更有限，在大多数社群中，没有多少事情是社群管理员可以做而成员不能做的。当然，社群管理员可以调整网站设计、踢出或奖励成员、发布内容和新闻简报，但仅此而已。如果你为一个组织工作，你可能还能利用社群管理员的身份，用独家信息或福利来影响成员。

社群管理员的真正工作不是行使独特的管理员权限，而是巧妙地影响和说服成员做对他们和你都有利的事情。而且，最重要的是，你使用的是与你的成员每天使用的完全相同的工具。两者唯一的区别是，你将在一个更高级的水平上使用这些工具。

让我们把提升社群参与度的核心技能分成四类。

1. 展开有趣的讨论。这是提出问题和开启成员想要参与的讨论的核心工作。
2. 保持对话的持续性。这确保讨论得到回复，能够继续下去，并让成员因其对讨论的贡献而感觉更好。
3. 创造内容。你要有创造成员喜欢的内容的能力，且能策划征集活动，鼓励成员提供内容。
4. 策划和举办活动。这是指举办成员喜欢参加的活动，并帮助他们自己举办活动。

除此之外，你甚至可以通过私信直接与成员联系，加强社群意识。这些听起来相当简单，不是吗？正如画笔那样，只有掌握如何使用画笔，伟大的艺术家才能脱颖而出。这四种技能中的每一种都有隐藏的技巧，你应该掌握它们，从而恰当地管理社群。

技巧 1，提出受欢迎问题的五条规则

提出问题或发起讨论本身并不需要太多的技巧，你的成员每天都在这样做。你今天可能已经问了几个问题，感觉困难吗？（看，我刚刚就问了一个问题！）然而，在大多数社群中，你会发现有些问题会引发无休止的辩论，而有些问题一闪而逝，无法掀起波澜。你在问题中使用的具体词语和给出的背景信息将决定最后获得多少回应。

BUILD YOUR COMMUNITY

提出问题与发起讨论

让我们辨析一些术语，提出问题和发起讨论之间是有区别的。提出问题，是指某人希望得到帮助，所以提出一个具体问题。当你提出问题时，希望得到能解决问题的最佳答案，而不是尽可能多的答案。有些平台甚至有专门的问答功能，允许成员从发布的答案中选择最佳答案。发起讨论有所不同，当你发起讨论时，是在对一个没有具体答案的话题展开开放式辩论。如果我问你现在是什么时候，就是在提出问题。如果我问你对俄罗斯诗歌有什么看法，就是在发起讨论。

如果是运营一个大型社群，你可能就不需要自己提太多的问题或发起太多的讨论了。你的成员应该会替你做这些事，引导和编辑他们的问题并不是难事。然而，如果你正在启动一个新的社群或管理一个小型社群，你将会花很多时间提出问题和发起讨论。如果你想收到大量高质量的回复，有一些明确的规则需要遵循。

1. 如果你想要一个答案，就提出一个问题

这听起来很简单，但你可能会惊讶于人们经常不这样做。如果你的社群属于论坛一类性质，你就应该把问题放在主题行里，这样人们如果知道答案，就能快速浏览后点击回复。如果你使用的是群发信息工具，就先发问题，然后提供背景信息。

2. 问题的主题要具体

在 Geotab 的社群中，我看到过两个讨论。一个讨论的主题行是“空转报告”，另一个是“我试图运行未经验证的日志报告，但无法选择所有驱动程序。这是一个选项问题，还是一个设置问题”。你认为哪个话题得到的回应更多，是短的还是长的？答案是长的，因为它很具体、清晰。任何觉得自己知道答案的闲逛浏览者都有可能提供答案。“空转报告”的主题行并没有告诉我们什么信息。那是报告本身有问题，还是发帖人无法获取报告？发帖人和跟帖人在分享他们有多喜欢这个报告吗？他们是否只是热衷于谈论空转报告？哎呀，到底什么是空转报告啊？

另外，如果将主题行具体化，你就更有可能吸引搜索该问题的人的搜索流量。搜索流量很重要，它推动了大多数社群的发展。因此，除了提出问题，你还应该花时间调整成员提出的问题的主题行，使其更加具体，并与搜索流量相匹配。对许多社群管理员来说，最痛苦的就是要处理无数的成员提问，这些问题的主题行是“你对这个问题怎么看”、“需要帮助”或“紧急问题”。社群启动几个月后，大部分新用户可能都会通过搜索而来，所以优化这些标题是至关重要的。因此，你要仔细研究前几个月的提问，并对其进行调整，以提高搜索可见度。

3. 引入多种类型的讨论

你想象一下自己去参加一个聚会，主人不断地问“你对……有什么看法”。

几次提问之后，你不仅会感到厌烦，而且会产生怀疑，在网络社群中也是如此。我曾与一些社群管理员合作，他们认为每周简单地询问成员对两个不同主题的看法就足够了。如果你的目的只是推动成员参与社群活动，他们很快就能意识到，这只会让人感觉虚伪。你最好是有一个真正的理由来提问，即你应该真的想知道答案，而不是仅仅希望收集大量的答案。这些答案应该对你本人或组织有实际价值。

BUILD YOUR COMMUNITY

你可以提出三类问题

你向成员提出的问题大致有三种类型。

第一，开放性问题。这些问题的答案没有明确的类型或长度。例如"你对……最好的回忆是什么"或者"解决……的最佳方式是什么"。它们有利于成员相互联系和沟通。如果你想让成员分享情感状态，就要问这类问题。

第二，封闭的或具体的问题。这些问题对回复设定了范围的限制。它们往往与涉及数字的答案有关，比如"你对……感兴趣时是几岁"或者"……和……哪个更好"。封闭的问题对成员来说回答起来不那么困难，可以产生真正有用的答案，能吸引搜索流量或为成员提供有价值的信息。其中的比较性问题，特别是与产品和消费有关的问题，尤其有价值。

第三，假设性问题。这些问题在技术上是开放性问题，但会带给成员一些乐趣，并能让他们透露一些关于自己的信息。尤其是预测类问题，它们似乎在许多社群中都很流行。你可以这样问，"如果……你会怎么做"或者"你认为当……时，会发生什么"。假设性问题不需要很多专业知识就可以回答，因此新用户更容易参与其中。

请确保你使用不同类型的问题来推动不同类型的对话。随着时间的推移，你应该看到越来越多的成员提出问题并展开讨论。这时你就可以逐渐放松，也能在展开讨论和提问时回归自我了。

4. 设计一些提问，用心用情奖励答复

下面有两个问题，请你来比较一下。

- 问题 1：“我搞不定我的打印机，它提示我安装了错误的驱动程序。谁能帮帮我吗？”
- 问题 2：“大家好，我在找打印机方面的专家。我试着安装 ×× 驱动程序，但它一直出现 ×× 错误。我还试过 ××、×× 和 ××，但都没有结果。

  “我也想打电话给客户支持人员，但明天上班之前是没戏了。我今晚就得把东西打印出来，明天带着去办护照，我要去巴巴多斯度蜜月，如果明天不去办护照就来不及出发前拿到我的新护照了。

  “有人能帮忙吗？我越来越怕自己来不及搞定它了！”

如果你知道答案，你会回答第一个问题，还是第二个问题？这两个问题根本不在一个层次上，显然第二个是更好的问题。这不仅是因为你知道原发帖人已经尝试了什么，可以给出更精确的建议，而且是因为你可以看到回答这个问题对他意味着什么，这反过来又使你在回答这个问题时感觉更好。

还记得你在第 2 章中读到的社群成员参与社群的动机吗？最大的动机之一是帮助他人的欲望。回报越大，即帮助了他人的感觉越强，你的成员为他们的回答付出的努力就越多。你可能本来不想在这个周末帮一个亲戚搬家，但亲戚突然摔断了腿，同时无法重新安排搬家车辆的时间，你可能就会毫不犹豫地去帮忙了。就这样，从帮助他人中得到的情感回报突然一下变大了很多。

为了提高讨论的回复率，你能做的最好的事情就是提高回答这个问题的情感

回报。如果要提问，你就不仅要寻求答案，而且要强调答案在实际和情感两方面将会如何帮到你。你还应该尽量使讨论简短，没有人愿意在网上阅读长信息。通常来说，问题的字数在 150 ～ 350 字都可以。此外，尽可能把行动呼吁放在最前面，不要让成员非得花一分钟的时间来阅读一个帖子，才能找到你的需求。

你可以把问题放在靠近顶部的位置，然后加上背景信息和原因。这样做可以让成员迅速确定，这是不是一个他们有可能知道答案的问题。最后，你可以 @ 那些可能知道答案的人。如果在人群中指出几个特定的人来给出答案，你就更有可能得到答案。

5. 以稳定的节奏提出问题和展开讨论

如果你的社群刚刚启动，你的目标应该是每天在社群里至少提出一个新问题。随着社群的发展，你就可以在活动减少时发起新的讨论。你不需要把问题具体计划到某一天提出，而是应该准备一些有趣的问题，在必要时提出。

这里有一个小小的警告。如果你以前的讨论没有得到很多回应，那么多问些问题可能就并不是解决办法。原因要么是社群没有足够的访问量，所以没多少人看到这些讨论，要么是你的讨论不够有趣。如果是前者，你需要促使更多的人看到你的问题，然后你再提出更多的问题。如果是后者，你应该删除没有回应或只有很少回应的讨论，用新的讨论代替它们，直到你找到那些更吸引人的问题。一般来说，你应该尽量使社群中的问题数量以缓慢但稳定的节奏增长。

技巧 2，把握精彩社群回复的六个原则

我们经常把社群支持看作客服工作，以下是几年前雅虎社群对一个帖子的回复。

来自：杰米——管理员

回复：错误 554（说我没有雅虎账号！）[新]

@马丁·戴维森——你的电子邮箱以 @yahoo.co.uk 结尾，而不是 @yahoo.com，这就是出现退信错误的原因。

你认为提出问题的人对这家公司的感觉会变好吗？或者他会觉得自己被倾听了吗？你认为以后他还会想定期参与社群活动吗？我觉得不会。现在，让我们把以上回复与梅奥诊所社群的科琳·扬（Colleen Young）对一个问题的回复进行比较。

提问者的账户名是 Miracleman，原帖的主题行上写的是：心脏手术后，为了存活而寻求建议。原帖内容如下：

我做过三次开胸心脏手术，我的心脏里现在有 11 个支架，但我觉得自己还是很幸运的。我希望能获得建议，让自己能继续好好生活。我现年 61 岁。

以下是科琳·扬的回复帖：

你好 @miracleman，欢迎来到梅奥诊所社群。我很欣赏你在做了三次开胸心脏手术后依然在寻求可以好好生活的建议。对我来说，这意味着要努力在饮食上做出健康的选择、保持一定的运动量以及兼顾心理健康，比如多花时间与家人和朋友相处。最难的是，要把这三者合而为一，比如和家人一起吃完一顿健康的餐食之后再一起去散步。

我想邀请一些成员来分享一下，在心脏出状况之后他们是如何拥抱生活的，比如 @thankful@predictable@mrsjax727@harriethodgson1@lioness@eleena。

Miracleman，你说你感到很幸运，那么你已经做了什么来让自己保持幸运的状态呢？

你能看出科琳·扬在这里做了些什么吗？她注意到这是这个成员的第一个帖子，所以她欢迎他加入社群。她用自己的经历与之建立了个人联系，然后 @ 了其他六个她认为也可以参与讨论的社群成员。最后，她又问了一个问题，鼓励新成员回到社群里来，再次参与社群活动。科琳·扬的回答似乎很简单，但它展示了优秀的社群管理者所做的事情蕴含着的惊人力量。她是一个拥有画笔的社群艺术家，收到她信息的人不仅会获得有用的建议，而且可能会与其他成员建立联结，并对参与社群活动感到更满意。更好的是，其他六个成员也会觉得他们可以做出独特的有用贡献。

BUILD YOUR COMMUNITY

是社群管理员还是客户支持人员

根据我的经验，在线社群管理员往往可以分为两类人。

第一类人看到网站上的一长串讨论和社群中的问题时，会发出无声的叹息，然后尽可能高效地回答每一个问题。他们尽其所能地尝试用一种非个人的、无攻击性的语气，尽可能多地提供事实性信息。他们认为自己在做社群管理，但实际上只是在做客户支持，只是称呼不同而已。

第二类人看到一长串问题时会感到兴奋。他们看到了机会，可以在成员之间建立新的联结，改善成员对自己和社群的感觉。他们知道每一个问题都是一个难得的机会，可以帮助成员更深入地参与社群。

社群管理不是客户支持。我们的目标不是效率，而是展现同理心。你要把每一个帖子都看作在成员之间建立更牢固关系的绝佳机会，并确保你回应的每一个人都感到被看见、被理解，并对社群有更好的认识。

你要把你的同理心和个性带入对话之中。在我们的社群培训课程中，学员在得知他们应当展示自己的个性时往往显得很惊讶。这并不是说在一个成员讨论其最近一次心脏病的发作时，你可以开玩笑，或者在一个严肃的产品投诉中使用双关笑话；而是说你线上的行为方式不应该与线下的行为方式截然不同。你可以稍微调整个性以配合受众，但不应该变成公司的一架无人机。

在管理社群的过程中，你可能会遇到三类信息需要回复：第一类是在你的社群中发布的信息，它们是需要尽快回复的问题或讨论；第二类是通过电子邮件或私信发来的信息；第三类是亲自送达的信息。针对每一种信息，你的回复都应该尽可能遵守一些原则。

- 快速。你应该尽可能快地回复信息。我们的数据显示，如果成员在 24 小时内收到对其第一个帖子的回复，他们再次参与社群的可能性就会增加 27%。如果回复的间隔时间再长一些，他们可能就会在网上搜索答案了。如果你能比 24 小时更快地回复他们，那就更好了！
- 个性化。成员希望有独一无二的感觉，你应该看到他们的信息的独特之处，并使用与他们相同的语言来回应他们的问题。如果你们有共同的经历或兴趣，你也可以在回复中提及。你可以进一步提出问题，使讨论持续下去，并收集更多信息。
- 友好。你应该用热情、积极的语气来回应讨论。如果成员正在经历情感挣扎，你就要表示同情并承认挣扎的存在。在可能的情况下，请使用非正式语言。你可以通过成员在讨论中使用的语气和语言来捕捉人际关系的线索，了解他们需要什么。

- 传达知识。你要尽可能分享你所拥有的知识来帮助解决问题。你不要只是给出一个通往常见问题或资源的链接，而是要提取信息的精华并将其放入讨论中，你也可以添加以前在社群里分享过的洞见。如果答案中包含很多细节，那你就在可行的范围内分点论述，也可以使用图片和视频。
- 建立联结。只要可能，你都可以把其他人带入对话中。你的工作不是自己回复每一个问题，而是鼓励其他人来回答问题。你可以使用 @ 功能，或者给他人留言，询问他们是否可以回答问题。你做得越多，就越能让别人养成参与的习惯。
- 解决问题。提供一个答案与让成员事后感觉良好之间有很大的区别。有时，一个成员带着挫折感来到社群，你的工作是提供答案，但也要确保他不再感到受挫。你可以再看一看，是否还有什么可以帮助他的地方。请试着向成员展示他们产生的影响，你可以说："谢谢你的建议，我把它转给了我们的工程团队，他们正在进行改进。"

你不要指望马上就能掌握这些原则，但你可以逐渐练习，在延续讨论和与成员联结方面做得更好。你甚至不需要等到拥有一个社群就可以开始练习，现在就在电子邮件中和短信的回复中反复练习吧！你会注意到，你从朋友和同事那里得到的回复的数量和质量都迅速提高了。

技巧 3，创造六种高质量内容

我的第一份社群工作是在不幸被命名为"英伦恐怖分子"（UKTerrorist）的网站。这个社群的建立基于一个游戏《反恐精英》（*Counter-Strike*），游戏内容是关于恐怖分子与反恐人士作战的。每周有几次，我都会在社群上发布关于游戏的最新信息。这些信息通常包括可以下载的最新版本的游戏、可以玩的新地图或新关卡，以及游戏开发商对即将发布的内容的发言。我必须承认，我不是最好的 15 岁的游戏记者，为了节省时间，我只是从其他网站复制内容。

一天晚上，因为缺少可更新的新闻，所以我写了一个朋友的故事，他最近从一个游戏团队换到了另一个团队。这个故事引发的评论比我以往发布的所有故事都多。事实证明，游戏玩家对其他游戏玩家的兴趣远远超过他们对游戏本身的兴趣。我开始定期写关于游戏玩家而不是游戏的文章，社群活跃度因此不断增加。不久之后，我几乎不再费心写新的游戏更新信息，而是改写玩家的游戏成就。如果没有任何新闻，我就会发表对玩家的采访、调查社群成员并发布趋势报告，以及写一些对顶级玩家排名的评论文章。

由此，我在偶然间发现了一个关于社群内容的简单真理：社群成员喜欢阅读关于他们自己和同类的文章。人们渴望知道像他们这样的人都在做什么。

对一个社群来说，最好的内容是关于本社群的内容。拿起本周的当地报纸，你会注意到什么？它充满了当地社区里人们自己的故事。编辑们很久以前就意识到，人们希望在报纸上看到自己或自己认识的人的报道，这就是推动读者阅读的原因。你可以将此作为你的社群内容的基础。

BUILD YOUR COMMUNITY

创造内容的工具

从技术上讲，任何在网站上发布的东西都是内容，但在这里，我将采用一个略微狭窄的定义。内容是由你或你网站上的成员撰写的所有静态的、非讨论形式的媒介形态，其目的通常是为了提供信息和娱乐，而不是发起讨论。当然，偶尔也有例外。除非你的社群是在一个只允许讨论的平台上，如 WhatsApp 群组，否则你有几个工具可以用来创造社群内容。

- 博客和文章。这些是由你和你的社群成员发布的较长的内容。

- 文档和知识。这些是被组织成文档的文章或由其他人分享的知识。
- 新闻简报。这通常是一种精心策划的电子邮件，包含社群内的最新消息和活动。
- 文摘。这是一种自动发送的电子邮件，发送给选择接收或没有选择不接收的成员。它通常每周发送一次。
- 自动发送的电子邮件。这些是成员通过他们在社群中的行动而触发发送的电子邮件。欢迎电子邮件是最常见的，但一些组织有广泛适用的决策树，会根据不同成员的不同行动向其发送不同的电子邮件。
- 视频和图片库。这些都是经过策划的视频和图片，是成员对社群的贡献。
- 评论。这些是成员发布的关于产品和经验的评论。
- 播客。这些播客是为社群创建的，包含关于什么内容最受欢迎的讨论。
- 静态文本。这包括呈现在你的社群网站上的文字，以及社群向成员弹出的所有通知。

如果你想让你的内容被阅读、观看和倾听，就必须让它为你的受众提供价值。这是一条非常简单的规则，但它总是被忽视。一种常见的错误做法是，每周发布相同的重复性内容，而不管成员是否参与这些内容。例如，我关注的一个社群最近发布了一篇完整的长篇新闻帖子，公布了它们的第 55 集播客。如果略微浏览一下网站，你就能明显看出，在社群发布的所有内容当中，这些每周公布的帖子无论是浏览量、点赞数还是评论数，都是最少的，它实际上是一个每周重复发布的节目说明。如果想让成员订阅播客，你就要请他们订阅。现在都到第 55 集播客了，我敢打赌，大多数成员早就决定了是否要订阅。因此，不要在社群里发布内容重复的公告。

我必须承认，我自己也要为重复性内容承担一些责任。在我的第一本书《热闹的社群》(*Buzzing Communities*)中，我主张社群管理员应该创建一个内容日历，每周都发布重复性内容。这意味着你可能总是在周一有一个成员访谈，周二有产品公告，周三有新产品评论等。在过去的 10 年中，我意识到这样做的效果并没有我想象的那么好。在最初的几周后，随着新奇感觉的消退，重复性内容的指标急剧下降。定期的每周讨论同样如此，比如“你当下在做什么”的讨论，几周后，参与的人数往往会减少到只有少数几个超级用户。

问题的症结主要在于讨论的质量和价值。一旦你有了一个内容日历，就必须用内容来填补空位。唉，有些想法，比如成员访谈，在实践中往往不那么奏效。有时成员并不出名，有时他没有说什么对其他成员来说独特、有用或有趣的内容。一旦你采访完了社群中参与度前几名的成员，就很难找到对其他成员具有独特影响力或者能给出有力建议的知名成员了。

因此，在创造内容时，你应让内容出人意料、令人兴奋，并对成员有难以置信的价值。我在这里给出的建议是基于我出版第一本书之后这 8 年的最新经验，也是基于我对于社群成员在社群里真正寻找什么的更深理解。一般来说，有六种内容在大多数不同类型的社群中都很有效。

1. 案例研究和有趣的经验。与其发布成员访谈，不如发布成员的案例研究。案例研究包括成员分享他们所做的有趣之事，这对其他成员可能是有价值的。视频或长篇建议类文章通常在社群内很受欢迎，特别是关于成员如何解决一个共同的挑战或优化结果的内容。
2. 解析类内容。这是对成员面临的常见情况所做的详细解析。它要尽可能具体，详细分解成员正在做的事情，并说明什么做得好，什么做得不好。它类似于案例研究，但突出了需要改进的地方和改进的方法。几乎在每个社群中，对成员面临的情况进行分析这种做法都是适用的。

3. 模板和资源。这是指在社群中创建成员可以使用的模板。例如，帮助他们规划工作、计划项目或评估成效的模板可以为成员节省大量的时间。同样地，关于某个热点问题的资源也非常有用。

4. 调查和数据。你的成员可能会喜欢看到他们与其他成员的比较。调查是一个有用的方法，可以用来收集数据，了解成员在各种热点问题上的想法。这些热点问题可能包括在一个项目上花费的时间、成员所处的层级、工资水平，以及任何他们可能感兴趣的东西。调查完成后，你可以公布结果。当成员可以将自己与平均水平进行比较，或者可以使用数据来支持他们自己的工作时，这种做法效果就非常好。

5. 对 VIP 的采访。比采访一名社群成员效果更好的是采访你所处行业中的一位重要人物。如果这个人是大多数受众熟知和尊重的人，采访效果就会更好。你要把采访对象的层次定得高一些。如果在一次重要会议中，你不会想到邀请此人上台讲话，那么他可能就不是一个理想的采访对象。你可能会惊讶地发现，许多书的作者都愿意与社群成员交谈。

6. 对现有内容的改编。如果你缺乏点子，最简单的方法就是将你现有的内容社群化（communify）。这个单词在英语中不存在，但它很形象。它的意思是调整你的内容，使其具有人际吸引力。表 7-1 中有 些例子。

表 7-1　经过社群化改编的内容实例

原内容	社群内容
新闻公告	让 10 名成员就公告发表他们的观点，并贴出来让其他成员看到
宣布新任首席执行官的公告	与首席执行官在社群中连线直播，并在社群的新闻简报中对直播中的主要对话进行归纳
解决技术问题的指南	请技术人员直播展示解决问题的过程，并接受其他成员的提问。对直播进行录像并向社群发布

续表

原内容	社群内容
产品发布通知	让社群成员竞猜产品下一步会怎么样，答对有奖。同时，为接下来的产品发布征集意见
优化技巧	邀请顶级的 10 名成员分享其善用产品的经验，将这些经验加工成一篇文章发表在社群里

现在，你看明白了吧，几乎每一种新闻或公告都可以社群化！如果你刚刚起步，正在寻找一些有趣的内容点子，将你现有的内容社群化通常是一个好的开始。就一个热点问题征求几个成员的意见并将其公布，总是相对容易的。

不要把社群当成一个公告栏

如果你把社群当成一个公告栏，你的成员就会像忽略公告栏一样忽略你的社群。我在世界银行工作时经常遇到这个问题。世界银行的社群只不过是一个发布新文章的公告栏，没有辩论、讨论或任何令人兴奋的活动。你不应该在社群中发布与其他地方相同的内容。我见过一些社群就直接贴出新闻稿，这是对社群关注的严重浪费。

无论创造什么样的内容，你都要客观地审视和诚实地评估其可能的影响。太多的社群管理员固执于创造那些得不到广泛浏览、分享和欣赏的内容，即使是这样，他们仍然顽固地花时间去创造和制作这些内容。好的内容需要很长的时间来创造，请确保你每次在创作内容上花的时间都是值得的。

大赢家内容

几乎每个行业都有可能出现大赢家内容（big win content）。这是非常独特和有价值的内容，它可以推动整个行业的发展，为社群成员提供长久的价值。有时它是一个详细的指南或比较工具，以社群成员会使用的设备或软件为主题；有时它是对你所在行业中的顶尖人物的权威排名；有时它可能就是你所在行业完全独有的东西。背包旅行社群可能会创造一个互动内容，来比较不同的旅行背包黑科技；体育运动社群可能会设置一个帖子，专门让成员分享他们的高光时刻；软件主题的社群可能会创建一个所有成员都可以做贡献的知识库。

征集和策划的内容

你自己创造内容是一回事，让成员创造和分享他们自己的内容则完全是另一个挑战。以前，我曾建议所有的社群都应该鼓励成员创造和分享他们自己的内容。在实践中，这并不总是那么有效，你的社群可能很快就会被自我推销的成员所做的低质量贡献所淹没。如果最近访问过领英，你就知道我的意思了。如果成员制造劣质和自我宣传的内容，这就是他们被驱赶的最简单原因。因此，更好的社群模式是彻底翻转这种动态，让发布内容成为一种稀缺的权限，成员只有达到某些标准之后才能发布内容。你可以通过以下三种方式之一做到这一点。

首先，限制可以发布内容的人。如果你打算限制可以发布内容的人，就可以只针对那些在社群内表现出具备高水平专业知识且致力于发布高质量内容的成员，赋予他们发布内容的权力。你也可以在社群内创建一些角色，比如某一方面的专家，邀请成员申请加入。成员会感到一种独特的价值感，甚至会有一种优越感。他们也知道如果自己无法定期生产高质量内容，可能就必须放弃已经到手的位置。

其次，限制内容的发布数量或时间。这为成员创造了一种竞争氛围，使他们必须在特定时间内提交最好的内容。例如，如果你每周只发布一个成员提交的帖子，他们可能就会以竞争的心态，创造本周的最佳帖子。然而，这种方法只有在你的社群对内容聚焦有很高要求时才有效。如果你刚刚起步，一篇深度报道的文章在社群内并没有太大的吸引力。但是，如果你管理的是一个大型社群，一篇非常聚焦的文章就可以吸引大量的关注，并帮助发布的成员建立良好的声誉。这在某些情况下可以是一个很好的方法，学术期刊就是一个典型的例子。

最后，限制可以发布的内容类型。你可以对你所接受的内容类型进行限制并设定高标准，因为并非所有类型的社群内容都同等重要。一般来说，我会限制成员发布意见稿或基础建议类文章。基础的专业知识可能是有用的，但往往最终会沦为自我推销。在大多数情况下，社群成员可以创造的最好内容是分享他们自己的经验，让其他人可以从中学习。社群成员最好能分享他们的案例研究，对自己创作的分析，以及从自己一直在做的事情中得出的心得、经验、体会等。这类内容通常对社群成员更有用。

衡量内容价值的简单方法

通过询问成员他们最看重什么，你就可以非常简单地衡量内容对于成员的价值高低。你只需要发起一次投票、调查，甚至只是发布一个简单的讨论帖子，就能知道成员最喜欢什么内容，以及他们认为哪些内容价值最大。你可以停止在不太受欢迎的项目上继续投入时间，而专注于完善那些更受欢迎的项目。

新闻简报

如果你的社群平台允许你发送新闻简报，请合理地使用它们。不幸的是，社群新闻简报的标准被定得很低，很多社群发送的新闻简报中充满了与大多数成员无关的内容。最好的新闻简报是简短的，而且只含有最高质量的分享。如果你没有足够的高质量材料，就不要发送新闻简报。

新闻简报的唯一目的是把成员，尤其是没有深度参与的边缘成员带回社群。这意味着，新闻简报的一个创建方法是要包含让这些成员觉得有趣和有用的内容的链接。我最喜欢的例子之一是由 Stack Overflow 社群发布的新闻简报。它通常包含十几个链接，每个链接都占据一个设计精美的小片段，方便成员查看。这个新闻简报涵盖三个方面：

1. 最佳博客（注意稀缺性因素在此起到的作用）；

2. 最有趣的问题；

3. 网上的其他有趣链接。

通过涵盖网上的其他有趣链接，Stack Overflow 将自己定位为不仅针对其成员，而且覆盖对相关主题感兴趣的所有人的社群。它还为普通成员提供了一个浏览新闻简报的理由，那就是他们可以看到精心挑选出来的来自网上其他地方的内容清单，而不至于错过它们。

创建新闻简报的另一个方法是，将内容简化为每周社群分享的按评论数排名的前五条。如果你没有五个足够好的项目，那么就缩短到按评论数排名的前三条。即使你的平台不支持发送新闻简报，你仍然可以收集成员的电子邮箱并通过邮件发送一周综述。你甚至可以使用任何可用的工具，比如分享一个简单的 Word 文档，其中包含最新的新闻。

文摘

许多社群可能会向社群成员自动发送文摘。文摘与新闻简报不同，新闻简报有一个把关人，决定哪些内容应该呈现，哪些不应该呈现，而文摘通常是一个自动生成的社群内最新或最受欢迎的内容的列表。有些社群会向不同群组的成员发送不同的文摘，有些社群则向所有注册成员发送相同的文摘。

文摘的作用与新闻简报类似，也是为了将人们带回社群。它也便于成员浏览最新的问题和讨论主题，以确定自己是否想参与其中。关于文摘，你通常会有一些关键的决定要做。你想让成员在文摘中看到的是社群中的新问题、悬而未决的问题，或是最受欢迎的内容吗？发送满是新问题或悬而未决的问题的文摘是不妥当的，这些内容对大多数成员来说可能不够有吸引力，或者只能表明它们太难回答，毕竟这些问题一直没有答案是有原因的。然而，发送满是最受欢迎的内容的文摘也是不妥当的，因为大多数收到文摘的人可能已经看过这些内容了。

关于文摘内容，你有一个简单的选择，那就是在一封邮件中同时显示新问题、悬而未决的问题和最受欢迎的内容。然而，没有多少社群会让你这样做。另一个选择是每月向成员发送一份包含有限数量的帖子的文摘，这样那些不经常访问社群的人就可以迅速跟上进度。然而，最好的选择是发送两个文摘：社群参与度前 10% 的成员会得到一个全是新的和未回答的问题的帖子列表，他们可能有专业的知识来解决这些问题；其他人收到的则是上个月最受欢迎的内容。

技巧 4，策划有凝聚力的活动

活动，是由你的社群管理员组织或在你的社群里举办的所有有时间限制的事情。它们与你的内容相互补充，让成员参与其中，获得一个共同的体验。这有助于提升活跃度，并能联结成员。下面是一些常见的活动类型。

- 冲刺或黑客马拉松。最著名的活动类型是冲刺或黑客马拉松，指一群人在有限的时间内，通常是在一天到一周的时间内极速工作，创造有价值的东西。例如，你可以给成员设置一个挑战，让他们发布他们心中的新用户资源清单，创建一个资源指南，标记或更新大量的内容，或者借助你的软件、工具、建议来开发他们的第一个应用程序、讲述自己的故事、完成一个项目。这些往往都是最有价值的。

- 小测试。在直播中进行小测试会很有趣。这里的关键是要好好设置问题，并给能够首先答对问题的成员奖励，最后给参加的成员排名。这些活动应该可以增加社群成员的知识和专业性。
- 指导小组。这指的是在有限的时间内创建一个指导小组，人们可以自荐来指导其他成员。当然，你要确保你的社群中有想要被指导的成员。
- 直播的网络研讨会。你可以通过直播举办网络研讨会，来讨论一个明确的主题。你甚至可以邀请成员自荐为其他成员主持网络研讨会。在这个网络研讨会上，他们可以解析自己正在进行的工作。你要保留录像和录音，后续在社群内分享。
- 线下聚会。社群成员可以提出由自己来为当地的其他成员举办一个线下活动。你可以向其他成员推广这个活动，并为他们设定一个特定的活动时间。
- 线下大型活动。我们已经在前文介绍了如何将线下活动与社群充分结合起来，在这里你要记住，要为社群成员提供足够的时间，让他们与其他成员见面和联系。

你不会缺少可以举办的活动，但最好的活动是那些能帮助成员感到他们能做出有用贡献的活动，这些活动令人兴奋，强烈地吸引着人们参与其中，会为成员留下宝贵的资产。

然而，与前文阐述过的内容类似，定期安排的活动，如网络研讨会、直播聊天和嘉宾演讲，一开始往往是受欢迎的，但其新颖性很快就会消失，人们的参与度也会降低。当然其中会有一些例外，但碰到这些例外就像中彩票一样，它可能发生，但你不可能因为没有中奖而一直不停地买彩票。

因此，不要每周都规划活动，而是要将活动错开。你要确保每一项活动都与成员的特定目标紧密相连。举办 3 ～ 5 场大型活动，比每隔一周组织一个活动更加容易。举办活动的目的是提高社群参与度，在成员中建立更强的社群意识，并做一些大多数成员认为有价值的事情，所以我建议你远离那些无聊的活动。神秘的圣诞老人可能很有趣，但不可能在一年后还引起成员的共鸣。你举办的所有活动都应该使整个社群受益，并具有长期的价值。

有才华的社群管理员对于所有社群都是至关重要的。如果一个组织在聘用专业的社群管理员或培训社群管理员以达到专业水平方面的投资不足，那么它在社群技术方面投资再多也没有用。社群管理员扮演着我们在本书中提到的多种角色，其中最关键的是直接发起和维持讨论、主持活动、策划和创建内容，以及每天与数十名成员直接接触。

虽然这些活动看起来都很简单，但其中有很多技巧。首先，在社群成员间发起讨论时，应确保话题的丰富性，并且，讨论用词和讨论时长都很有讲究，你要尽可能确保成员在与你和社群的每一次互动中都感觉良好。其次，不要只是在日历上无休止地重复安排相同类型的内容，成员很快就会厌倦这种做法。你要争取创造大赢家内容，提高社群在成员眼中的价值。针对社群的活动，你也要争取创造出大赢家活动。请不要为了举办活动而举办活动，你要清楚社群对成员的惊人价值。

请不要指望自己第一天就能做得很好，你要每天练习，不仅是在你的社群中练，而且是在你参与的所有群体中练。只要稍加努力，你就会成为一个卓越的社群管理员。

社群行动清单　BUILD YOUR COMMUNITY

如何成为优秀的社群管理员

- 通过调研来确定潜在的热门讨论主题。
- 练习使用本章提出的 6 个原则来回复讨论。
- 为你的第一个大赢家内容确定 2 ～ 3 个想法。
- 策划一个活动，为成员提供长期的最大价值。
- 逐步练习，提高你的社群管理技能。

第 8 章

步骤 8，游戏化，有效激励成员

BUILD YOUR COMMUNITY

游戏化是一把手术刀，
让你对成员行为
进行精准的改变。

Gamification is a scalpel,
which let you
make precise changes
in member behaviour.

2018 年，我受聘向一家软件公司的一部分高管介绍社群的最新发展。他们当中有一位想为公司建立社群，正在努力说服其他反对的高管。他希望我作为一个局外人，回答其他高管的一些问题。

在我的演示进行到一半时，一个人突然打断了我，用轻蔑的语气提了一个问题，他说："那么在你的世界里，你认为我们的客户不仅会互相帮助，而且会无偿地分享他们的资源？这对他们有什么好处呢？"于是我开始解释，人们在社群中做这些事情是为了获得有助于人的感觉，也为了寻求归属感和建立自己的名誉，他又一次打断了我。

他说："我在一个 WhatsApp 群组里问到了关于社群的问题。我有一个在某某公司（一家大型软件公司）的朋友，他说他们曾经也尝试过社群，但结果是，要么必须向成员付费，要么就得给成员免费的东西，这样才能让他们回答问题。最后，社群运营成本太高了，他们就把它关闭了。"

我实在无法忍受他这句话里的讽刺含义，我说："你是付钱给你的朋友，让他给你这些信息的吗？"他看起来很困惑地说："嗯，没有。"我说："那你这个某某公司的朋友为什么要帮你？"他看起来更加困惑了，继续说："因为他是我的朋友，愿意帮助我。这与我们说的有什么关系呢？"我觉得我可能要有所突破了，于是说："这和其他社群是一样的！人们喜欢那种互相帮助的感觉。他们越是了解和喜欢对方，就越是想帮忙。如果人们在你朋友公司的社群里没有这样做，我猜可能是因为那家公司太快地给成员免费的东西，而不是去找出真正能激励他们的因素。"

我不敢说自己说服了他，但其他高管最终还是决定推进社群的创建工作，而且他们并不需要为了让成员参与而向成员付费！事实上，成员自愿帮助一个品牌而不期望得到报酬，这个想法可以成为人们加入社群的强大动力。

付费给社群成员让其参与社群不仅是一个伤害成员积极性的坏主意，而且正如我们很快就会看到的，它会带来一系列法律问题。同样，给成员提供免费的东西，比如产品、服务，甚至酷炫的赠品，听起来是一个好主意，但这往往只是换了名字的付费形式。成员参与社群不应该是为了得到免费的东西，而是为了帮助别人、获得归属感，并建立自己的声誉。但是，这并不意味着你不能或不应该奖励成员。奖励是一个非常强大的激励措施，可以提高参与度，让成员做你想要他们做的事情。同时，这确实意味着你为成员提供的奖励应该让成员产生恰当的情感，进而做出合适的行为。但更重要的是，你应该向成员提供比礼物和金钱更有价值的奖励。

BUILD YOUR COMMUNITY

警告：付费给成员有危险

我最早的社群工作经历之一是管理英国的一个视频游戏联盟。我需要十几个志愿管理员帮忙，他们当比赛裁判、更新比分，并保证一切正常运行。在一段时间内，一切运作良好。大多数管理员乐于助人，也享受这种角色带来的权力感。

当我们获得第一个企业赞助时，一切都变了。我决定用这笔钱来回馈那些一直努力做志愿工作的管理员，但一切很快就陷入了困境。一些管理员认为，由于自己的服务时长，他们应该得到更多的报酬；而另一些管理员则认为，如果他们没有得到和其他人一样的报酬，就是被轻视了。更糟糕的是，管理员们开始把志愿工作当作一种赚钱手段。他们开始以最低要求来应付工作，以便轻松地获得报酬，而不是努力将他们的工作做到最好。对以前敬业的管理员来说，这种志愿服务现在已经成为一种报酬不到位的副业。

四类奖励，建立强大的内部支持

在第 6 章，我们已经粗略提到了几种社群奖励。在本章中，我将把那些奖励分别归入四种具体的类别并分别举例，然后为何时使用何种类型的奖励提供一个大的框架。这四类奖励分别是声誉、权限、影响力和有形物品，每一类奖励在不同的时间有不同的作用。你可以在表 8-1 中看到每一类的例子。

表 8-1　社群奖励的类别和例子

类别	说明	例子
声誉	让成员在社群内赢得名誉并获得受尊重的感觉	• 徽章 • 进入排行榜 • 在社群内容中被特别提及
权限	成员能够获得其他成员得不到的信息和好处	• 进入私人群组 • 获得 VIP 待遇 • 与组织内部的员工有联系 • 接触新产品的机会
影响力	这是他们在社群内的技术权限，而且可能会随着他们的排名上升而增加	• 发布文章 • 审核内容 • 对网站的部分板块进行改动
有形物品	这是他们因身处你的社群而获得的具体事物	• 独特的社群个人资料显示风格 • 购物折扣 • 免费培训

一般来说，你能为你的成员提供的奖励越好，社群的参与度就越高。但是，这并不意味着你需要发放现金奖励或者其他金钱性质的奖赏，而是意味着你要给予成员更多的权限、更多获取声誉的机会，或者对他们的贡献给予更多的认可，比如在新闻简报中对他们进行特别介绍。

如果你为一个小群体创建一个社群，提供这些奖励就相对简单。然而，如果你代表一个更大的组织管理社群，这就变得比较困难。你不能简单地给所有成员发送邮件，祝贺他们获得的成就，你所在组织的营销团队一定会对这样的做法持有异议。通常，在一个较大的组织中，你必须首先获得内部支持，然后才能够提供像样的奖励。获得内部支持并不容易，但恰是因为并不容易，所以这些奖励特别有价值。例如，如果想为顶级成员提供新产品的测试版，你需要与营销、工程和法律团队合作来实现这一目标。这需要时间，但它会使社群体验变得更好。然而，在进入这个阶段之前，我们需要知道自己要提供什么奖励、何时提供，以及需要向谁提供，这就是游戏化原则发挥作用的地方。

游戏化，提示和强化积极的社群行为

2010 年左右，一些聪明人可能看到了我们花很多的时间玩游戏，所以开始把我们在网上做的几乎所有事情都变得更像是在玩游戏。

在过去的 10 多年里，你可能已经接触过很多游戏化的事物。如果在可汗学院（Khan Academy）、多邻国网站（Duolingo）或编程学院（Codecademy）中学习过它们的课程，你就会因为连续几天都访问它们的网站而获得“连胜”记录；当完成课程的一个内容模块时，你就会获得“升级”的奖励。如果一直在慢跑的过程中使用 Fitbit，你就会得到自己跑了多远和多快的统计数据，还可以将当下的成绩与自己的最佳成绩做对比。星巴克也鼓励你通过它们的应用程序消费，从而赚取积分和提升等级。

游戏化对社群来说不是一个新的想法。像埃米·乔·金（Amy Jo Kim）这样的先行者从 21 世纪初就开始讨论社群中的游戏机制。与那时不同的是，我们现在拥有的社群游戏化工具在数量和质量上都有了飞跃。在游戏化热潮到来之前，成员发布的帖子总数通常会出现在他个人资料的旁边。你发的帖子越多，你就被认为越资深。这种原始的游戏化系统有一个明显的缺陷：它驱使成员尽可能多地发布信息，而不管其质量好坏。幸运的是，我们后来获得了更多的工具和知识，可以用来开发更好的奖励系统。就像药厂现在可以针对身体中的特定蛋白质分子生产靶向治疗药物一样，我们现在在社群中也可以鼓励成员做具体的行为。而且就像药厂那样，我们在处理潜在的副作用方面也有了很大的进步。

什么是游戏化

在本章中，我们将使用大量的游戏术语。如果你觉得迷糊，那么请记住，我们实际上只是在谈论一个决定在何时向哪些成员提供何种奖励的系统。虽然游戏化的许多方面是在大型社群平台上实现的，但即使是在最简单的社群平台上，你也可以应用这些原则来得到想要的结果。

让我们先来辨析两个术语：游戏机制和游戏动态。游戏机制是玩游戏的一个功能元素，如积分、徽章等。游戏动态是玩游戏时经历的一种心理状态，如成就感、竞争意识等。游戏化，是利用游戏机制来创造游戏动态，使人们满足欲望和实现目标的技巧。

游戏机制的工具

一些平台会让你在社群内部署大量的游戏机制，下面是一些最常见的游戏机制。

- 积分。社群成员通过做出特定的行为赚取积分。例如，发起讨论可能值

3 分，而参与讨论可能只值 1 分。

- 等级。等级是一种排名，通常基于成员所获得的积分总数来确定。一个新用户可能在第 1 级，一个老用户可能在第 50 级。等级通常与技术权限有关。
- 技术权限。技术权限是指成员在社群中能做什么。一旦成员达到较高的等级，他们可能就能帮助主持讨论、加入私人群组、报告问题等。
- 徽章。徽章是视觉图像，可以显示在你的个人资料上。徽章反映了成员在社群内的成就，比如发起 20 次讨论就会授予“发起人”徽章。
- 排行榜。排行榜是一个基于成员所获得的积分总数的排名。社群的排行榜通常有两种，一种基于过去 12 个月的总积分形成的总体排名，另一种是在社群内每个主题下的排名。
- 挑战、任务和奖杯。这些是你完成一系列行动后可以获得的奖励，本质上还是徽章。如果你做自我介绍、发起第一次讨论，并填写你的个人资料，你可能就会获得“新星”奖。
- 礼物。成员之间可以互相赠送虚拟礼物，通常是高级账号、积分、虚拟物品和徽章。只有少数平台有这个功能。
- 虚拟物品。这主要用于游戏，虚拟物品是成员可以收集并在社群内使用的资产，比如让自己的帖子优先于其他人的帖子显示的一次性工具。

你会注意到，许多游戏机制是相互影响的。例如，积分有助于确定排名，而排名决定了成员获得的奖励。以上内容也不是一个详尽的清单，不同的技术能让你部署不同的游戏机制。广义上讲，你的平台成本越高，你拥有的游戏化选项就越多。一些价格低廉的平台，如 Facebook，能提供的游戏化工具非常有限，而像 Salesforce 和 Khoros 这样的平台就能提供更复杂的选项。

然而，即使你所使用的社群平台没有内置游戏机制，你仍然可以像老师在课堂上设置游戏机制那样运用原始的游戏化系统。你可以在社群中或在一个独立的系统中手动授予成员星星和徽章。你可以创建一个电子表格，给做出巨大贡献的人加分，或者设置挑战让成员参与。使用一个低预算的平台并不妨碍你奖励你的成员。

游戏动态的类型

现在我们知道了可以部署的游戏机制，可以开始考虑游戏动态的问题了。

在没有弄清楚你要创造什么样的游戏动态之前，也就是在你还不知道自己希望成员在参与时有什么感受时，请不要在社群中引入游戏机制。视频游戏的设计者并不是在某一情况下随机设置点数或等级的，而是通过严谨地使用游戏机制来创造一种特定的感觉。常见的游戏动态有好几种。

- 获奖心理。成员因为他们累计完成的行为而获得奖励。
- 优越感。成员可以通过参与社群活动来提高他们在同类中的地位。
- 成就感。成员因为在社群中所做的贡献和获得的成果而产生一种成功感。
- 自我表达。成员可以定制他们的个人资料，并在社群中精心打造自己的身份识别系统。
- 竞争意识。成员可以看到自己与他人之间的差别，并试图超越其他成员。
- 利他主义。[1] 成员之间可以互赠礼物，原因可以是感谢他人的贡献，也可以是任何他们认为合适的理由。

每种游戏机制都可以创造多种游戏动态，如表 8-2 所示。

表 8-2　不同游戏机制可以创造的游戏动态

	游戏动态					
游戏机制	获奖心理	优越感	成就感	自我表达	竞争意识	利他主义
积分	√	√			√	
等级		√	√			

续表

	游戏动态					
游戏机制	获奖心理	优越感	成就感	自我表达	竞争意识	利他主义
徽章	√	√	√	√		
技术权限	√	√	√	√		
排行榜		√			√	
挑战、任务和奖杯		√	√	√	√	
虚拟物品	√			√		
礼物		√	√	√		√

资料来源：Kuo and Chuang（2016）。[2]

如果你不清楚人们加入你的社群的动机，那就不可能确定什么是正确的游戏机制。在选择游戏机制之前，你需要清楚地知道你要创造什么样的游戏动态。这就是为什么你需要先做受众研究，你需要知道这个社群是为谁服务的，以及这些受众的愿望是什么。这项研究会给你提供线索，告诉你应该针对哪些游戏动态选择什么样的游戏机制。

如果你在管理一个癌症患者的社群，你可能就会意识到利他主义和成就感是比竞争意识和优越感更好的游戏动态。因此，你会选择等级、徽章这样的游戏机制，并让成员之间互赠礼物。然而，在一个客户支持社群中，成员可能更有动力去建立声誉和证明自己的专业知识水平。因此，竞争意识和优越感可能是最理想的游戏动态选择，由此你可以使用排行榜、积分系统，并创造挑战让成员来一展身手。

错误的游戏机制会对社群造成相当大的伤害。如果成员来到社群是为了获得归属感，而你突然让他们觉得是在和朋友竞争，社群就会流失很多成员。

游戏化的运作

本质上，游戏化是通过提示和强化行为来运作的，也就是说如果你采取了一个积极的行动，那就会获得一个积极的奖励。但是，成员完成这一行动需要付出多少时间和努力，获得奖励需要等待多长时间，这些都很有讲究。

在最简单的层面上，完成行动和获得奖励之间间隔的时间越长，奖励的影响就越小。然而，这只适用于最低价值的奖励。如果奖励被认为有特别高的价值，人们会愿意付出更多的努力来获得它。[3] 因此，这些奖励的魔力就会更持久。表 8-3 来自数据科学家迈克尔·吴（Michael Wu），它很好地说明了这一点。

表 8-3　不同奖励的获得难度和价值

	奖励						
项目	积分	徽章	排行榜	奖杯	排位	个人声誉	团队声誉
获得所需的时间	立即	数天到数周	一周到一个月	一季度	半年	至少一年	数年
行动次数	在每个单次行动后获得		在短时间内多次行动后获得			在长时间内多次行动后获得	
行为类型	一次性行为		行为的组合			能互惠、需要团队合作的行为	
作弊获得的可能性	容易		比较难			基本不可能	
公开范围	仅对成员自己公开		在社群内公开			在社群外也被认可	
实施难度	容易					困难	
影响的持久性	迅速消逝					长期影响成员的行为	

最容易实施的奖励是积分和徽章，许多社群平台默认提供这些功能。如果你的平台没有，那你就用电子表格或任何其他工具建立起一个简单的系统，手动授予成员积分和徽章。这些通常是在社群中做出单个行动后就可以获得的，比如一次单一的贡献可能值 1 分，但一次有长远价值且惠及多方的贡献可能值 5 分。然而，积分和徽章的影响很快就消逝了。你真的会关心你在社群中拥有 4 000 分还是 3 000 分吗？在学校里得到第 19 颗星星后，你真的还会关心怎么获得第 20 颗吗？这就是为什么一些研究表明：在只有积分和徽章的情况

下，社群通常不会表现出持久的行为变化。[4,5] 但是，它们都是创造游戏动态的工具。像成就感或晋级的快感这样的游戏动态都需要更长的时间来获得，它们涉及多种行为的组合，并且具有更多的无形价值。正如我们很快就会看到的，它们也更难以通过作弊来获得。

最大的奖励通常是一个良好的声誉。良好的声誉是最难获得的，但它也会带来最多的好处。这里有两种类型的声誉。

1. 个人声誉。你可能会通过在行业、部门内做出积极贡献，或者帮助你的同行和朋友，赢得良好的声誉。好的声誉是可以转移的，也就是说，如果你在一个平台上被认可为顶级成员，那么这个声誉也会在整个行业或部门内得到认可。

2. 团队声誉。团队声誉是由社群内一个特定的群体或者由社群本身赢得的。一旦一个群体有了强大的声誉，仅仅是与这个群体有关联就会有很大的激励作用。这也许是最强大的声誉类型，但也是最难创造的。

游戏化存在的问题

游戏化真正的问题也许是，游戏化是否真的有效。围绕游戏化的炒作非常多，人们花了多年时间才研究出游戏化对行为的影响。2014 年，三位学者发表了他们对 24 项游戏化实证研究的结果，描绘出一幅参差交错的画面。他们发现，虽然游戏化可以产生积极的影响，但这种影响也取决于用户的背景和素质。[6] 他们发现了游戏化的两个主要问题，如果你想要成功地运用游戏化，就需要成功地化解这两个主要问题。

问题 1：对动机的破坏

对游戏化的第一个常见批评是，它可能会破坏成员的动机。想象一下，你已经参加一个社群多年了，你喜欢其中的成员，享受帮助别人的感觉，并且喜欢学习更多关于这个社群主题的知识。有一天，你突然发现一个与你的名字联系在一起的分数和一系列需要收集的徽章，而且你还得在排行榜上与朋友竞争排名的高低。这不仅会削弱你的积极性，而且很可能会引起一系列新的问题。你想要面对每天与朋友竞争和维护自己声誉的压力吗？更糟糕的是，你可能会发现，这个新的评分系统意味着，你的对手现在有了你没有的特权，而且他们可能还在一个你看不见也所知甚少的私人群组中。你会想继续参与这样的社群吗？

这个问题在 2015 年的一个关于课堂游戏化的研究中得到了充分体现。接触游戏化课堂的学生积极性更低，赋权更少，满意度也更低。更糟糕的是，排行榜和随之而来的人际比较常常因其负面效果而被提及。[7]

如果你向成员提供他们想要的东西，那同样会破坏他们的动机。当成员仅仅因喜欢参与的感觉而参与社群时，他们通常会以最有利于其他成员的方式发表经过深思熟虑的帖子，指引他们的北斗星是他人的满意度。如果你把北斗星转化成提升他们在他人心中的地位，他们所做贡献的质量就会受到影响。例如，在排行榜爬升的最佳方式往往是参与更多活动、提出更多的问题，并尽可能多地发布内容而不管其质量。[8]

一项针对员工社群的研究表明，虽然游戏化最初确实增强了贡献更多内容的动机，但随着时间的推移，这种动机会减弱。[9]这在其他关于游戏化的研究中也有所体现。[10,11]学者把这归结为新奇效应（novelty effect）。任何新事物一开始都是令人兴奋的，但一旦新奇感消失，成员是否真的会更有动力参与社群呢？[12]

在 2013 年的另一个现场实验[13]中，一种点对点的交易服务系统得到了更新，成员可以通过完成各种任务来获得徽章。3 234 名用户被随机分配到两个对照组，实验人员分别向他们展示了不同版本的徽章系统。结果显示，简单地实施一个徽章系统并不能自动增加活跃度。然而，那些关心自己徽章的用户活跃度增加了。简而言之，徽章系统只对那些关心徽章这类东西的人有影响。游戏化归根结底是高度依赖具体情境的，如果实施得不好，其影响可能只是暂时的、有限的，甚至也可能是破坏性的。

BUILD YOUR COMMUNITY

警告：游戏化进程很难终止

这里有一个小小的警告。一旦你开始奖励成员，就很难再取消这些奖励。成员会觉得他们已经赢取了这些象征性符号，如果取消这些奖励，你就会引发重大的问题。即使是对一个系统进行定期调整，也经常会激起成员的愤怒情绪。因此，你应该对增加游戏机制极为谨慎。如果需要，你总是可以增加新的游戏机制，但很难取消它们。

问题 2：对系统的欺骗

游戏化的第二个常见问题是作弊，所有奖励计划都有这个问题，要设计一个不受作弊影响的游戏化系统几乎是不可能的。杜绝作弊就像杜绝逃税一样困难。几乎每一项政策的出台都会带来新的漏洞和机会，而这些漏洞和机会是很难预见的。

如果你在人们的名字旁边加上一个分数，并向他们展示一个提高分数的行动列表，你就会遇到作弊行为。作弊通常以两种形式出现。作弊的第一种形式是胡乱发帖，最常见的情况是，一个成员尽可能多地贡献帖子以赚取积分。这些帖子可能只是简短、快速的回复，对讨论没有明显的帮助，比如“好帖”或“好主意”。有时，成员每周会发起几十个新的讨论或提出尽可能多的新想法，因为他们知道这些行为可能比其他行为更有价值。

多发帖子并不违反规则，但它引发了一场竞赛，其他成员不得不也做类似的事情来竞争。很快，你的社群就会被低价值的活动所淹没。幸运的是，你的军火库里有一些武器可以用来与之对抗。最直接的做法是，你可以告诫这个成员迷途知返，并威胁要暂停或删除他的账号。这在小型社群中可以奏效，但在大型社群中就难以实现，因为你可能每天要面对几十个胡乱发帖的人，所以需要系统化地做出回应。应对胡乱发帖的一种方法是增加一个降权选项。运用这个方法后，贡献低质量帖子的成员会发现他们失去了一些积分。然而，降权也可能引发欺凌行为、破坏辩论的多样性，并对新用户造成威胁。[14] 另一种更常见的应对方法是，将奖励向质量而非数量倾斜。例如，对讨论的回复值 1 分，但得到回应、获得点赞或被标记为“最佳答案”的回复可能值 10 ～ 50 分。这意味着，得到其他成员的认可才能获得更多积分。反过来，这也避免了成员仅通过发帖就获得高排名的情况。例如，如果升一级需要 1 000 分，正常人很快就会放弃回复 1 000 个帖子这样的事倍功半的做法。但这种方法又引发了一个新的作弊形式：串通。

作弊的第二种形式就是串通，指一个成员或多个成员一起利用漏洞提高自己的地位。在 2020 年初，我的一个客户注意到，其社群排行榜上一大半的位置在一夜之间都被同属一家公司的成员占据了。他们是怎么做到的？这些人的做法比较巧妙。他们先查看了我们使用的平台，发现被另一个成员认可为产品专家会赢得大量加分，而且取消认可并不会让获得的积分消失。因此，他们就先互相认可为产品专家，再删除认可，然后再次互相认可。这种情况比较少见，但是当成为顶级成员的奖励非常有价值时，你就必须预见到串通行为的可能性。

有时，这类作弊行为只是一个成员创建了多个账号，并对自己的答案给出高度评价。幸运的是，大多数平台可以发现使用一个 IP 地址的多个账号。社群中更常见的是真正的串通，即一小群成员互相点赞对方的活动并为其投票，以提高彼此的排名。这在大型社群中很难被发现。如果我客户的那些社群成员没有那么贪婪，想在一周内霸占排行榜上的每一个位置，他们的串通行为就不可能在短时间内被发现。

防止串通的方法

通常有三种方法可以用来防止串通，它们也适用于其他作弊行为。

第一，不要让奖励价值高到值得去作弊。只有当奖励很有价值时，作弊才是值得的。如果奖励是有形的，如免费产品、活动邀请等，那么作弊对一些成员来说可能是值得的。然而，如果奖励是无形的，比如建立声誉、获得接触员工的机会或拥有审核权，作弊就不那么值得了，因为需要持续作弊才能获得这样的奖励。

当奖励明确而具体时，最容易引发作弊行为。有些社群，如苹果社群，会故意模糊获得最高排名的奖励。如果你不知道奖励是什么，为什么还要作弊呢？这并不意味着奖励不存在，而是意味着在你达到那个级别之前，不会知道奖励是什么。这种方法激励真正的粉丝去发现奖励，阻止了那些不良行为者。

第二，保持警惕。如果成员的排名迅速上升，你就要花一点时间去检查他们的贡献和他人对其贡献的反应，探究是否有不妥之处。这在小型社群中比较容易做到，因为单个成员的排名突然上升很容易识别，而且你有时间去调查他们的所作所为。在有数千名成员甚至数百万成员的大型社群，大家都在努力提升自己的排名，要识别成员排名的反常上升就难多了。然而，你仍然应该特别关注排名迅速上升的成员。

第三，掌握技术。你可以通过开发技术解决方案来发现和防止作弊行为。例如，如果异常值一旦出现就能被自动标记，这就便于你注意到它。你可以设定成员每天发帖数量的上限，如果他们发表了太多低质量的评论，他们的积分甚至会减少。如果帖子没有包含足够的字符，或者成员最近发了太多的帖子，你甚至可以不给他们加分。对成员可以获得的积分设置每日或每周的上限可以立即减少作弊行为。

同样，如果作弊行为泛滥，你就可以开发一些工具来防止成员过于频繁地点赞同一个成员的贡献，或者快速识别那些狼狈为奸的互惠帖。技术解决方案是昂贵的，也需要投入大量时间，它们最好是作为最后的手段，而不是第一选择。你很少会需要用到它们，但如果你发现作弊行为正在损害其他成员所做贡献的价值，那么投入时间和资源来实施一个更好的解决方案就是值得的。

从零开始，开发完整的游戏化系统

从零开始设计一个完整的游戏化系统是很难的。为了帮助你起步，让我们来讨论一个简单的游戏化系统的建立过程。我们将使用一个客户支持社群的例子，这个社群的成员会提一些问题，人们受邀回答这些问题。

第 1 步，确定要鼓励的行为

在开始之前，我们需要准确地知道自己希望激励哪些成员行为，这取决于我们在第 1 章中提及的社群目标。在客户支持社群这个例子中，游戏化的主要目标受众是核心的超级用户群体。你可以根据自身情况针对任何群体，如新用户、中级用户、老用户等游戏化。我们知道回答更多问题是关键的成员行为，所以希望增加超级用户回答的问题数量。要做到这一点，我们需要知道该使用什么样的游戏动态。

第 2 步，选择你的游戏动态

我们可以通过用户画像来选择恰当的游戏动态。我们从访谈中可能已经知道，超级用户希望感到自己是社群使命的一部分，他们觉得自己是最聪明的成员。因此，我们将选择成就感和竞争意识这样的游戏动态。

第 3 步，选择你的游戏机制

现在，我们知道了要创造的游戏动态，可以开始考虑要使用的游戏机制了。我们之前分享的表 8-2 非常好用，可以让你根据要创造的游戏动态选择恰当的游戏机制。在这个阶段，你也可以与一些目标受众交谈，了解他们对不同游戏机制的感受。在我们的例子中，因为要创造令玩家获得成就感和产生竞争意识的游戏动态，所以可以选择积分、等级、徽章、技术权限、排行榜和挑战，如表 8-4 所示。

表 8-4 确定社群游戏机制的因素

项目	说明	
目标受众	超级用户（社群的顶级成员）	
期望的行为	在 24 小时内回答大多数问题	
用户画像	希望感到自己是社群使命的一部分，觉得自己是最聪明的成员	
游戏动态	竞争意识	成就感
游戏机制	• 通过回答问题赢取的积分 • 显示顶级成员地位的排行榜 • 让成员竞争的短期挑战	• 基于积分系统的等级 • 因为独特的高价值贡献而授予的徽章 • 使成员拥有独特能力的技术权限

如果这是你第一次设置游戏机制，那么有一点就很重要，你要了解自己需要做出的决定和需要避免的错误。为了帮助你，我将深入探讨主要的游戏机制及其有效的使用方法。

积分

许多游戏化系统是以积分为基础的，我们首先需要确定哪些行为是重要的并进行价值对比。在确定每种行为的价值方面，不要为精确的数值纠结太多，重要的是每种行为之间的关系。例如，与回答一个问题相比，创建一个帖子，即提出问题的价值有多高？对问题的详细回答是否比一个简单的回复更有价值？如果是的话，那么提出一个问题可能值三分，简单回复可能只值一分。同样地，与其他帖子相比，一篇详细的知识性文章和得到标记的公认解决方案或最佳答案，其价值究竟如何？开发一个积分系统并不难，但你要决定每个行为的价值。例如，在撰写本书之时，Salesforce 的默认游戏化系统的设置如表 8-5 所示。

表 8-5　Salesforce 平台的默认积分系统

行为	所获积分
发布一个帖子	1
写一个评论	1
收到一个评论	5
点赞	1
收到一个点赞	5
分享一个帖子	1
其他人分享了一次你的帖子	5
@ 某人	1
被他人 @ 一次	5
提出一个问题	1
回答一个问题	5
获得一个回应	5
标记一个回答为最佳答案	5
你的回答被标记为最佳答案	20
在某一主题的知识分享中认可某人	5
在某一主题的知识分享中被他人认可	20

这个默认的积分系统并不完美，但它是一个好的开始。获得一个回应的贡献值是发布一个帖子的 5 倍，这鼓励人们提出好的有趣的问题，因为可能会获得更多的回应。同样，回答一个问题的价值被认为是提出一个问题的 5 倍，而有一个回答被标记为最佳答案的价值是写一条评论的 20 倍。这些价值对比很好地说明了系统试图鼓励什么样的行为。

BUILD YOUR COMMUNITY

警告：在开始时给积分要吝啬

如果积分系统还没有开始发挥作用，却在给出积分方面过于慷慨，那么当系统运行进入正轨时，就很难刹车了。

如果社群成员已经习惯于一个帖子赚取 3 个积分，而现在却只能赚取 1 个积分，他们执行这一行为的动力就会减少。如果你无法在不扣成员积分的情况下改变系统，同时有着不得不改变系统的理由，那会使成员感到沮丧，他们会看到自己的积分急剧下降，那样做还会导致成员失去他们的等级、地位和特权。唯一的解决方案是让积分通胀，比如让发一个帖子值 2 分，回答一个问题值 6 分，这就达到了 1：3 的比例，而且所有成员都会高兴地发现他们获得了更多的积分。然而，这也意味着你需要相应地调整等级和奖励，这将扰乱成员获得的等级和利益。

因此，更简单的方式是从保守的价值比例开始。随着时间的推移，当你知道自己希望鼓励哪些行为时，再变得慷慨一些。如果你的社群刚刚启动，你就可以使用 Salesforce 的积分系统。你的目标是在奖励的质量和数量之间找到平衡，所以不要太快送出过多积分。

等级

积分不仅是一个快速的反馈系统，而且经常被用来给成员划分等级。这些等级通常会赋予成员不同的地位和奖励。等级对于两类成员很重要：新用户和老用户。新用户需要快速地通过初阶的等级，从而感到进步、获得成就感并扩大在社群内的影响力。老用户则必须达到其他成员无法达到的等级，但不一定是最高等级。

设置等级的最好方法是，确定达到每一个新等级可能需要的时间。一般来说，一个新用户在几分钟内就可以达到前几个等级，接下来则需要几个小时，然后是几天，最后是几周。随着新用户对社群投入的精力越来越多，每个等级都应该变得越来越难达到，因为达到每一个新的等级都需要成倍增加的积分来实现。我们在表 8-6 中展示了我们一个客户设置等级的例子。

表 8-6　社群根据积分设置等级的实例

等级	积分	等级	积分	等级	积分	等级	积分	等级	积分
1	4	11	252	21	816	31	4 160	41	28 500
2	11	12	288	22	906	32	5 444	42	38 100
3	24	13	324	23	996	33	6 728	43	47 700
4	42	14	360	24	1 086	34	8 012	44	57 300
5	64	15	396	25	1 176	35	9 262	45	66 900
6	88	16	462	26	1 516	36	11 216	46	105 300
7	120	17	528	27	1 856	37	13 136	47	143 700
8	153	18	594	28	2 196	38	15 056	48	182 100
9	184	19	660	29	2 536	39	16 976	49	220 500
10	216	20	726	30	2 876	40	18 900	50	258 900

在早期，成员可以在 13 天内升一级；到了中期，即积分 25 分以上，升一级需要几周时间；到了后期，升一级则需要 1 ～ 3 个月。这意味着，一名成员很可能需要 5 年或更长时间才能达到这个系统的最高等级。你在设置等级系统

时需要避免三个常见的错误。

1. 等级太少。只设定少数几个等级常常看起来很简单，而且很合乎逻辑，你可以轻松地设置和维护这样的等级体系，但问题是，这导致很多成员都聚集在同一个等级上，而再升一级却似乎遥不可及，不值得去追求。设定更多的等级需要做更多的工作，但这些精力是值得付出的。

2. 命名方案不可持续。每个等级都需要一个名字，所以你需要一个命名方案。开始时这很容易，也许是青铜、白银、黄金，或者新手玩家、普通玩家、高级玩家、资深玩家。但问题是，当成员达到最高等级时，会发生什么？一旦你走到了白金和超级白金，就很难再安排下一步。也许你可以换成动物命名方案，比如叫鼹鼠、长颈鹿、狮子等，但你最终还是会遇到同样令人困惑的问题。为了保证简单和可持续性，你可以只使用数字命名，因为它们可以无限地扩展！或者，如果你必须给等级命名，那么就在名称旁边加上数字，比如专家（25）、专家（26）等。

3. 升级的难度指数级增长。这个问题理解起来最复杂，但也可能是最重要的，它被称为指数问题。如果你有一个曲线型积分兑换等级系统，可能就会遇到这个问题。这意味着，成员升入新等级所需的积分随着成员等级的爬升而增长。你可能在早期只需要 10 个积分就能升一级，但在后期却需要 100 个积分才能升一级，这就形成了一条看起来像图 8-1 所示的积分曲线。

你可以看到，升级难度越来越大，因为曲线上的每一个拐点都表明了升入下一级需要更多的积分。例如，在较低的等级，你最多需要 25 个积分就能升级，到了第 19 级，你需要 66 个积分才能升级，这意味着至少要花原来两倍的时间。这使新用户能够迅速获得自己有所进步的感觉，同时又能让成员不会过快地达到最高等级。然而，当你把我们的整个积分曲线绘制完成时，就会看到它后来急剧飙升，如图 8-2 所示（根据表 8-6 所绘）。

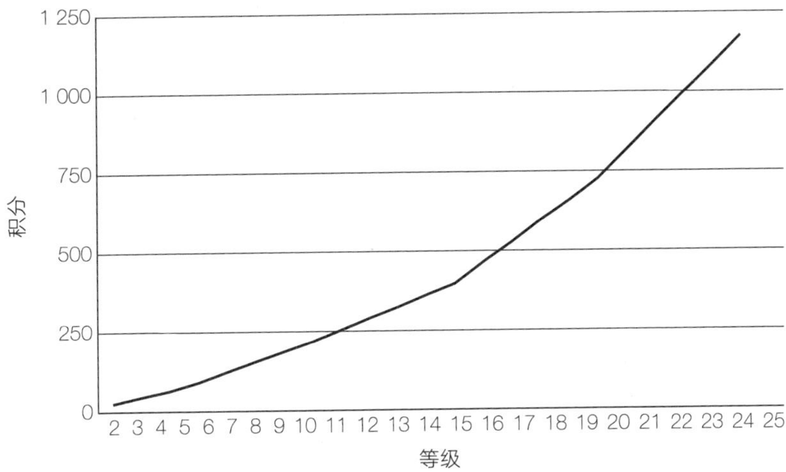

图 8-1　社群成员在早期升到不同等级所需的积分

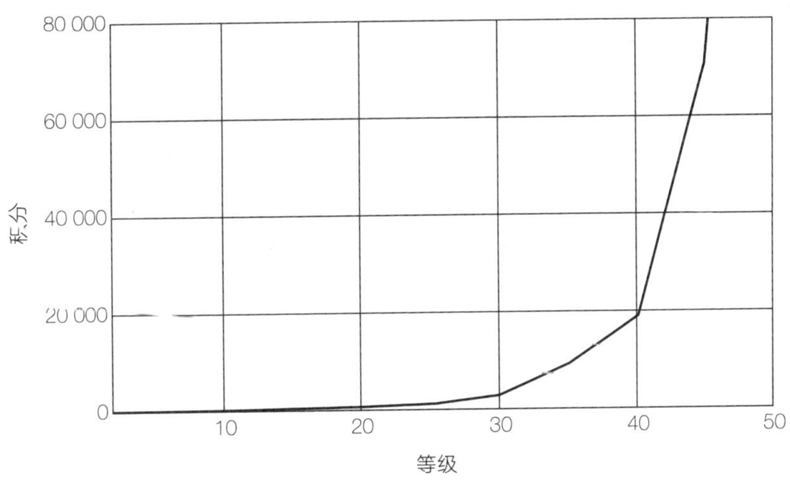

图 8-2　社群成员升到较高等级所需的积分

哇，看看发生了什么？从第 30 级升到第 31 级，你需要 1 284 个积分，但如果要从第 40 级升到第 41 级，你需要 9 600 个积分！这就是指数曲线，人们需要越来越多的积分才能升级。问题来了，目前已经身处高等级的成员必须发成千上万的帖子或者提供数以百计的正确答案才能升级。这种差别很快就会变得越来越大，甚至会使成员失去努力达到下一级的动力。

然而，这并不意味着创造这种指数曲线是个坏主意，视频游戏使用的就是类似的系统。成员每升一级都应该越来越难。游戏化的社群和视频游戏的区别在于，视频游戏会为成员提供机会，让他们升级后能获得更多积分。例如，你在视频游戏第 1 级射杀的坏蛋可能每个只值 1 个积分，但到了第 10 级，每杀一个坏蛋就值 10 个积分了。后来，你可以像之前赚取 10 个积分一样快地赚取 100 个积分。指数型积分系统之所以不适用于社群，是因为社群没有一个同等的方法让高等级的成员比新用户获得更多的积分。一般来说，你不该让成员要等待几个月才能升一级。即使是高等级的成员，也应该能够每年提升几个等级。

因此，这里的挑战在于，如何让成员在达到高等级后获得更多积分。这里我们必须借用视频游戏的另一个概念：能量提升。

能量提升

能量提升是使你的顶级成员能够获得比其他成员更多的积分的手段。一种做法是为高等级成员额外发放积分。例如，作为对超级用户的奖励，一个成员在超级用户计划中每多待一个月就能多获得 1 000 分。这样社群成员就知道，即使已身处高等级，每隔几个月自己仍有可能提升等级，也不必再去发布数以千计的帖子。

另一种做法是为行为组合分派积分，这种行为组合通常被称为任务或挑战。你可以创建一个入门任务，要求成员自我介绍、更新个人资料、提出他们的第一个问题、关注一些顶级成员，并回答他们收到的第一个问题。如果成员在第一周或第一个月内完成所有的任务，就会额外获得 500 个积分。这类独特的挑战对于喜欢游戏化的社群成员非常有效，所以你可以设计很多这样的挑战。例如，如果在某个月一个成员对三个问题的回答都被评为最佳答案，那就可以额外获得 500 个积分。如果成员的问题获得的回应量对应的积分加起来超过 1 000 个，每月就可额外获得 100 个积分。

对于被提名为“年度最佳成员”或“月度最佳成员”的成员，你也可以额外提供积分，这有助于顶级成员迅速升级，并保持他们在社群内的高参与度。同样地，你也可以为做出杰出或独特贡献的成员手动分配额外的积分。

在我一个客户的社群中，一名成员分享了她那不可思议的癌症之旅，我的客户用一个“杰出贡献”徽章和大量的额外积分来表彰这一贡献。这奖励直接针对的是贡献的质量而不是数量，而且使成员几乎不可能作弊。即使是对最老练的成员，你也应让他们感到，他们可以每隔几个月就升入更高等级。

然而，在一个社群内，能量提升并不总是那么容易实现。它们的创建往往需要一些自定义编码和开发时间。但是，只要掌握专业知识，经过一定的学习，你就可以针对成员的社群活动记录来授予额外的积分。如果不能做到这一点，你就不要使用指数型积分系统，而是使用一些不会出现巨大等级差的简单积分系统，并尽你所能设置更多的等级。

BUILD YOUR COMMUNITY

使用通用积分系统

通用积分系统是指将社群中的积分与其他计划，比如客户忠诚和奖励计划整合在一起形成的积分系统。这个一体化系统集成了成员在社群内外的行为所赢得的积分。

例如，成员可能会因为在社群中回答问题而获得更多的飞行里程，或者因为参与社群活动而获得更多的丝芙兰会员卡积分，从而获得消费折扣。任何可以被追踪到个人的在线活动都可以作为给成员积分回馈的依据。游戏化的极致是只拥有一个通用的积分系统，而不是两个相互独立的系统。

你也可以根据成员从你所在公司购买的产品或服务的数量、他们使用这些产品的时间长度、他们介绍了多少人使用你所在公司的产品等情况，来给他们分配积分。

通用积分系统也适用于培训课程。随着成员完成培训课程，他们会在社群中获得额外的积分。这是有道理的，因为每一个培训课程都会提升成员的能力，他们在社群中的地位也会因此提高。这也会激励成员完成更多培训课程，从而增加培训机构的收入、促使成员获得成功，或者两者兼而有之。

你也可以为成员的线下行为分配积分。例如，如果一个成员参加了你的会议，你就可以在社群里给成员奖励积分和徽章。只要你有他们的电子邮箱，就可以给他们分配额外的积分。

通用积分系统并不容易实现，它通常需要定制开发，不在任何社群平台的原始设置中。一旦开发了一个系统，你就需要不断维护和更新它，但这对成员和组织的好处是显而易见的。

角色和技术权限

角色有时被称为技术权限，本质上是一些成员能够做而其他人不能做的事情。一个简单的例子是监督员，在学校一直表现良好的孩子可能会被分配到监督员的角色，这是只有他们才可以做的事情。

你可以根据成员过去的社群行为授予他们一系列技术能力。随着成员等级的提高，你可以在社群内赋予他们更多的能力或权限，这能提高他们的积极性，使他们更愿意为社群提供志愿服务。这里有一个典型的方法是创建一系列技术权限清单，如表 8-7 所示。

表 8-7　社群成员的角色和技术权限

角色	技术权限
访客 （未登录）	• 可以使用系统的默认功能 • 可以阅读社群内的公开内容
新用户	• 可以每天发三条评论，并且评论会被审核
一级信任用户	• 可以随心所欲地发帖 • 可以发送站内私信 • 可以在帖子和签名栏中添加超链接 • 可以更改自己的用户名 • 可以发表知识性文章 • 可以上传图片
二级信任用户	• 可以上传文档附件 • 可以将主题标注为“只读” • 可以对文章发表评论 • 可以进入社群的私人群组
审核人员	• 可以从社群内删除帖子 • 可以在社群里禁言其他成员 • 可以创建新的主题 • 可以关闭和锁定讨论 • 可以在社群内将讨论置顶
管理员	• 可以更改成员技术权限 • 可以更改网站结构 • 可以删除主题 • 可以进入社群的 FTP 服务器 • 可以定制和设置社群的每个板块

你可以清楚地从上面看到，每个角色是如何被授予一系列技术权限，从而能够在社群内做不同的事情。一旦他们获得了某种技术权限，就可以用它来帮助社群。

BUILD YOUR COMMUNITY

在英国，就算是婚姻，也有 45% 以离婚告终

在你给予社群成员巨大的权力之前，请记住这里存在很大的风险，在某个时候，你可能会和他们闹翻。几乎一半的婚姻都以离婚告终，你在某个时候与顶级成员闹翻的概率也相当高。

你授予成员的每一个技术权限也可能被用来伤害社群。即使是最基本的技术权限，如发帖的权限，也可能被用来向社群发送垃圾邮件。这就是为什么你要限制新用户在社群中发起新的讨论。大多数垃圾邮件都来自新用户。你可以选择在帖子发布之前进行审核，以防止垃圾邮件出现。

随着成员赢得更高的信任度，你可以让他们在社群内做更多的事情。例如，他们可以直接向其他成员发送站内私信、改变自己的用户名、发表长篇文章，以及在帖子和签名栏中添加超链接。这些权限中的每一项都可能被滥用，我已经不再惊讶于人们的用户名和签名所显示的攻击性了，但合适的用户名和签名也能赋予成员一种自身受到尊重和自己很重要的感觉。

在较高等级上，你可以为成员提供能真正帮助社群的工具。你可以让成员有能力编辑和删除其他成员的帖子。然而，考虑到这种能力的强大，你应该把这种技术权限限制在自己真正信任的少数核心成员身上。社群内应该只有少数成员有能力扮演审核人员的角色，而管理员角色则应该保留给组织雇员。这些做法都是经过实践验证的，也能够避免法律风险。

无论你对社群顶级成员有多了解和信任，都不应该让他们拥有可能对社群造成不可弥补的伤害的能力。例如，一个成员不应该有机会接触其他任何成员的个人数据；不应该有机会改变网站的代码，即拥有进入 FTP 服务器的权限；也不应该有权限阅读成员的私信。一个顶级成员因为对一个决定感到不满或者觉得自己受到了亏待，所以迅速“黑化”，这种情况并不少见。事实上，一旦你如同对待负责人一般对待一名社群成员，那么这种情况发生的概率就会更高。

随着社群的发展，你需要不断地调整社群角色，以确保它们仍然适用于社群。角色的管理可能很麻烦，也很棘手。因此，与等级可以设置 50 个甚至更多不同，你应该把技术权限清单中的角色限制在寥寥几个，5 个通常就够了。如果你的社群较大，而且成员都在迅速向高等级冲刺，那么 10 个也足够了。

通常情况下，每上升 5 ～ 10 个等级就会导致成员在角色能力上的增加。如果社群有 50 个等级，你可能就会有 10 个不同的技术权限配置。然而，你真的能提供 10 类不同的网站技术权限，并使每次的角色升级都那么引人注目和值得追求吗？直截了当的回答是，不能，至少在没有超越技术权限和从更广阔的角度看待奖励的情况下是不能的。

到目前为止，我们所讨论的角色完全依赖于技术上的权限，这些在社群中很容易实现，而且整个过程是自动运行的。但是，你能提供给成员的技术权限在数量上是有限的。不过，技术权限只是你能提供给社群成员的全部奖励中的一小部分，因为很可能只有少数成员真正关心技术问题，比如如何上传文件、将主题标记为已验证的解决方案，以及随意设置签名大小等。为了真正创建一套能够激励成员的角色，你还需要考虑非技术性奖励。你可以独立做这件事，但最好是把角色和奖励整合到一个系统中。我们在前文中已经介绍了很多。

你可以做一个表 8-8 那样的表格，并强调你的组织在每个角色上为成员提供的好处。把技术权限看作是更大的奖励拼图中的一部分，由此每个阶段的奖励才会更有效果。请注意我们是如何将有形物品保持在最低限度的，这有助于减少作弊和降低成本。你可以将逐步上升的技术权限与更多的认可、其他权限和有形物品结合起来。

即使你没有使用一个可以授予成员额外能力的平台，或者你的社群团队很小，也仍然可以创建一个由几个等级组成的系统，从而奖励成员对社群的贡献。

徽章

徽章在这里指的是你可以授予成员的有重要象征意义的视觉奖励。例如，学校里的小红花就是徽章的一种。如果你在过去几年里使用过任何一款移动应用程序，就肯定接触过徽章。

表 8-8　社群成员的角色和奖励

角色	技术权限	认可	其他权限	有形物品
新用户 （0 ～ 5 级）	可以每天发不超过 5 条评论，且需经过审核	受到社群管理者的欢迎		
一级信任用户 （5 ～ 10 级）	可以发送站内私信； 可以上传图片	作为征求对象，提供他们希望如何参与社群的意见		
二级信任用户 （10 ～ 15 级）	可以在帖子和签名栏中添加超链接； 可以上传自定义头像； 可以改变自己的用户名； 可以举报脱离主题的讨论； 可以重新编辑自己的信息	因其对社群的贡献，可以赢取一枚新星徽章	可以对社群的主要决定和发展方向进行投票	
三级信任用户 （15 ～ 20 级）	可以发表知识性文章； 可以上传文档附件	可以对社群的著作提供建议	可以参加公司内部的电话会议； 可以申请参加超级用户计划和私人群组	每年社群为表示感谢而授予独特的社群个人资料显示风格
四级信任用户 （20 ～ 25 级）	可以将主题标注为“只读”； 可以对文章发表评论； 可以进入社群的私人群组	可以负责运营社群的一个具体板块	可以出席社群聚会和精选的公司聚会； 可以参加社群培训课程	产品和服务的折扣
五级信任用户 （25 ～ 30 级）	可以创建新的主题； 可以关闭和锁定讨论	可以帮助创作社群新闻简报	可以直接向公司的工程人员发送邮件提问	申请加入测试者计划，从而免费获得最新的试用产品或服务
六级信任用户 （30 ～ 35 级）	可以从社群中删除帖子	有机会在公司活动中发表简短讲话	自动加入超级用户计划和私人群组	定制版产品或服务
七级信任用户 （35 ～ 40 级）	可以在社群内将讨论置顶； 可以在社群里禁言其他成员	获知公司首席执行官的邮箱，与其建立直接联系	受邀出席公司年度大会； 有机会在公司活动中演讲	在公司负责差旅费的情况下出席公司活动的机会
八级信任用户 （40 级以上）	全面的审核权限	在公司活动中享受 VIP 待遇	可以提名其他人在公司活动中发表演讲	用来参加公司活动或公司赞助的活动的免费门票和小额经费

当下大多数新的应用程序都使用徽章，这背后有一个简单的原因：徽章非常有效。许多研究表明，徽章能同时提高用户行为的数量和质量。[15,16,17] 更重要的是，颁发徽章不仅增加了可以获得奖励的活动数量，而且增加了用户在多种活动中的参与度。[18]

徽章就像模拟世界中的符号，与其说是一种设计，不如说是设计所代表的东西。如果徽章能够让成员在社群中积累和展示他们的成就，它的效果就最好。由此，徽章成了成员向其他成员表达其身份和地位的一种方式。

如果使用企业平台，你就可以创建徽章，并将其授予参加特定活动的成员。像 Salesforce 这样的平台甚至允许成员向其他成员授予徽章以表示感谢。如果你使用的是简单的平台，比如 WhatsApp 或 Slack 群组，就可以设计一些实体的东西发给成员，或者把它想象成在课堂上分发小红花。你可以手动将小红花授予取得巨大成就的成员，并使用一个可公开查看的像电子表格这样的工具。

有些平台可以根据一些预先设定的行为自动授予徽章。例如，一些社群会在成员做出第一次贡献或发布第一次回应时授予他们徽章。但通常来说，自动授予的徽章是在成员完成一系列行为后获得的。例如，发起 20 次讨论可能会使成员获得“对话发起者”徽章。然而，在下文中，我会建议不要这样做。

你也可以根据自己的判断来授予成员徽章，比如为在社群中做出独特的、特定的或值得关注的贡献的成员授予徽章。你现在可能不确定什么是值得关注的贡献，但请相信我，当一个成员远远超出了普遍的能力范围，创造了一些特别的东西时，你就会认识到这一点。这些徽章的发放是非常主观的，所以它们既罕见又更具影响力。

BUILD YOUR COMMUNITY

警告：不要轻易送徽章

你应该只对让成员真正感到自豪的事情的实施人员授予徽章。许多社群都有一个徽章的默认设置，根据这个设置，成员可以通过发起对话、参与讨论或完成其他基本活动获得徽章。请关掉这些功能，它们让徽章变得廉价。徽章应该用来奖励让成员真正感到自豪的事情的实施人员。

一般来说，如果成员不会在公司会议或社群聚会上因佩戴徽章而感到自豪，你就不应授予成员徽章。如果我们因为发起了第一次讨论就戴着“对话发起者”的徽章到处走动，大多数人都会感到尴尬。唉，太多的徽章系统正是有这样的问题。

相信我，成员并不希望因为提出第一个问题而收到徽章，他们希望得到的是问题的答案。强迫成员接受和展示一个令人尴尬的徽章会适得其反。有些社群提供的徽章数量之多令人震惊，我在一个社群里只发表了两条评论就获得了 5 个徽章，这削弱了所有徽章的价值。

在社群中，有三种“好”的徽章可以授予。

1. 努力徽章。这些徽章是对努力的认可。理想的情况是，成员先确认他们想要的徽章，然后做出必要的努力来获得这一徽章。例如，你可以创建一种徽章，专门奖励一类成员，他们自选主题，围绕这个主题为社群创建一份详细指南。如果一个成员确实创建了一份指南，他就应得到这个徽章。
2. 地位徽章。这些徽章是为某一特定成就颁发的，展示了成员经过验证的专业知识水平或者反映了一系列的贡献。这会非常好地传递社群的意图，它类似于学校发的小红花。

3. 隐藏徽章。这些是人们不知道他们有可能获得的徽章，直到它们被颁发给做出特定贡献的成员。你可以特别制造出一个徽章并授予某个成员，以奖励他为社群所做的独一无二的事情。

你可以创建无数的徽章，来达成你的目的和满足你的需要。这也意味着，你应该使用徽章来帮助尽可能多的成员，让他们感到自己为社群做了独特的有用贡献。一个创建了关于“×× 小装置”的技术指南的成员，可以被授予“×× 小装置专家”徽章。这是一种他们更乐意展示的徽章，也是他们会在心理上内化的徽章。

徽章也可以因成员参与某些活动而被授予，比如完成培训和参加线下活动等，这些都能帮助成员感到他们在社群中取得了一些成就。成员在社群中取得的成就越多或者觉得自己取得的成就越多，他们继续参与的可能性就越大。

徽章奖励的行为应该与积分和等级奖励的行为有所不同，徽章应该是对特定、独特的贡献和成就的认可，能够填补认可体系的空白。

让我们再次回到前面那个客户支持社群的例子，在那个社群中，我们可以创建一个徽章系统来奖励初级、中级和高级的成员，如表 8-9 所示。

表 8-9 客户支持社群的徽章系统

成员等级	徽章	授予原因和方法
新用户	新星	授予升级迅速的新用户
	活动出席	授予出席活动的成员
中级用户	特别贡献	由超级用户提名并授予对社群做出特定的独特贡献的成员
	特别贡献：×× 专家	授予在某个主题上一贯表现出专业水平的成员

续表

成员等级	徽章	授予原因和方法
老用户	超级用户	奖励给社群的超级用户
	月度最佳成员	由社群管理团队提名和授予
	年度最佳成员	由社群管理团队提名和授予
	突出贡献	由社群管理团队提名且经社群成员同意
	终身成就	授予在相当长的时期内持续不断地参与社群的成员

不是每个成员都有时间和意愿进入社群排行榜或达到很高的等级，但每个成员都需要觉得自己可以做出有用的贡献，并为此得到认可。

第 4 步，决定你的奖励

最后，我们需要明确成员会获得什么奖励，这在很多方面与游戏机制有重叠，如表 8-10 所示。

表 8-10 决定社群成员所获奖励的因素

项目	说明	
目标受众	超级用户（社群的顶级成员）	
期望的行为	在 24 小时内回答大多数问题	
用户画像	希望感到自己是社群使命的一部分，觉得自己是最聪明的成员	
游戏动态	竞争意识	成就感
游戏机制	• 通过回答问题赢取的积分 • 显示顶级成员地位的排行榜 • 让成员竞争的短期挑战	• 基于积分系统的等级 • 因为独特的高价值贡献而授予的徽章 • 使成员拥有独特能力的技术权限
奖励	声誉 • 提供机会，可以创作其他成员不能创作的内容 • 在新闻简报和其他渠道中得到推荐 • 可以提名其他人在活动中发表演讲 • 授予特别贡献徽章 • 授予超级用户徽章	权限 • 将其技术权限提升到审核人员级别 • 可以出席专属的线上、线下社群活动 • 可以就社群管理的议题发表意见

在上面的例子中，我们针对竞争意识和成就感的游戏动态，创建了 6 个主要的游戏机制。我们的奖励显然也与每一种游戏动态有关。这个框架只针对顶级成员，我们也可以创建一个框架，来奖励和鼓励新用户和中级用户。如果你的社群刚刚启动，或者你使用的是一个廉价的平台，那就暂时保持相对简单的系统，并验证你对自己社群的游戏化的预期。你可能需要找到独特的和有创造性的方法，来激发恰当的游戏动态并奖励成员。一旦你发现自己的努力有了正向反馈，就可以建立一个更复杂的系统，来巩固你的努力成果，同时防止作弊行为。

即使是在最简单的平台上，你也有各种工具可以用来鼓励和奖励参与社群的成员。最好的奖励是无形的，它们支撑了成员最初开始参与社群的动机。

你有四类奖励可以提供给成员，它们是声誉、影响力、权限和有形物品（但要尽量避免用有形物品奖励成员）。确定何时和如何奖励成员的过程被称为游戏化，游戏化使参与社群的过程更像在玩游戏。在游戏化系统中，有诸如积分、等级、徽章等游戏机制，有诸如竞争意识、利他主义、优越感等游戏动态。一个成功的游戏化系统首先要确定你想要创造的游戏动态，然后开发一个游戏化系统来放大社群中的这些动态。你总是会受到你所使用的技术的限制，但无论如何你都可以设计出一个游戏化系统来满足你的需求。

请注意，每个游戏机制都有你不想要的副作用，你要了解这些副作用，尽量对努力的质量进行奖励。你可以创建一个具有一系列升级奖励的系统，在这个系统中，成员可以获得更多的积分、等级、权限等。游戏化不会神奇地将一个垂死的社群变成一个活跃的社群，它是一把手术刀，让你可以精准改变成员的行为。它可以把社群成员培养成更好的贡献者，改变和增加已经参与社群的人的行为。

社群行动清单 BUILD YOUR COMMUNITY

如何让社群成员朝你希望的方向改变

- 确定你希望鼓励什么类型的社群行为。
- 利用你的受众研究来确定你需要创造什么类型的游戏动态，由此决定选择什么样的游戏机制。
- 审查你的社群平台，看看其中有哪些游戏机制可供利用。决定每种行为相对于其他行为的重要性，从而创建一个积分系统。在积分系统的基础上，创建一个等级方案。
- 确定你可以提供哪些奖励，并根据每个成员达到的等级分配不同的奖励。
- 监督社群的游戏化运作，防止作弊行为，并在社群发展的过程中不断调整整个系统。

第 9 章

步骤 9，制订计划，有效防控潜在的五种风险

BUILD
YOUR
COMMUNITY

社群带来的价值
无可取代，
只是不要忽视风险。

Launching your community
yields irreplaceable benefits for you.
Just don't overlook
the risks.

启动一个社群就像把一大窝猫咪放进你的客厅。这听起来似乎很有趣，但也会带来巨大的压力，会影响你的声誉，还会产生一些始料未及的法律后果。在商业世界中，这些意想不到的后果被称为风险因素。如果你没有做好准备，你的社群可能会“出师未捷身先死”。更糟糕的是，不考虑风险可能会给你的成员、你自己和你的组织带来无法弥补的伤害。即使你是为了个人爱好而创建社群，或者为地方俱乐部和某些朋友创建 WhatsApp 群组，许多风险因素仍然存在。你应该清楚你有为社群规避风险的责任，所以不要跳过这一章！

我们都曾经遭遇过一些风险因素。社群成员可能会说一些话或做一些事，让你和你的组织陷入法律困境或遭遇公关危机。在本章中，我将谈的不仅是审核的问题，而且会说明你可能面临的各种风险以及如何疏解每种风险。

正如拳王泰森曾经说过的：“在被一拳击中之前，每个人都胸有成竹。”有时候，管理社群就像参加拳击比赛，你总会面临危险，而且会遭遇突如其来的攻击。有些攻击出现时，你能看到且可以尝试躲避；有些攻击则避无可避，但你也得做足防御。

我经常惊讶于社群管理员对很多问题的准备不足。我在过去 10 年中评估了非常多的社群战略，其中很多甚至没有考虑可能出现问题的风险，他们假设一切都会很顺利。我不知道你是怎么想的，但我想为我的社群可能面临的每个问题都做好准备。当坏事发生时，我想告诉我的老板："是的，我早就觉得这可能会发生了……这是应对方案。"正如那句著名的格言所说："如果你没有做好准备，那就是准备失败。"[1]

淘汰出局的那一拳

我的一位熟人曾经为一家美国大银行运营社群。多年来，她一直在有条不紊地扩大同事们对她的支持，也在社群里不断地增加参与度。有一天早上，她被叫到她老板的办公室，听到了一个坏消息。社群太过活跃了，他们决定关掉它。

正如银行方面所解释的，问题在于合规性。银行必须遵守严格的规定，她工作的银行从一开始就知道，社群是有风险的，成员可能会互相分享不好的建议。当社群规模还很小时，他们并不太担心，但随着社群的发展壮大，风险也随之变大。因此，银行决定关闭社群，原因是它已经太过庞大了！

防范五种风险，让你的社群安全着陆

你可能会认为，风险是你的律师要关心的问题。你这样想就错了，且大错特错！你无法将社群的风险转移给律师，因为律师可能不清楚社群的所有法律风险，而且社群面临的大多数风险都不是法律风险。风险是你要应对的问题，你需要采取措施去解决它们。

在降低风险之前，我们要先识别风险。我们可以将社群面临的风险分为五大类，如表 9-1 所示。

表 9-1　社群面临的五种风险

类别	描述
法律风险	这涵盖了启动新社群时潜在的所有法律问题。这里的内在风险是巨大的、令人困惑的，并且会因行业和国家的变化而变化。如果你要在医疗保健、金融或涉及未成年人的领域创建社群，你就要特别注意自己的法律责任
声誉风险	这涵盖了可能损害组织在其利益相关者中的声誉的所有事情，这些利益相关者包括客户、员工、股东等。这些风险包括失去客户的信任、失去顶级客户的支持、产生负面曝光、惹怒员工，以及破坏营销活动
对社群成员的风险	这涵盖了由于访问和参与你的社群而给成员带来的所有潜在伤害。如果你要启动一个社群，就有道德义务和潜在法律责任来采取合理措施，确保成员不会遭受不必要的伤害
对员工的风险	启动社群可能会给员工带来风险，尤其是管理社群的员工，执行规则的员工可能会成为人身攻击或意想不到的骚扰的目标。同样，当社群成员对公司感到不满时，他们可能会将愤怒发泄到他们能接触到的公司员工身上
失败的风险	这涵盖了社群未能吸引用户、失去支持以及事情没有按照你计划的方式发展的风险。这是一种综合风险，不属于上述任何一类

接下来，让我们来认识每种风险中的具体风险，并概述在克服或降低这些风险时能采取的措施。

法律风险

即使已经从事咨询工作 10 年了，我仍然惊讶于潜在的法律问题居然这么多。因为公众越来越担忧网络隐私，且始终关注网络社群行为如果产生不良后果将由谁来担责这一议题，所以法律问题在未来几年可能还会成倍增加。[①] 虽然法律风险的范围很广，但其中有一些风险比其他风险出现得更频繁。

① 在撰写本书时，美国正在讨论是否要废除《通信规范法案》（*Communications Decency Act*）第 230 条，如果废除，可能会使美国在线社群的托管人对社群成员发布的内容承担责任。

在开始讨论之前，我要明确无误地声明，我没有资格提供法律建议。在实施或采纳以下任何建议之前，请务必咨询律师。请注意，法律经常因国家和地区而异。

你的超级用户会被视为你的员工吗

2011 年，美国在线（AOL）与其聊天室的审核人员达成和解，对方撤诉，金额是 1 500 万美元。这起诉讼的起因是，这些审核人员声称，他们在美国在线的社群中的志愿者工作达到了雇员水平，他们应该享受员工待遇。尽管这些审核人员此前也都认为自己从事的是一份志愿者工作，但这并不能让美国在线免受诉讼。其他群体，包括《赫芬顿邮报》的网站志愿者，也试图要求补偿他们对社群的贡献，并且都取得了不同程度的成功。

如果你正在运行一个鼓励和支持超级用户的计划，那就要小心地确保你的超级用户不会因为执行某些任务而被自然视为受到雇用。这里并没有明确的界限，而且法律因国家和地区的变化而变化，但根据我在英国的律师的说法，有几个方面需要特别注意。从经验上讲，你对待超级用户的方式越是与你对待员工的方式相似，这些超级用户就越有可能在法律上被视为你的员工。以下是最常见的发生在志愿者身上的风险行为，它们按重要性排序。

- 接替员工的工作。如果超级用户正在执行以前由员工执行的工作，这可以被视为建立雇佣关系。如果为了社群志愿者而裁减授薪员工，这很可能就会成为一个问题。例如，2018 年有报道称，微软已经解雇了其游戏机品牌 Xbox 的支持团队，转而使用无偿志愿者。这似乎给微软带来了明显的法律风险，但微软可能因为采用了一个小的技术性措施而避免了风险。一位评论者声称，从技术上讲，微软并没有解雇授薪员工，而只是没有与提供支持服务的承包商续约而已。
- 接受该做什么以及何时做的指示。众所周知，美国在线的志愿审核人员必须在固定时间上线，并数字化打卡进入和退出社群，这显然与雇佣关系非常相似。如果你指导并严格监督志愿者的工作，那就会增加他们被视同员工的风险。

- 获得奖励。如果超级用户获得具备有形价值的东西作为奖励，这就可以被视为对他们工作的报酬。而且，很可能这些东西的价值低于许多地区的最低工资，这会进一步导致法律问题。例如，美国在线为志愿审核人员提供免费上网服务，这具有明显的财务价值。
- 被开除。如果你把工作不够努力的志愿者开除，其实就已经开始将志愿者拟化为员工，而不再是凭热情工作的志愿者。
- 接受培训。如果你的志愿者在被允许做志愿者之前必须完成培训课程，他们的待遇就开始类似于员工。
- 签订合同。要求志愿者签署合同，比如最常见的保密协议，似乎合乎逻辑，但这也引发了一个问题，如果某人只是一名志愿者，为什么要签订合同？

BUILD YOUR COMMUNITY

单靠志愿者协议并不足以保护你

一些社群试图通过要求成员签署一份声明来解决成员可能被视为员工的法律困境，在这个声明里，志愿者要承认他们自愿做出贡献并且不期望获得回报。然而，成员同意他们没有报酬并不意味着法院也会认同这样的看法。这就像因为员工签了合同，所以给他低于最低工资的报酬一样，虽然公司可以这样做，但它仍然违反法律，而且肯定不道德。

你会发现很多组织都有无薪实习的制度，即使实习生在接受实习时同意了这些条款，这样的制度也触犯了法律。你的超级用户计划真的跟这些情况大有不同吗？

在许多地方，特别是美国，法律禁止营利性公司接受志愿劳动。这让社群专业人士陷入了有意思的困境，因为从技术上讲，几乎每个参与讨论的人都是志愿者。但是，有人自愿帮助你或者主动宣传你，与你主动执行大型志愿者计划，并指导、协调和奖励志愿者的工作，这两者之间存在明显的区别。你应该花一些时间研究一下当地的劳动法。有时，相对较小的调整就可以让你在法律上站在正确的那一边，例如，让志愿者可以自由地在他们感兴趣的板块工作，而不是直接指示他们工作。

你是否让用户数据和隐私面临风险

我有一个企业客户，他们的社群曾经拥有 400 万成员，而现在只有 100 万了。我发誓，这个变化不是因为我提供了糟糕的建议而发生的。相反，这是根据他们法律团队的建议而做的变动。当欧盟推出有关数据隐私的《通用数据保护条例》（*General Data Protection Regulation*）时，法律团队建议他们删除过去一年内未访问过该社群的所有账号。当然，这是在向成员发送提示后操作的。最终，这个社群删除了 75% 的成员。有趣的是，我的另一个客户遵守的是相同的法规，他们的做法却是直接将数百万未同意其新条款的成员的发帖匿名了。

新隐私法规带来了挑战，不同的公司应对新法规的方式也不同。例如，我有一个客户在查阅了《通用数据保护条例》后，花费了数十万美元将他们的社群转移到美国的服务商那边；而另一位客户解读相同的法规后，却认为没有这个必要。随着各大公司对世界各地出台的新的数据隐私法采取不同的解释，这样的激进措施变得越来越普遍。尤其是那些拥有数十万成员和数百万帖子的成熟社群，它们被迫做出越来越多的痛苦选择，以遵守相关法律。

别担心，我不会用复杂的数据隐私法来烦你。一方面是因为我没有资格这样做，另一方面是因为那会占用太多时间。但是，我再提醒一次，请确保你在这方面获得专业人士的合法建议。鉴于数据隐私与安全在公共议程上的重要性，有一些事情需要你深思熟虑后做出决策。

首先，你要考虑应该收集多少用户数据。在早期，社群管理员往往努力收集尽可能多的用户数据。毕竟，这是可以免费收集的，而且其中一些有时很有用。基于这些数据，你可以展示有趣的人口趋势，或者确定要举办的活动类型。直到几年前，数据还被认作一种宝贵的资产，需要尽可能多地收集。

现在，将数据视为一种代价高昂的负债更恰当。你收集的用户数据越多，数据泄露的风险就越大，泄露的后果也就越严重。大多数社群管理员已经从试图收集尽可能多的用户数据转变为尽可能少地收集数据。如果你不需要成员的真实姓名、年龄、简历、性别和地址，那就不要收集。通常，一个用户名和密码就足够了。

其次，你要制订计划，删除不需要的数据。你可以与法律团队一起讨论，对一些问题找出明确的答案，比如你的社群应该保留用户数据多长时间，尤其是当他们多年来再未访问过你的社群时。如果成员要求你删除其数据或者在法律上你被如此要求，你就要制订一个从社群中删除用户数据的计划。如果你与较大的平台供应商合作，这应该相对容易。在较小的平台上，这可能涉及一些手动操作，会引发其他挑战。

BUILD YOUR COMMUNITY

删除数据会导致的问题

从社群中粗暴地删除用户数据会带来一些问题。例如，删除一个受欢迎的成员数据可能会让他创建的数千个讨论和他给出的所有回复全部消失。这会损害你的搜索流量，并且会使你无法追踪一些早期的受欢迎讨论。而且，删除如此多的讨论可能会影响其他成员回答这些问题所获得的积分，这可能会进一步影响他们在社群中的权益。因此，在实际操作中，当社群成员要求删除他们的数据时，大多数社群会通过隐去该成员的贡献署名来解决这个问题。

最后，你要决定是否屏蔽某一地区对社群的访问。数据隐私法因地区而异。真相倡议（Truth Initiative）是我的一个客户，它是一家致力于帮助美国人对抗烟草成瘾行为的组织。他们认为，与其遵守欧盟的《通用数据保护条例》，不如屏蔽来自欧盟的所有访客登录，因为这样更容易。这样做很有道理，因为他们是一个总部设在美国的组织，而且只针对美国人。将来你也可能会被迫做出类似的决定。即使你的社群不在某个国家，如果有来自这个国家的人访问社群，你仍可能受其法律约束。过去，我们曾不得不对来自世界各地的访问者做一些艰难的决定。

谁是创意的拥有者

2014 年，我与一个客户合作制定了一个社群战略，其中一部分涉及创意，即社群成员能够提交创意并对其投票。公司采纳了一些创意，其中一个甚至成为他们发布的新软件产品的主要功能。我们为这次成功感到自豪，甚至说服首席执行官在公开场合提及了那个提交创意的社群成员的名字。然而，这一做法适得其反，但我们本该预见这个结果的。

这名成员并没有因为被提及名字而感到自豪，反而去咨询了一名律师，他认为自己不仅享有提出该创意的功劳，而且享有新软件产品一定比例的版权。该成员最终以相对较低的五位数金额与我的客户和解了。尽管软件取得了成功，我的客户仍坚持在不久之后删除根据那个创意开发的功能。

从社群成员那里获得产品创意，这听起来对各方都是一个了不起的胜利。成员会觉得他们正在参与创建自己想要的产品，而公司会获得一份可以用来创造产品的创意列表。但是，你需要与律师一起仔细阅读相关条款。上述例子发生在你身上的概率很低，但并没有低到你可以忽略的程度。

成员会分享和讨论非法内容吗

如果你的成员能自觉停止无意或有意的对非法内容的分享，那么管理社群就会容易得多。最常见的例子是分享有版权的内容，比如图片或视频，成员可能会分享 YouTube 上的视频，里面的音乐或电影片断是有版权的。虽然未经许可就编辑和上传视频的人才是犯错者，但社群成员在社群中分享它仍然可能是一个社会问题，在某些国家甚至是一个法律问题。

版权问题也存在于其他媒介中。成员可能会在不给出原作者名字的情况下复制并发布文章，会分享他们不拥有版权的图书的 PDF 版本，还会发布可能支持他们的观点但在社群内分享属于违法的录音或音频文件。至于窃取他人的照片并将其张贴在社群里，这也很常见。

造成这些问题的部分原因是你的成员对版权法不了解或者心存侥幸。如果你曾看过 YouTube 上的视频，就会发现其中有些创作者添加了“我没有这个素材的版权”这样的声明，这基本上是承认了他们的犯罪行为。由此，你就会理解一些社群成员的法律素养之低下了。

只要成员在收到通知后迅速做出反应，删除侵权内容，社群中的大多数侵权行为后果并不严重，而且许多国家都制定了合理的法律，使社群托管人免于为其成员的活动负责。但是，你仍然有必要请律师来解决此类问题，并为侵权行为的受害者开发一个流程来标记潜在的侵权内容。一旦有内容被标记为侵权内容，你就应该复核侵权指控是否有效，一旦证实就迅速删除。此外，你还应该检查在社群内分享的表情包和动图是否合适。

除此之外，还有一个问题更严重，有的成员会分享明显违法的内容，通常是色情和暴力内容。这在男性主导的社群中最常见，在最严重的情况下，可能会导致你的社群被平台供应商移除。Facebook之所以名声不好，一部分是因为它会在没有警告的情况下删除违反其条款的群组。通常，此类内容要么被技术平台自动标记并删除，要么被社群成员或审核人员快速识别并删除。在内容被删除的同时，发布这些内容的成员也会被移除。

相较于在社群中公开分享色情和暴力内容，更有害的是在成员之间的私信和私人群组中分享这些内容，这种行为更难追踪和阻止。私信就其性质而言是私人的，在没有成员明确提出投诉之前，你是不可能看到此类内容的。然而，你仍然不能忽视这个潜在的问题。我的一个客户曾对其社群中的大量违法内容不知所措，于是想出了一个办法，为这些内容创建一个需要密码才能访问的空间，这让我感到无比震惊。对问题视而不见永远不是解决办法！这只是将问题隐藏起来，直到问题变得不可忽视。如果你没有那么多资金来实现对此类内容的自动检测，那至少也要高度警惕，随时注意可能出现的问题，并奖励举报违法内容的成员，以便你可以快速删除违法内容。

你发起的竞赛实质上是赌博吗

在我曾经做过的一个项目里，我想为社群成员举办一场竞赛，奖品是免费参观公司的总部。在纸面上，这看起来很简单。各大组织一直在做这样的活动，而且在技术上实现它似乎并不太困难。我大错特错！虽然竞赛可以是一种提高参与度、有趣且独特的方式，但它们也可能会包含各种各样的法律问题。竞赛通常可以分为三种类型。

1. 抽奖。人们凭借抽奖的随机运气来获得奖品。

2. 比赛。人们基于技能和努力赢得奖品。

3. 买彩票。人们必须通过购买彩票才有机会获胜。

每个类别各自意味着不同的法律义务。奖品的类型和大小也很重要。如果奖品具有可想象的金钱价值，那么它就可能受到某些规定的约束，而且要交税。

同时，你要考虑自己的责任。如果奖品是免费参观公司总部，你准备好让外国人中奖了吗？你准备好为他们的签证担保、为他们提供医疗保险并采取合理措施确保他们不受伤害了吗？如果你为他们的签证做了担保，然后他们入境后就消失了，该怎么办？你真的想陷入那种法律泥潭吗？显而易见的解决方案是大多数竞赛主办方采取的一种方案，那就是将竞赛参与者的范围限制在选定的地域，通常是组织所在的国家。然而，如果你将获奖机会限制在你本国的参与者之中，那是否准备好应对其他国家希望参与的成员表达的强烈抗议呢？

另外，你要注意选择获胜者的方式。竞赛中是有明确的标准可以用来确定获胜者，还是要由你来主观地做出最终决定？如果你声称获胜者是随机抽取的，那就不能简单地查看参与者的姓名列表并从中选择一个。这不是随机抽取，你需要一个系统来完成随机选择。

竞赛对成员来说既有趣又有吸引力，但在规划和实施竞赛时要谨慎。如果没有谨慎对待竞赛的规划和规则，你可能就会被指控为给赌博提供便利。如果你对奖品的类型考虑不周，可能就会发现自己背负了巨大的成本，或者发现社群成员充满了不满情绪。

你是否采取了足够的措施来保护未成年人

2019 年，字节跳动和 YouTube 因未能遵守《儿童在线隐私保护法》（*Children's Online Privacy Protection Act*）而分别被美国联邦贸易委员会罚款 570 万美元和 1.7 亿美元。《儿童在线隐私保护法》是美国的一部联邦法律，旨在保护网络环境中的儿童，它适用于所有针对 13 岁以下儿童并收集未成年人数据的组织。

你的社群可能没有以未成年人作为目标受众，但也要咨询律师，并确保社群确实制定了禁止未成年人加入的具体政策和阻止他们加入的流程。众所周知，一些组织的社群，比如微软的社群，需要支付一笔小额费用才能参与其中，这可以确保父母了解其子女的活动。如果你的社群鼓励或接受未成年人加入，那需要遵守的主要原则就包括制定明确的隐私政策、尽量向家长直接发送社群运营相关的通知，以及在收集和披露任何儿童数据前获得家长的同意。美国只是众多颁布法律以保护网络环境中的未成年人的国家之一，其他国家和地区也有类似的法律。例如，欧盟的《通用数据保护条例》对其成员国实施了大致相似的法规，这些条款包括父母同意、跟踪技术和隐私政策。

BUILD YOUR COMMUNITY

警告：不要复制别人的条款

如果你发现自己抄袭了其他组织的隐私政策或条款，那就应该马上停下手里正在做的一切，立即去找一名律师。对大多数组织而言，这样做的风险实在太高，根本不是能以省钱的方式去应对的。当然，这并不意味着你不可以参考其他人的条款，参考其他人的条款是能够发现你尚未考虑到的潜在问题的好做法，但千万不要直接复制它们。一般来说，如果你承担不了律师费，也就根本承担不了一个社群。

声誉风险

当你启动社群时，你的声誉或组织的声誉也可能面临风险。社群给你的每一个可能的“敌人”，比如心怀不满的客户、被解雇的员工或竞争对手，提供了一个渠道，让他们可以在你所有的支持者、盟友和朋友面前攻击你。你或你的组织所犯的任何错误都会在社群中突显和放大，这是社群的网络属性所决定的。

虽然你无法轻易阻止成员在社群内做坏事或说坏话，但可以制订计划，尽量减少它们引发的声誉损失。下面让我们来讨论一下最常见的声誉风险的来源。

负面曝光

对许多组织而言，最大的风险不在于惹恼社群成员，而在于信息在其他地方共享可能导致的负面曝光。2019 年 10 月，WeWork 员工私人社群的消息被泄露给英国《卫报》，后者在一个敏感的时间发表了有关 WeWork 的负面报道。幸运的是，大多数记者都忙于与公司的公关团队斗智斗勇，不会为了寻找污点而去浏览你的社群。但是，任何想搞恶作剧的人都可能心血来潮，为记者提供你的成员抱怨社群的帖子。

如果你认为像“顶级客户对 ×× 品牌出现 ×× 问题感到无比恼火”这样的故事没有新闻价值，那么你在这个行业的时间就还不够长。即使是最小的社群，管理时也应该谨慎小心。越来越多的负面媒体报道都会在其叙述中突出私人的 WhatsApp 群组中的信息。只需要一名心怀不满的成员分享截图，你的社群就会受到真正的伤害，所以你使用私人平台并不意味着可以避免社群声誉受损的风险。

除了明显的道德原因，你之所以应迅速删除那些被认定为种族歧视、性别歧视或其他有卑鄙和仇恨言论的帖子，正是因为只需要很少几个这样的帖子，外界就会认为你和你的公司存在歧视问题。一旦发生负面曝光，别人对社群有了成见，你就很难摆脱这种声誉损害。例如，Reddit 的形象现在仍受到近 10 年前所做决定的影响。当下，人们越来越多地支持符合自身价值观的产品和组织，只要少量的冒犯性社群帖子，可能就会导致你的一切努力付之东流。

愤怒的客户

在每个咨询项目中，我最喜欢的时刻之一是营销人员突然意识到，他们心爱的客户可能会在社群中说一些刻薄的话。这就会导致营销人员提出一个看似合理的请求：所有帖子发到社群上之前都要先经过审核。我对此的回应都是一样的：无论你是否启动社群，客户都会说坏话，既然他们无论如何都会说我们的坏话，那我们当然希望他们在我们的社群中说，因为我们可以给予回应和帮助，并将他们变成我们忠实的拥护者。

我已经忘记到底经历了多少次这样的情况：在与社群团队进行了相互体谅的充分沟通后，一名心怀不满的客户变成了热情的支持者。与其阻止成员在社群中倾诉他们的挫败感，不如鼓励他们这样做。每一次投诉都提供了一个难得的机会来让我们留住客户，并解决他们可能遇到的问题。通常，问题不在于成员提出投诉，而在于你对投诉无能为力。

理想情况下，组织会以亲切、友好的语气认可和回应每一个投诉，并迅速解决问题，但现实往往复杂得多。有时候，组织无法做出回应，一方面是由于法律因素，比如组织可能不希望社群管理者就法律问题提供建议；另一方面是因为他们不想透露相关成员或组织的机密信息，比如一家公司可能无法回应对一个正在测试中的产品的投诉，因为这款产品只在少数客户中悄悄进行测试。有时候，问题根本无法解决。在这些情况下，社群团队可以将无法解决的问题放在一起，并在社群内共享，这至少为成员提供了最低级别的信息，让他们了解为什么自己没有收到回复。

●● BUILD YOUR COMMUNITY ●●

你应该删除批评和负面评论吗

2020 年初，我想买一个轻便帐篷，所以访问了两个经销商的社群，想看看其他消费者对不同品牌的评价。一个社群中充满了对产品的正面评价，另一个社群里既有好评，也掺杂了差评。出于好奇，我向前者的社群管理者发送了一封电子邮件，询问为什么社群中没有关于他们产品的负面帖子，而且他们的社群里连一个投诉都没有。

对方给了我一个非常诚实的回答："如果人们批评我们的产品，我们会尝试直接联系他们并从社群中删除这些负面帖子。"乍一听，这好像是聪明的做法。如果你是品牌方，你肯定不希望像我这样的潜在客户看到有关你产品的负面帖子，因为这可能会让你丢掉一笔生意。但这种做法从现在看来非常短视。仅以正面帖子为特色的社群会让人感觉不真实。想象一个只发布正面评论的意见领袖吧，久而久之，你就会对其产生怀疑。人们需要同时看到好的和坏的评论，这样才能做出决定。

如果没有负面帖子和评论，人们就会降低对正面帖子的信任度。因此，如果你想维护社群的真实性，那就不能删除负面评论。

失望的社群成员

对于产品或服务感到不满只是社群成员愤怒的原因之一，你对此只能被动接受。成员愤怒的另一个原因是对社群体验感到不满，你对此却拥有更多控制力。

社群成员通常对社群主题充满热情。对品牌而言，社群成员通常是组织的最佳客户或最忠实的支持者，他们期望在社群中得到高度支持。如果你不能迅速回应他们的担忧，承认他们的贡献，并在决策中征求他们的反馈，他们很快就会反对你。更糟糕的是，你给了他们一个工具，他们可以用来攻击你。我看到过心怀不满的成员在品牌方的社群里给竞争品牌唱赞歌。如果你不能为成员提供高水平的支持，小小的抱怨很快就会升级为毁灭性的集体行动。

社群成员感到不满还会引发另一个问题，那就是机密信息的意外泄露。例如，某人可能会透露有关新产品的信息，而这本应在即将举行的大会上宣布。正如我们所见到的，社群和私人社群中的讨论越来越普遍地被主流媒体引用。

防止信息意外泄露的最佳方法是培训。参与你社群管理的每个员工都应该接受培训，这促使他们积极参与社群并获得必要的技能，让他们既能做好工作又不留后患。虽然你无法阻止心怀不满的前员工分享机密信息，但可以对新员工的帖子保持警惕，以便快速删除泄露机密信息的帖子。

对社群成员的风险

无论你所在地的法律如何规定，你都对社群成员负有道德上的责任。因此，你需要识别并降低他们面临的大部分风险。这些风险有三种形式：受到骚扰、成员之间发生冲突和传播虚假信息。

受到骚扰

如果你正在管理一个社群，那就要制定明确的政策，既禁止性挑逗，又为所有成员提供一个简单的机制，使他们可以举报其他成员对其的骚扰和过度关注。这应该显示在社群的联系信息中，并包含在你的欢迎辞中。

当你收到骚扰报告时，应该认真对待，你可以将肇事者从社群中删除，或者建议被举报成员停止与信息接收者的任何进一步联系。如果被举报成员不接受你的建议，你就该立即删除他。

如果你正在就社群行为规范事宜寻求帮助，那就可以参考诸如社群管理者峰会 CMX 这样的活动，CMX 提供了应对骚扰事件的优质政策，你可以将其中的大部分内容应用于在线社群。

成员之间发生冲突

在任何群体中都存在个性分歧，但如果不解决这些问题，它们可能会升级为严重的冲突。

2017 年 12 月，在为 1.5 美元的赌注激烈争吵后，两名玩家对另外一名玩家搞了“呼叫特警”。呼叫特警是指发送虚假犯罪报告，其中包含某人的地址。为了阻止所谓的犯罪行为，特警队员前往事发地。在命运的悲剧性转折中，这两名肇事者向警方提供了错误的地址，导致特警队开枪打死了一名无辜的陌生人。

幸好，除了以年轻男性为受众的社群，呼叫特警这种行为很少见。一个更常见的问题是人肉搜索。人肉搜索是在网上深挖某人的私人信息，通常是住址、电话号码等，并将这些信息发布在网上。做出呼叫特警或人肉搜索行为的成员应立即被移除，同时你要在整个社群范围内发出警告，声明此类行为是不能容忍的。

在冲突超出话题的辩论范围进入人身攻击之前，你可以通过解决冲突来预防上述情况的发生，通常直接发送一封“喊停”邮件并关闭讨论就可以解决问题。

传播虚假信息

在许多行业社群中，真正的挑战并不在于说服成员共享信息，而在于让成员们共享好的准确的信息。在医疗保健、银行等领域，组织被禁止共享虚假且可能导致伤害的信息，即使是社群成员分享的内容，也会触及相关规定。

如前所述，虽然只要社群遵守特定条款，许多国家的法律通常会保护社群，但在实际应用中存在一些例外情况，可能会使社群要对成员因信息发布而受到的伤害负责。你应该研究并了解这些例外情况。

如果在社群内出现共享虚假信息的情况，你在处理时还应该考虑虚假信息对其他成员的影响。虚假的或不良的信息的影响范围很大，从引发轻微烦恼到危及生命不等。然而，如果一个建议毁掉了成员最喜欢的衬衫，另一个建议导致成员签下糟糕的抵押贷款合同、进入破产程序，或者彻底失去亲密关系，这两个建议实在是不可同日而语。

大多数时候，虚假信息引发的是极大的烦恼。在我早期工作的一个游戏社群里，一名成员建议大家通过显示器超频来提高游戏成绩，本质上是使屏幕刷新速度超过设计标准。大约有十几名成员采纳了这个建议，他们的电脑显示器因此毁了。虽然你对这类结果不用负法律责任，但你有道德责任去尽最大努力保护社群成员。你应该努力提醒成员听从未经证实的建议有风险，并迅速清除不良信息。

你是真理的仲裁者吗

由你来删除虚假信息会引发一个问题，那就是你会立即将自己定位为社群内真理的仲裁者。这听起来可能很有趣，但你真的想陷入何为真、何为假的语义辩论中吗？在大多数情况下，社群的共识扮演着这个角色，因此你最好依靠热烈、开明的辩论的结果，同时删减信源不明且可能造成伤害的言论。你可以采用的更好的方法是识别“有风险”的话题，并预先审核相关帖子或检查它们的准确性。维基百科就遵循这种方法，有很多文章只有声誉好的成员才能编辑。你可以对所有可能显著影响成员健康、财富或人际关系的话题进行同样的处理。

对员工的风险

在大多数社群中，成员可以在一天中的任何时间访问社群。成员通常要求很高，希望尽快得到回复。你和你的团队是社群的焦点，尤其是对那些心怀不满的成员来说。这让社群团队（或你）管理社群时面临两个重大的风险：第一是产生由在线社群的管理性质引发的心理倦怠和其他心理问题，第二是成为社群不良行为者报复的目标。

规模较大的社群通常有一个付费的审核团队，可以每周 7 天、每天 24 小时提供快速响应。但是，较小的社群通常没有必要和预算去配备这样的审核团队，社群管理者会在晚上和周末密切关注社群，以避免任何不好的事情发生。如果你认可这种隐含的理解，那就永远无法放松。这就像你被告知可以去度假，但每三个小时就需要按下一个按钮，否则可能会受到一些可怕的未知的伤害。当然，检查社群不需要很长时间，但这在心理上是有害的。更糟糕的是，你不可能只是大致浏览，确定社群一切顺利，你会想着不妨检查一下电子邮箱，回答一些问题，看看是否还有其他人需要帮助。因此，心理倦怠和自我照护成为当今社群管理中最常讨论的话题也就并不奇怪了。

要想解决心理问题，就要准确理解现实。事实上，很少有问题会成为真正的阻碍，尤其是在中小型社群中。当然，从理论上讲，有人可能会在你的社群中发布一个严重的问题，在它对公司或成员构成重大威胁之前，你需要对其紧急关注。尤其是大型社群，在已经知道有成员向自己或他人发布暴力威胁时，你需要这么做。在这些社群中，迅速采取行动确实可以挽救生命。虽然这些情况很悲惨，但它们非常罕见。我不记得除了拥有 100 多万成员的网站，还有哪个社群的管理者曾经不得不处理过这种情况。虽然每隔几个小时就会检查一次社群，但很少有社群管理员可以真正声称自己预防过一场大的危机。当然，规模最大的那批社群在道德上有义务为应对这些挑战而专门聘请付费的审核团队。

社群不太可能因为你没有隔几个小时检查一次而陷入崩溃，但这样做极有可能会损害你的心理健康，并使你无法以正常水平支持社群。在工作时间之外，让自己和社群休息一下吧，很少有事情是不能等到第二天早上才处理的。

员工面临的第二个风险是成为社群成员骚扰和人身攻击的对象。它与心理倦怠一样普遍，而且往往后果更严重。

一大锅粥里的一粒老鼠屎

2020 年 2 月，知名作家蒂姆·费里斯（Tim Ferriss）通过将受众数量与城市人口进行比较，提醒人们拥有大量受众是非常危险的。他说："假设你只有 100 个或 1 000 个粉丝，也应该考虑：在任何特定时间，这些人中有多少人可能会停止服药；在剩下的人中，有多少人会因为在今天醒来时发现自己躺在床的另外一边，所以觉得有必要对某人大加抨击？答案永远不会是零。"

一旦你接触到与小城市人口相当的受众，问题成员的数量就会急剧增加。只有 20 ~ 30 名受众时不太可能出现大问题，大多数人可以轻松地应对这个规模的受众。但是，一旦社群成员达到数十万人，甚至数百万人，其中一些人就很可能正身陷困境。

费里斯在他的帖子中列出了一些会出现的问题，它们与社群管理者聚会中经常提到的问题非常相似，包括跟踪、死亡威胁、骚扰、绝望的求助、别有用心的交往，以及日益增加的垃圾邮件和网络钓鱼行为。

管理社群的工作使你成为人群中的显眼目标。即使你没有上传全名，人们也不难找到你的名字。一旦有人知道你的名字，他就可以找到你的社交媒体资料。一旦有了这些个人资料，他们就可以追踪你的家乡、朋友、配偶，甚至地址。我认识一名社群管理者，她的脸被别人用修图软件按到色情图片上，然后被发送给她在 Facebook 上的朋友。还有一些人的电子邮箱、社交媒体和个人网站账号都被黑客入侵过。

管理社群的女性经常会收到社群成员发的骚扰性评论。有时候，这些成员只是通过领英、Facebook 等外部渠道"联系"社群管理者；有时候，他们在社群中发那些评论，集中攻击社群管理者的外表和个性。

我强烈建议所有社群管理员考虑这些风险，并采取合理措施保护自己，设定适当的界限，确保私人信息的保密性。

1. 不要使用全名或照片。在许多社群中，社群成员通过不用全名或使用化名来防止人身攻击。这并不适用于所有情况，在某些专业社群中也是不可接受的。但是，这是合理保护隐私的有效屏障。
2. 只在社群中联系。不要接受成员在其他社交媒体上加好友的请求，除非你在现实中与他们相处愉快并且非常了解他们。如果成员试图在社群之外与你联系，请给他们回一条消息，告诉他们最好在你的社群平台上联系。如果你出于工作原因需要在 WhatsApp 或 Facebook 上与成员联系，请为这些联系创建一个独立的工作账号，并考虑使用备用手机。
3. 将社交媒体资料上的隐私设置设为完整保护。相较于领英，在 Facebook、Twitter 和 Instagram 上更容易做到这一点。你应该重新考虑是否要在领英上列出你当前的工作地点。请注意，如果你在所有账号上都使用相同的用户名或头像，人们就可以通过谷歌反向图片搜索找到你。如果你不希望成员研究你的 eBay 购买历史记录等内容，那就在不同平台使用完全不同的用户名和头像。
4. 切勿在社交媒体资料中透露位置信息。如果你的社交媒体是公开的，就最好不要在其中透露位置信息。一旦人们知道你居住的地区，那就可以轻松地找到你的地址。当你或你的伴侣不在家时，尤其是当你在公司工作或参加社群活动时，不透露位置信息更是明智之举。
5. 匿名注册域名。如果你的个人网站关联你的姓名，那就通过在注册域名时匿名来隐藏你的地址，否则任何人都可以通过搜索网站网址来了解该网站的创建者的信息。
6. 对所有电子邮箱和社交媒体账号都使用双重验证。这使得人们更难破解你的账号。为了获得更好的安全性，请使用身份验证工具，如谷歌的身份验证器，而不是只用短消息作为身份验证选择。

这些措施并不会杜绝你可能遇到的所有问题，但应该会降低你遇到问题的频率和严重程度。如果你正在为组织创建社群，就应该始终坚持完善相关的内部政策，它们可以用来举报所有让你觉得不妥的情况。与大多数风险一样，上述措施中提到的意外事件也是罕见的，但你仍需采取措施去预防和降低风险。

失败的风险

最后一种风险可能是我们最害怕的，那就是没能吸引人们加入我们的社群。这就像举办一个家庭聚会却没有人出现一样，但社群失败的成本要高得多。这不是一种非理性的恐惧，因为它一直在发生，但同时又很少有社群管理员通过制订预案来克服它。

如果你正挣扎于吸引成员的漩涡中，那就可能会面临一些诱惑，幻想出现一系列令人兴奋的想法来提高参与度。请抵御住这种诱惑，这些想法都不太可能奏效，至少从长远来看无法奏效。在找到正确的解决方案之前，你必须了解问题所在。

你的数据可以帮助你。例如，你能够看到新用户采取的每一个行动，并能确定你到底是因为哪一点而失去他们的。然而，这带来了一个新问题：衡量好与坏的指标是什么？如果三个月后，你看到有一半的新用户仍在参与社群，你是应该为失去一半用户感到难过，还是应该为留存一半用户感到高兴呢？[①] 我们需要一些标准来回答这些问题。我的咨询公司收集了数百万个数据点，它们来自数千个形式不同、规模不等的社群。我们将数据主要分为几类，以 95% 的置信区间确定了如表 9-2 所示的基准范围。

① 留存一半用户实际上是一个杰出的成就，为你点赞！

表 9-2　不同规模社群的转化率

社群规模［注册用户数（个）］	邮件订阅者中点击邮件附带链接的用户占比[①]	完成注册的访问者占比	有贡献值的注册用户占比	在三个月后仍然活跃的贡献者占比
极小型（0 ～ 1 000）	2.62%	10% ～ 51%	22% ～ 48%	17% ～ 45%
小型（1 000 ～ 1 万）	2.62%	4% ～ 12%	14% ～ 24%	16% ～ 21%
中型（1 万～ 10 万）	2.62%	2% ～ 8%	4% ～ 19%	16% ～ 20%
大型（10 万～ 100 万）	2.62%	0.3% ～ 3%	1% ～ 11%	12% ～ 17%
超大型（100 万以上）	2.62%	0.1% ～ 2%	0.1% ～ 5%	12% ～ 15%

这里有一点需要提醒大家，以上数据并未涵盖所有类型的社群。我们几乎没有 Slack、WhatsApp 和 Facebook 群组等平台的数据，那些社群的相关数据很可能高出很多或低出很多。我们也几乎没有私人社群的数据，比如付费社群、员工社群，以及那些为了一起出游而组的社群，我预计这类社群的转化率会更高，但我不知道到底高多少。不过，你应该能够通过参考表 9-2 中的数据来定位社群中的潜在问题，并找到解决方案。

BUILD YOUR COMMUNITY

警告：随着社群的发展，转化率会自然下降

当一个社群启动时，它往往会吸引最了解你和对这个主题最感兴趣的人。从本质上讲，这些人是参与度最高的。随着社群的发展，那些对这个主题没有那么大兴趣的人往往也会加入其中，这会导致大多数转化率指标自然下降。你可以看到转化

① 点击率的数据不是现成的，而是从邮件营销公司 Mailchimp 的行业报告中收集而来。

率随着社群的发展而缩水。

这一点可能比你想象的更重要。例如，假设你的老板给了你转化率目标，你当然不想因为随着社群发展而自然下降的指标而被追责。如果你正在寻找要达到的转化率指标，请尝试根据你的社群规模对标指标上限。

在发展社群的过程中，你可能会遇到一些常见问题，下文讨论了你如何识别和解决每个问题的大致路径。

没有足够的吸引力

让足够多的成员养成访问和积极参与社群的习惯并不容易，本书中的建议应该会对你有所帮助，但并非万无一失。社群无法激发出生命火花的原因有很多，你需要制订应对计划。请记住，如果你的社群没有获得足够的关注，第一步是诊断原因，你要在这里问自己几个问题。

第一，是否有足够多的人注册加入社群？社群缺少关注最常见的原因是最初注册社群的人数不足。

在第 5 章中，我说过一个典型的社群需要大约 100 名积极参与的成员才能触发群聚效应。如果没有足够多的人注册社群，你将无法达到群聚效应触发点。那么问题是，至少应该有多少人注册社群呢？我们的指标在这里有了用武之地。

你可以从表 9-2 中看到，在极小型社群中，最多有 48% 的人会参与社群。[①] 新社群在最初阶段肯定会经历极小型的过程，如果我们需要 100 名活跃

① 这只适用于极小型社群，不包括客户支持社群。

的参与者，至少就需要 208 人在社群里注册。[①]

如果你的社群注册量达到了这个数字，那么你的问题就不是让足够多的人来注册，而是如何让他们参与进来。你需要关注人们加入社群后的体验。你要求他们做了什么，他们收到了什么信息，新用户的入群体验是什么样的？你可以调整你的新用户入门流程并逐步改进。如果你的社群注册量没有达到这个数字，那就必须找出原因，这引领我们进入下一个问题。

第二，你是否吸引了足够多的人访问社群？如果最初访问社群的人太少，你就无法获得足够的注册量。人们通常需要先访问，然后才能加入极小型社群。再次回顾表 9-2，我们可以看到有 10% ～ 51% 的访问者可能会注册加入极小型社群。如果我们假设最好的情况，即最多有 51% 的访问者会注册，[②]那么我们需要多少访问者才能获得上面确定的 208 名注册成员呢？答案是大约 408 名访问者。[③]

如果你的访问者数量达标，问题可能就不再是让足够多的人来访问社群，而是如何让他们注册。你需要查看成员在第一次访问时看到的内容，是不是有一项有趣的吸引人的活动能够激励成员参与其中呢？另外，你可以问自己，社群的注册过程容易吗？热点图绘制工具 Crazy Egg 这样的追踪工具可以用来确定成员如何浏览你的社群，你可以据此在入门流程设计中重新设置注册选项。你需要查看大多数成员正在做什么活动，据此改善社群体验。如果以上两种方法都不奏效，那么你的社群理念就有问题，它无法让你的受众产生共鸣。你可以通过举办网络研讨会和线下活动、发布相关主题的文章，来重新检验你的受众研究并测试不同的社群理念，直到你找到真正能引起受众共鸣的想法。

如果你的访问者数量不达标，那就需要继续调查，探究为什么没有那么多

---

① 我们用注册成员参与的最高比例（48%）来计算，$100 \div 48 \times 100 \approx 208$。

② 我觉得这个数据高得离谱。

③ 我们用注册的访问者的最高比例（51%）计算，$100 \div 51 \times 208 \approx 408$。

人访问社群。

第三，你是否向足够多的人宣传了社群？对许多组织而言，最大的问题是一开始很难让足够多的人来访问社群，这通常是因为你的电子邮箱通讯录不够长、社交媒体的粉丝不够多，或者没有官网。

假设我们至少需要 408 名访问者，请记住这是最乐观的情况，你需要的人数可能数倍于此。我们的指标表明只有 2.62% 的人会点开电子邮件中的链接，所以粗略估算，你需要一份由 15 572 人[①]组成的通讯录才能达到所需的访问者数量。如果你的通讯录没有那么长，也不必担心。虽然转化率指标有助于理解，但它也有误导的可能。例如，发送邮件不是一次性的，你可以多发几次，虽然多次发送邮件会导致总的点击率下降，但你应该能够获得超过你电子邮箱通讯录人数 2.62% 的访问者数量。

另外，发送邮件并不是推广社群的唯一方式，你还可以通过公司网站、付费广告、经销商和合作伙伴来宣传你的社群。随着时间的推移，人们也将通过搜索和同行的推荐找到它。

总的来说，你的受众总体就在这 15 000 多人中。当然，对私人社群来说，这个数字会低很多，但是对于一个公共社群，如果没有最初的受众受邀加入社群，就很难启动。

如果你的受众体量达到了这个数字，社群却没有多少人访问，那么你肯定就有信息传达方面的问题。受众要么没有看到社群的价值，要么不相信你会实现你声称的价值。你需要修改宣传方案并重发一遍。顺便说一句，这就是为什么你应该谨慎使用大爆炸式启动，因为那样做就没有第二次机会改变给受众留下的第一印象了。

① $100 \div 2.62 \times 408 \approx 15\,572$。

如果你的受众体量还没有达到这个数字，你就需要扩大初始受众的规模。最重要的是稳步建立一个粉丝群体，最好能将他们归到一份电子邮箱通讯录中。你可以投放社交媒体广告、与行业内有影响力的人和组织建立合作关系，或者通过创建内容和举办活动来吸引人们关注你。

你可以使用图 9-1 来确定和解决初创社群的参与度问题。

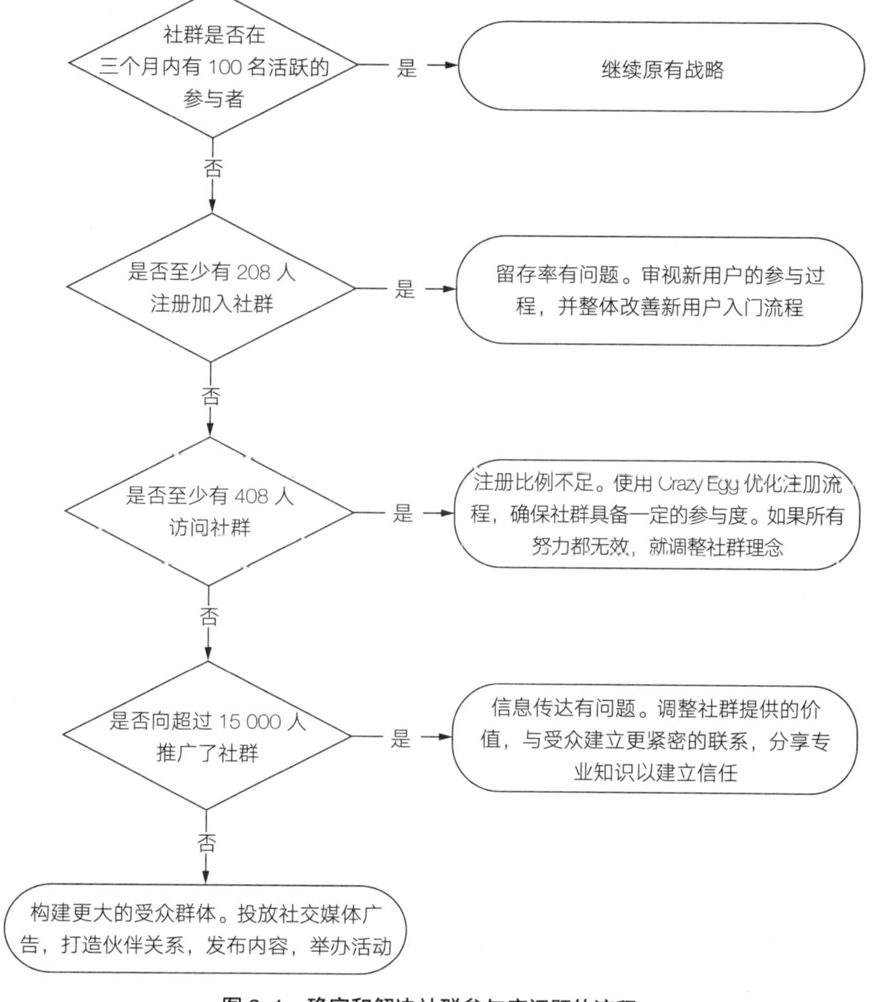

图 9-1　确定和解决社群参与度问题的流程

无法维持参与度

你在为社群奋斗的某个时刻，将不得不面临一个最令人担忧的问题：参与度下降。相信我，没有人愿意当这样的掌舵者，眼看着曾经成功的社群开始下滑。但是别慌，船还没沉！你需要找出参与度下降的原因，然后制订解决方案。

BUILD YOUR COMMUNITY

参与度下降也可能是个好兆头

2016 年，我的一个客户正为参与度下降而忧心忡忡。我们查看了数据，发现访问者数量比以往任何时候都多，但是注册量越来越少，提问的新用户也越来越少。我们对成员进行了一项调查，很快就找到了答案。访问者之所以不再那么频繁地提问，是因为大多数问题已经在社群中有了明确的答复。社群已经完成了它应该做到的事情。

参与度下降并不一定意味着社群有问题。有时，这可能是成功的重要标志。你的社群可能已经回答了成员的大多数问题，或者你的组织可能已经解决了在社群中提出的问题，从而减少了需要寻求帮助的人。因此，当你确实看到参与度下降时，调查根本原因至关重要。如果你为一个组织工作，社群参与度下降时，你就需要数据的支持。

如果社群参与度开始下降，那就是出现了以下情况：社群内的某些事情发生了变化，或者社群外的某些事情，即你的成员发生了变化，抑或是这两者的组合，如表 9–3 所示。

表 9–3　社群参与度下降的原因

社群内的变化	社群外的变化
• 社群的设计变了 • 社群已经回答了大部分问题	• 与其他社群的竞争变大 • 成员习惯有变化

续表

社群内的变化	社群外的变化
• 社群体验变差，比如回应时间变长、不准确的信息变多、有用信息比例变低、垃圾邮件和争吵变多等	• 成员构成有变化，比如年龄和见识水平发生变化 • 成员对社群主题的兴趣变小 • 新用户参与的比例降低 • 公司的客户变少了 • 成员的提问变少了 • 引向社群的搜索流量下降

表 9-3 的内容并不全面，但它是一个很好的起点。你要先弄清楚自己要解决的是哪一种问题，这可以为你节省大量时间和资源。当参与度下降时，人们总是倾向于在社群内发起新的参与计划，但如果下降的原因不是来自社群内部，这种努力就毫无意义。

根据我的经验，社群管理员常常会忽视真正的问题，转而关注可见的问题。我的一个客户觉得，他们社群的参与度之所以下降，是因为暴脾气的老用户正在赶走社群里的新用户。然而，在我们的调查和采访中，几乎没有新用户提到暴脾气的老用户这个问题。当我们深入研究数据时发现，参与度下降的真正原因是，谷歌搜索算法的变化导致了搜索流量下降。我们没有花费大量的时间和精力去说服老用户耐心待人，而是通过删除数千条回复很少的讨论，并调整社群以满足当时的搜索需求来解决问题。一旦我们做到了这一点，参与度就上升到了略高于之前的水平。

失去内部支持

如果你管理一个社群有工资可拿，那么总会有一个时刻，付钱给你的那个人认为这笔钱应该有更好的用处。许多社群管理员都经历过他们的组织突然决定削减社群团队预算的事。造成这种情况的常见原因有两个，首先是来了新的高管，他有不同的战略重点，所以将社群视为奢侈品而不是必需品；其次是环境的突然变化，通常是经济衰退或糟糕的年度财报。由于新冠肺炎疫情的影响，许多社群管理员都被裁了。

你可以通过三种方式来有效降低这种风险。首先，更加重视我们在第 2 章中讨论的利益相关者分析。你应该每月都与每个利益相关者接触，收集他们当前对社群的看法、他们希望在社群中看到的内容，以及他们希望如何更好地参与其中的想法。

其次，以恰当的格式向每个利益相关者发送信息。它不是每个月月末附在电子邮件中的 Excel 表格，而是每月一次喝着咖啡的聊天、一张图片、一段短视频，以及社群成员的故事。每个利益相关者都有不同的偏好，你需要投其所好。

最后，创建一个由社群的主要利益相关者组成的社群指导委员会，他们可以每月会面一次，审查进展，解决问题，并在前进的道路上相互协作。这有助于确保更多的人知晓和理解社群的一切。

遵守四项流程，制订严密的风险防控计划

严密的风险防控计划可以保护你、你的社群和你的组织。制订风险防控计划不仅是明智的，而且是道德的，这里有 4 个关键步骤。

第 1 步，识别风险

你可以使用表 9-4 来识别相关风险，但这不是一个全面的清单，你可以添加其他类型的风险。例如，有人会担心竞争对手通过他们的社群挖走他们的客户，有人则担心来自特定地区的人会参与社群。你可以将每个潜在风险都放入如表 9-4 那样的简单表格中。

表 9-4　社群风险清单

风险类别	子类别	具体风险
法律风险	超级用户	超级用户声称他们的职责足以形成雇佣关系
	数据隐私	社群被黑客入侵，成员的电子邮箱、密码、照片和站内私信泄漏
	创意版权	对于在社群内提出的创意，成员要为自己正名或者索要版权费
	非法内容	成员在社群内非法分享受版权保护的内容或违法的内容
	竞赛	竞赛被认为是赌博或违反了成员所在地的法律
	未成年人	未成年人加入社群并参与活动
声誉风险	负面曝光	记者找到了愤怒的客户或者发现了写有仇恨内容的帖子，据此撰写关于品牌的负面报道
	愤怒的客户	没有快速和有效地回应成员的问题；没有将成员纳入决策过程中；没有对成员的创意和评论做出回应；差别对待成员，使人感到不公平；员工的糟糕行为惹恼了成员
	机密信息被泄露	员工无意中泄露机密信息；员工故意公开机密信息，尤其是近期离职的员工；员工的朋友发布机密信息
对社群成员的风险	冲突	争吵升级，以至于从线上发展到线下
	骚扰	成员公开传播其他成员的私人信息，比如电话号码、地址，以及通过黑客行为获取的信息；成员对其他成员做出对方不期望看到的行为；成员通过私信攻击其他成员，比如欺凌对方
	虚假信息	成员恶意分享虚假信息以戏弄或陷害其他成员；成员发布自我推销的帖子；成员在无意中被其他成员灌输错误信息，而其他成员没有更正，且此等信息可能使成员遭受不公或受到损害
对员工的风险	心理健康水平下降	环境强迫社群管理者在工作时间之外一直登录社群；长期面对尖刻的言辞引发了后遗症；员工得不到足够的关怀和支持
	受到成员的人身攻击或骚扰	在社群内外，成员对社群团队进行人身攻击；成员做出不受欢迎的性骚扰行为；社群团队成员的个人资料被黑客盗取
失败的风险	未能获得足够的参与度	成员对社群不感兴趣；缺少足够多的可触达的受众；因技术缺陷而使成员无法加入或参与活动
	未能确保或维持内部支持	同事不支持社群；同事中有人员变动；战略重点发生转移
	技术上的失败	平台没有像要求的那样运作；技术要求不明或者过低；社群团队和平台供应商之间的关系破裂；社群中充斥着垃圾邮件；未能预见环境的变化

你可以询问你所在行业的社群管理员，他们遇到过什么样的问题，你可能会惊讶地发现一些自己根本没有考虑过的潜在风险。

第 2 步，评估风险

这一步是评估每个风险发生的可能性是低、中还是高，并评估风险确实发生后，其潜在影响程度是轻度、中度还是重度。

评估可能性比评估影响程度更难。要想评估风险发生的可能性，你可以与其他社群专业人士交谈，观察其他社群网站以获取实例，也可以询问同事的意见。

要想评估风险发生后的影响程度，你可以与不同的利益相关者，尤其是法律上的利益相关者交谈，并运用你自己的判断力。你可以在表 9-5 中看到相关内容。

第 3 步，制订防控计划

现在，请根据我在本章里概述的防控步骤，运用你所在组织的资源和你自己的专业知识，制订你的风险防控计划。你不应该一个人制订计划，这是一个协商过程。你要针对每个风险概述你的应对措施，从而主动防止它的发生或在它确实发生时迅速解决。

表 9-5 风险防控计划示例

风险	可能性	影响程度	防控措施	负责人（缩写）
超级用户被认定为雇员	低	中度	在相关条款中规避此类风险。超级用户应当是志愿贡献，有着最低的行为要求，但没有财务报酬	TM
社群缺乏成员的高质量参与	高	重度	进行新用户调研和访谈，找出关键需求和趋势。确定成员不参与的原因。将焦点缩小到几个核心目标上	RM

续表

风险	可能性	影响程度	防控措施	负责人（缩写）
社群中的提问没有得到快速回应	中	中度	与客户支持人员、营销人员、内部开发人员等建立联系，找出愿意帮忙的人，请他们在 24 小时内做出回应	RM
有人在社群中发布敏感信息	中	轻度	立即删除帖子，并告知相关成员分享敏感信息的危险性	SB
社群被言辞激烈的帖子、沮丧的客户和卖货的商家占领	中	中度	RM 直接联系营销团队，获得对主要问题的官方回复。有同理心地回复客户，邀请回头客发帖	RM
社群中充斥着垃圾邮件和自我推销的内容	中	轻度	如果连续两周每天都有超过 15 个这样的帖子，SB 要设定社群内的一些账号需经过审核才能公开发布内容	SB
有人在社群中严重违反行为规范，比如发布性别歧视、种族歧视等信息	中	重度	立即移除违规成员，安抚受害人。告知整个社群，这样的行为是不可接受的	SM
员工发布他们不该发布的信息	中	中度	提供员工培训，提醒新员工我们鼓励的社群参与方式	RM
社群失去高管的支持	中	重度	找出利益相关者，制订他们参与社群管理的计划。与新任高管会面，制作面向高管的资料，说明社群的价值所在	RM

第 4 步，指定直接负责人

正如你在表 9-5 中所看到的，我们还指定了一个人来负责防控每个具体的风险。如果你不采取行动，你的风险防控计划再好也没用，所以每一个风险防控都需要有人负责。如果你是唯一一个管理社群的人，那么你就是这个人。在这种情况下，你要每月检查一次自己为防控这些风险采取了哪些措施。

如果你有一个团队，那么每月都要留出时间来开会讨论是否要更新潜在风险清单。在这些会议中，你们要更新每个风险的可能性和影响程度，检查负责人是否采取了必要的措施，并将出现的新风险添加到列表中。

启动你的社群应该是一次激动人心的冒险，社群会给你和你的组织带来难以置信的好处，但其中的风险也不容忽视。你无法防控所有可能的问题，但可以采取合理的措施来降低每种风险的可能性和影响程度。

本章的目的不是吓唬你，而是让你做好准备。你应该能够自信地前进，因为你已经采取了所有必要的防控措施来确保你的社群蓬勃发展。请记住，这不是一次性工作。你的社群越大，风险就越大，所以必须不断添加和调整你的风险清单和防控计划。只有这样，你才能自信地发展社群，应对可能发生的所有事情。

社群行动清单　BUILD YOUR COMMUNITY

如何保护你的社群不受伤害

- 识别你在启动社群时可能面临的风险。
- 按发生的可能性和影响程度列出每个风险。
- 制订风险防控计划，预防和应对每个风险，并确保有专人负责每个风险的防控。
- 以团队形式开会，每月审查或更新风险防控计划。

十一个小建议，成就一份完美的社群计划书

2018 年，我做了一个简单的调查，询问一些大品牌的社群管理员是否有社群战略。结果令人震惊，超过一半的受访者并没有一个明确的社群战略！

如果没有一个战略，你就是在闭着眼睛开飞机。你不知道自己要去哪里，也不知道该如何抵达那里。你很有可能只是做一天和尚撞一天钟，而没有积极主动地推动社群前进。这是缺乏社群领导力的表现。

如果没有一个战略，你就可能每天、每周或每月都在重复同样的活动，却不知道这些活动是否正确，是否产生了预期的效果。没有战略，你就不可能得到同事的全力支持，也不可能得到高管团队对你所做工作的认可。

如果没有一个战略，你就可能没有深入挖掘你的受众需要和渴望什么。你可能还没有确定你有什么样的技术要求，以及随着社群的成长你的技术要求会如何变化。你甚至可能不知道你需要什么技能、什么时候需要招聘更多的员工，以及你的社群的成本是多少。

除此之外，没有一个好的社群战略的最大表征也许是你会感到不知所措。这种不知所措的感觉来自同时尝试太多的事情，却没有取得任何进展。战略在本质上是你通过分配有限的资源来发挥最大的影响。因此，战略会让你确定优先次序，确保你不会试图做太多的事情。一个真正好的社群战略会将重点放在对你和你的受众真正重要的少数事情上，并将目标设定为把这些事情做到最好。最重要的是，一个好的战略能把你的社群带到一个新的高度。如果你在过去一年中没有看到你的社群有任何进展，或者你仍然在做与一年前相同的工作，那么现在是时候制定或修改你的社群战略了。

这一部分内容将把我们到目前为止学到的所有知识汇集起来，创建一个清晰而连贯的社群战略。我将帮助你从头开始制定你的社群战略，并确保它能创造所有可能的最佳实践。

BUILD YOUR COMMUNITY

一个卓越的战略来自众人的协作

在过去的 10 年里，我得到的一个重要经验是，成功的战略一定要让那些利益相关者参与其中。你不能把你的战略以“既成事实”的方式强加给你的同事，并期望他们关注它。这样做肯定会让你的同事在战略发布的那一刻就对它弃如敝屣。

一个卓越的社群战略不是凭空创造出来的，而是在众人的协作中催化出来的。我们的目标不是制作一份最终文本，而是使每个人达成一致，共同前进。当我和客户一起工作时，我不会几个月都坐在一个黑暗的房间里，等待“天才的火花”降临，创造出一个社群战略。我们的目标应是充当变革的催化剂，在旅途中，你要让人们与你同行。

你把人们聚集在一起，催动人们讨论，以确保组织做出恰当的权衡和取舍，并意识到创建社群所需的资源和面临的风险。相信我，人们喜欢自己对社群有所投入和被咨询的感觉。如果你根本没打算切切实实地开展几十个甚至几百个访谈、研讨会、电话和电子邮件讨论，你就无法制定一个卓越的战略。

社群战略的定稿中的任何内容都不应该让你的同事感到惊讶。这份定稿只是你在这个过程中所促成的所有讨论的总结，它的真正价值在于建立支持和获得执行战略的方向。

一个社群战略由以下几个部分构成：

1. 摘要。
2. 对问题或机会的界定：
   a）社群分析（仅限于已有社群的情况）；
   b）内部分析；
   c）受众分析；
   d）SWOT 分析总结。
3. 社群理念的创建：
   a）指导原则；
   b）组织价值声明；
   c）成员价值声明。
4. 短期战略规划（0～3 个月）。
5. 近期战略规划（3～9 个月）。
6. 中期战略规划（9～18 个月）。

7. 长期战略规划（18 ～ 36 个月）。

8. 技术要求。

9. 衡量指标。

10. 风险防控。

11. 附录。

为现有社群制定战略与为新社群制定战略稍有不同，这里有一部分内容只适用于现有社群，如果你还没有启动你的社群，那就跳过这些内容，但尽量不要跳过其他部分，因为每一个阶段之间都是有逻辑的。

1. 摘要

每个社群战略都应该以摘要开篇，方便那些没有时间阅读完整战略的大忙人。虽然这部分内容出现在前面，但你应该最后再撰写它，否则就不是总结了。你在摘要中应该概述以下 6 点：

- 该战略试图解决的问题或将抓住的机会；
- 这个问题或机会的应对措施；
- 你从研究中获得的关键发现；
- 社群对你、你的组织和社群受众的主要价值；
- 创建社群所需的资源；
- 创建社群需要克服的主要挑战。

摘要不应该超过两页。我经常会在这里绘制一张简单的一页概览图，用来展示社群战略。如果你在一个大型组织中工作，可以据此创建一个包含 5 ～ 10

张幻灯片的简短演示文件，方便与周边同事分享，也易于被人理解。

你撰写摘要的目的是，让别人更容易理解你要做的事情及其意义，并支持你的社群战略，对你说“好，就这么做吧”。

2. 对问题或机会的界定

你的社群应该始终为你、你的受众和你的组织解决一个问题或抓住一个机会。在这之前，你需要通过完成在第 2 章中所涉及的受众研究来定义这个问题或界定这个机会。

对问题或机会的界定应该总结你从研究中得到的东西。请尽量保持简短，有选择地使用一两个最能支持你的研究结果的图表和引语，其他的都放到附录中去。以下是对这部分内容的介绍。

社群分析

如果你已经有一个社群，那就要先分析它现在的情况。不要只贴出显示指标上升或下降的图表，而是要解释这些指标上升或下降的原因，我们在第 9 章中详细介绍了这一点。你应该努力预见并回答你可能会遇到的问题，以下三个问题是最常见的。

- 访问社群的人数是上升还是下降？你需要了解访问总量和来源。这给你提供了一个很好的指标，可以用来说明人们对你的社群的总体兴趣水平，以及兴趣从何而来。现在，请用第 9 章中的方法来解释为什么这个数字有所上升或有所下降。社群和受众发生了什么变化？
- 成员觉得社群有吸引力吗？你需要用社群的贡献总数除以访问者或积极

参与者的总数，这可以告诉你，当成员访问社群时，他们是否认为社群有吸引力。如果答案是否定的，你就要找出原因。在这段时间内，是不是有什么其他的变化呢？

- 成员的所作所为是否对社群有用？这里涉及你对成员行为的价值和影响的衡量。成员是否在为实现社群的目标而做你需要他们做的事情？如果不是，那就要找出原因。

这里有一点需要注意，许多社群流量的上升和下降是有季节性的。在节日和暑假期间，一些社群明显更繁忙，另一些则更安静。你最好使用同比数据，而不是环比数据。所以你要将 2021 年 3 月的数据与 2020 年 3 月的进行比较，而不是与 2021 年 1 月或 2 月的进行比较。同比的数据更具参考性。将社群现在的表现与三个月前比较，往往只是揭示了季节性趋势，而与去年同期的比较会给你带来更多有用的信息。你可以利用这项研究写 1～3 个简明的问题陈述。

BUILD YOUR COMMUNITY

撰写问题陈述

问题陈述是对一个问题及其原因的简要总结。例如："社群的月参与度与去年同期相比下降了 15%。虽然活跃成员仍然有相同的参与度，但活跃成员的数量越来越少。这是由于通过搜索到达社群的新用户减少了。搜索流量的下降既是由于社群的平均搜索排名下降了 2.5 位，也是由于搜索这些词汇的人减少了。"这样的问题陈述清楚地揭示了你要在何处努力才有助于解决这个问题。

内部分析

内部分析的目的是，评估你或你的组织是否有正确的目标和实现这些目标的资源，比如技能、金钱和时间。在这一过程中，你要凸显利益相关者心中的所有问题和担忧。

如果与一个较大的组织合作，我就会尝试举办研讨会，将主要利益相关者聚集在一起，花几个小时来确定社群的目标，相互建立联系，并为每个人提供一个机会来发表观点和建议。如果他们中有人反对，也可以在此时提出来。让持不同观点的人同在一个屋檐下对一个未来的问题进行深度讨论，绝对是防患于未然之举。

如果你不能举办一个研讨会，那就单独采访每个利益相关者。这些访谈应该揭示利益相关者的担忧和愿望。我通常会按总体的提及率对他们的需求和担忧进行排序。你可以在表 A-1 中看到一个例子。

表 A-1　利益相关者对社群目标的建议

优先级	需求、愿望和担忧
1	为中小企业客户提供规模性支持（需求）
2	避免合作伙伴之间的冲突和合作伙伴与己方的冲突（担忧）
3	提高参与度、活跃度和转化率（愿望）
4	增加产品的销售，推动产品所有功能的使用（愿望）
5	找出产品的问题并了解为何有些方面不直观（愿望）
6	开发出便捷高效的客户支持体验（愿望）
7	针对社群成员收集他们在产品方面的成功故事和销售材料（需求）
8	从社群中收集和推广最佳公关故事（需求）
9	在行业媒体上获得报道（愿望）

你确定的社群目标应该来自内部分析。通常，利益相关者口中出现频率最高的目标会成为社群的目标。你应该把目标限定在 1 ～ 3 个，然后就可以开始行动了。

在这个阶段，我还建议评估你的组织是否有足够的技能和资源来执行你们的计划。例如，许多组织试图从零开始创建一个新的社群，他们雇用的社群管理员曾管理过大型社群，但他从未创建过一个社群。这两种工作需要完全不同的技能组合。如果想审查你或你的社群团队的技能，你可以使用一些现成的工具。你也可以在社群分析中列出所有待完善的技能和资源。例如，如果你想启动一个超级用户计划，而团队没有经验，那么先学习这种技能就是个好主意。

关于资源的问题，我们稍后再谈。

受众分析

现在，我们需要弄清楚受众真正渴望的是什么。还记得我们在第 2 章中所做的研究吗？通过受众研究，我们可以找出谁是受众，以及他们想要什么。受众分析的内容就是对研究结果的总结。你应该将受众细分为几个不同的市场，然后分别明确每个细分市场中的受众是谁、他们为什么访问社群或者为什么不访问社群，以及他们想要什么，如前文的表 2–2 所示。

除了受众本身，你也应该利用你的数据，在更广维度上观察你所在行业的变化。从整个行业看，对你的社群主题感兴趣的人是多还是少？新加入的用户会越来越少，还是越来越多？哪些具体的利基市场和新趋势正在出现？在受欢迎程度上，哪些技术在上升，哪些在下降？如果需要一个思考趋势的框架，你可以使用 PEST（政治、经济、社会和技术）分析模型。

你的社群应该始终顺应潮流，而不是与当前的趋势做斗争。最好的办法是尽快融入新的趋势，而不是否定和对抗它们。你要做一个引领者，而不是落伍者。在受众分析部分，你应该列出所有的主要趋势，表 A–2 举了一些例子。

表 A-2 与受众相关的行业趋势

趋势	影响
视频和社交媒体蒸蒸日上	我们需要让平台内外同时支持我们的社群，让人们用他们最熟悉的工具提问
对隐私的担心日益加剧	我们需要允许成员匿名参与，并尽可能少地收集他们的数据
我们的品牌正在失去客户的信任	由于近年来的客户负面体验和公司失信行为，成员越来越不信任我们的品牌。如果不能 100% 确定自己能够履行承诺，我们就不应该对成员做出任何承诺
利基市场正在增长	我们的受众正在越来越多地谈论 ×× 新事物，更多的群体正在加入其中。我们应该把它作为一个关键话题，在我们社群的主页上进行讨论
移动互联网迅速发展	我们的受众在浏览社群时有 50% 的时间使用的是移动设备，所以应该将 50% 的开发资源分配给移动终端

SWOT 分析总结

现在，你可以总结上述的所有研究，形成一个简单的 SWOT 分析报告。

自 20 世纪 60 年代中期以来，SWOT 分析一直是商学院战略课程的特色内容。在 SWOT 分析中，你列出你的社群或组织的优势和劣势，同时列出机会和威胁。优势和劣势应该只包括社群和组织的内部因素，机会和威胁是社群的外部因素。表 A-3 列出了一些典型的因素。

表 A-3 关于社群问题或机会的 SWOT 分析

优势	劣势
列出你的组织或现有社群的独特优势，这可能包括： • 你的组织的规模或经营范围 • 组织客户的激情或热情 • 你已经建立的社群势头 • 你在你的领域内的人脉或声誉 • 内部协作和资源 • 你所使用的社群平台	列出你迄今为止在分析中发现的负面因素，这可能包括优势的反面： • 你的组织的规模和经营范围有限 • 组织客户表现得冷漠或愤怒 • 你现有的社群参与度下降 • 内部竞争激烈、冲突频发、资源有限 • 你所使用的社群平台不佳

续表

机会	威胁
列出你所发现的所有独特的外部机会，这可能包括： • 你可以针对的新受众群体 • 你能满足的成员需求 • 与其他组织的伙伴关系 • 可以利用的新趋势或技术	列出潜在的对社群最大的外部威胁，这可能包括： • 潜在的法律问题，比如数据隐私和安全 • 竞争对手 • 成员习惯或行为的改变 • 给予项目支持的高管突然发生变化

你应该将你所有的关键发现列到 SWOT 分析中。在这个过程中，与大家分享这份文件并征求反馈意见是一个好主意。记住，人们对问题的界定投入越多，就越有可能找到解决方案。总而言之，在界定问题或机会这一点上，你应该明确以下 4 个方面的内容：

- 你在运营社群过程中会面临什么问题，你将如何解决它们？
- 你和你的同事想要通过社群获得什么？
- 谁是你的受众，每个细分市场的受众希望得到什么？
- 在更广维度上有哪些新的行业趋势？

背景研究是基础，在此基础上你才能进行社群的其他工作。当一个社群的运营出现问题时，我通常可以追溯到没有做充分的研究，或者更糟糕的是，做了充分的研究却视而不见。

3. 社群理念的创建

现在，你已经完成了背景研究，可以开始为社群描绘愿景，明确它对社群成员和你的组织的价值，这就是我所说的社群理念。

如果这个理念是正确的，它就会成为吸引成员的磁铁，使他们不断回到社群，为他们自己和你的组织创造令人难以置信的成果。如果这个理念是错误的，那你的社群即使爆出点点火花，也无法形成燎原之势。通常情况下，拯救一个失败社群的方法是用一个更好、更强大的社群理念来重新启动它。

创建一个社群理念并不是一个“天才火花”般的创造行为，它只是按照你的研究得出的自然、合理的结论。通过利用你的组织的优势和机会，同时规避劣势和威胁，你就能创建或完善社群理念。

BUILD YOUR COMMUNITY

考虑当前的多种选择

如果你是为一个组织工作，在制定社群战略的这个阶段，关于社群可能是什么样子的，你可以提出多个选项。这并不是很麻烦，但却有助于获得整个组织对你的社群的支持，并能确保每个人对最终结果有发言权。

这里有两种方法，一种方法是按照风险大小来提供选项。例如，你提供三个选项，一个是与你现在所做的相似的理念，一个是有一点风险的理念，还有一个是风险最高的“天马行空”般的理念。另一种方法是，根据你可以服务的不同受众提出不同的理念。

2020 年，我受雇于丝芙兰，为其本就很成功的社群制定战略。这个社群有着很高的参与度，却受到不断变化的趋势和技术的冲击。我没有提出单一的愿景，而是利用趋势和研究提出了 4 个可能的理念，并列出了每个理念的优点和缺点。因为每个人在这个过程中都有发言权，所以大家对最后的解决方案感到非常满意。

你的社群理念有三个部分：指导原则、品牌价值声明，以及成员价值声明。

指导原则

指导原则应该是一组 5 ～ 7 个限制性条件，它将你的社群的范围和重点缩小到几个具体的领域。你的指导原则应该明确社群的服务对象、社群对组织的价值、社群对成员的价值、社群的独特之处，以及社群可能需要克服的关键挑战。这就是你的 SWOT 分析的真正用处。确立指导原则能够让你有意识地放弃你的社群可以涉足的一些领域，把所有精力集中在少数几个你可以做得更好的领域。我建议你在确定指导原则时将以下 5 条包含在内。

- 原则 1：决定社群的目标受众。你要概述社群为谁服务，以及不为谁服务。社群应该是为你的受众中的特定部分服务的。如果它是为所有人，比如“我们所有的客户”服务的，那么它实际上就没有服务于任何人。你可以以后再扩大目标受众，但开始时应只关注一个或两个受众群体。
- 原则 2：列出社群对成员的独特的强大价值。你要解释为什么这个社群能够满足成员相关的紧急日常需求。他们的这种需求在其他地方无法得到满足。如果需求不紧急或与他们的日常生活不相关，成员就不会经常访问。同样，你可以使用你的受众研究来回答这个问题。在满足这一需求方面，你的社群不应该面临任何竞争。
- 原则 3：列出社群对你和你的组织的价值。你的社群对你的组织有什么不可或缺的影响力？在这里，你需要描述得非常具体。你的组织遇到的哪个紧迫问题是只有你的社群才能解决的？对你和你的同事来说，解决这个问题的需求是紧急的、直接的、相关的吗？
- 原则 4：列出你需要成员做什么来实现上述价值。尽可能简洁地说明成员必须采取的关键行为。说服成员做你想让他们做的事是你必须赢得的关键之战。如果到目前为止你还没有成功，那就要明确是什么阻碍了成员采取行动，并提出你有什么独特的新方法来克服它。

- 原则 5：解释社群如何实现可持续发展。你可以利用上文提及的机会和威胁，解释为什么你的社群将在一个不断变化的世界中存活。社群将创造什么样的可持续竞争优势来保持社群的黏性？答案可能是社群创造的独特资产、对受众的特别关注，或者无论受众使用何种平台社群都有随机应变的思路。

如果需要的话，你可以列出 5 条以上的原则，但尽量不要超过 7 条。你的原则将你的工作限制在几个核心领域，同时为战略的提出和发展留出了足够的空间。这些原则是你社群战略其他部分的护栏。

BUILD YOUR COMMUNITY

一个指导原则的例子

如果你发现自己在制定指导原则时有困难，那就来参考一下我分享的这个客户的例子。

- 原则 1：我们的社群是为我们的中小企业客户服务的。我们欢迎其他群体，比如大型企业和合作伙伴加入社群，但我们社群的不懈使命是支持中小企业客户这个受众群体。
- 原则 2：我们社群的独特资产是速度和质量。在获得产品问题的解决方案上，我们的社群将提供比填写客服请求单或使用搜索引擎更快、更好的回应。我们的社群将努力快速解决成员遇到的每一个产品问题，并积极主动地解决他们甚至还不知道的问题。我们将带着同理心和对成员情感需求的尊重来做这件事。
- 原则 3：我们的社群是扩展我们客户支持工作的最佳方式。规模较小的客户负担不起高级支持，但他们却占据了我们客户支持团队的大部分时间。这个社群使我们能够大规模提供高质量的快速回应。我们也知道成员希望得到同类的回答，而这个社群提供了这种支持。

- 原则 4：为了社群的成功，我们的客户支持工作必须以“社群优先”为目标。有一点至关重要，我们要让每个客户在提交客服请求单之前先到社群寻求答案。在所有可能的机会中，我们将把社群定位为解决问题的优先途径。
- 原则 5：我们将像对待王室成员一样对待我们的超级用户。我们社群的生死取决于少数成员回答大多数问题的意愿，所以我们将利用一切机会为顶级成员提供 VIP 体验，以鼓励他们回答和解决问题。
- 原则 6：我们将跟随我们的成员，无论他们将转移去哪种渠道。我们认识到，社群成员正在通过越来越多的渠道来相互沟通并获得支持。我们的社群不受技术的限制，我们将在成员使用的每一种媒介上与他们见面，并跟随他们转移去任何他们偏好的渠道，为他们提供所需的支持。

由于这些原则将指导你在制定战略过程中所做的一切，因此在进一步开展工作之前，请确保你获得了组织对它们的支持。你可以在与同事的研讨会上一次性解决问题，或者逐条分析，介绍其由来，并消除你同事的所有顾虑。

组织价值声明

现在，你可以更具体地思考你的社群该如何帮助你或你的组织了。你应该设定社群的短期、中期和长期目标，并明确用来追踪的关键指标。我们可以通过参考前文的社群目标路线图来形成组织价值声明。表 A-4 构建了一个组织的社群目标路线图。

表 A-4　某个组织的社群目标路线图

短期目标 （0～1年）	中期目标 （1～2年）	长期目标 （2～5年）
通过社群解决 25% 的客户支持方面的问题	通过社群解决 50% 的客户支持方面的问题	通过社群解决 75% 的客户支持方面的问题
将客户对我们支持工作的满意度提高 15%	将客户对我们支持工作的满意度提高 30%	将客户对我们支持工作的满意度提高 45%
为产品开发收集 5 个洞见	为产品开发收集 15 个洞见	为产品开发收集 30 个洞见
	利用社群的数据和创意来验证组织的开发重点	利用社群的数据和创意来验证组织的开发重点
	生成 25 个优质的推荐	生成 25 个优质的推荐
	公布 10 个可使用的案例研究	公布 30 个可使用的案例研究
		建立一个客户最佳建议的信息库
		通过社群指导，增加新用户的留存率
		在主要的社群比较网站上生成 50 多个评论

目标的实现需要一个过程，你不可能从第一天起就获得你想要的一切。相反，你要专注于缓慢的反复的改进。随着时间的推移，比起一开始，工作会越来越容易。你不可能在第一天就会回答每一个问题或招募到一小队支持者，你的目标可以是在三个月内回答 25% 的问题，并招募到 5 名超级用户。

我们现在可以在这个路线图的基础上创建一个简单的价值声明。我总是试图使这个价值声明具有启发性，所以需要让所有读到它的人都感到振奋和兴奋。

组织价值声明的例子

在短期内，我们的目标有以下三点：

- 以比其他支持渠道更低的成本解决客户支持问题；
- 通过在社群体验中体现对客户的深切关怀来提高客户满意度；
- 听取我们成员的想法，并利用这些见解来改善我们的产品、服务和营销。

从长期来看，我们将在达到上述所有目标之外，做到以下几点：

- 将我们的客户置于我们决策过程的核心位置，并利用他们的反馈来指导我们的工作；
- 将社群作为我们获得真实评论、推荐、案例研究和公关故事的主要来源；
- 将所有新客户带入社群，让他们接受有经验的专业人士的指导，减少我们客户的流失率；
- 建立一个由成员创建的不断更新的最佳实践案例馆，以便成员更好地使用我们的产品和服务。

成员价值声明

在成员价值声明中，你需要明确为什么成员会加入并参与你的社群，社群对他们的价值是什么。答案应该直接来自你所做的受众研究。

成员价值声明的例子

这个社群将赋能并鼓励成员做到以下 4 件事：

- 迅速获得每一个潜在产品问题的解决方案，并能在问题出现之前解决它；
- 学习如何从我们的产品和服务中获得最大利益；
- 感到自己是社群使命的特殊部分，能够影响我们的产品和战略决策；
- 成为有追随者的意见领袖，有人向他们寻求建议和专业知识。

在成员价值声明中，人们通常会列出成员可能想要的所有好处，但这不是战略性的，而是一厢情愿的想法。你需要忽略大多数好处，关注你能提供的少数核心利益。不要试图做所有的事情，而要把 3 ～ 5 件事情做到最好。

4. 短期战略规划（0 ～ 3 个月）

现在，你已经确定社群理念，是时候制订计划来实现它了。

战略规划概述

在描述社群战略的每个阶段时，你可以先为你的战略规划做一个简单的概述。在写概述时，有些组织喜欢使用“目标和关键结果”这个框架，它以一个大目标开头，然后列出在战略规划的时间段内必须实现的小目标。例如，在前文客户支持社群的例子中，大目标可以是创建一个可扩展的客户支持模式，小目标可以是开发和启动一个社群，吸引 200 个活跃的参与者，有效地回答 50% 的问题。表 A-5 是一个短期战略规划的例子。

一页长度的战略规划概述

我发现，为社群战略的每个阶段创建一页简单的战略规划概述并将其与摘要并列，这种做法非常有用。

我们已经有了社群目标，在这份概述中就要清楚地说明我们需要成员做出什么行为、我们将使用何种战略或激励原则来让他们做出某个行为，以及我们将采用什么战术来实现这些战略。这些都应该来自你已经完成的受众研究。

表 A-5　某个组织的短期战略规划

项目	具体说明
大目标	• 通过社群解决 25% 的客户支持方面的问题 • 将客户对我们支持工作的满意度提高 15% • 为产品开发收集 5 个洞见
小目标	• 让 500 名新用户在社群中提问，而不是找客户支持人员 • 让超级用户回答社群中 50% 的问题 • 确保每个问题在 24 小时内得到解答 • 让超级用户分享 50 个关于新产品的创意
战略	• 让新用户感到标准的流程是在打电话给客户支持人员之前先在社群内提问 • 让超级用户感到自己是社群内的 VIP • 让同事觉得，通过在其他人可以看到答案的地方回答问题来防止出现更多来自下游的问题，这是一个聪明的方法 • 通过在固定窗口期呈现具体的创意来创造一种稀缺感
战术	• 将社群设置为我们公司网站主页上的一个明显的导航标签 • 发送一系列入群邮件，使新用户在社群内提问时感到自信和安全 • 将“联系我们”区域移至页面底部，并在其中显示社群中的提问 • 我们的社群将逐渐呈现所有典型的客户支持类问题，变成主要的客户支持服务提供网站 • 与参与度前 3 ～ 5 名的成员联系，邀请他们加入一个私人群组

续表

项目	具体说明
	• 在私人群组中发送未回答问题的链接，以便成员能够提供答案 • 获得内部批准，先在私人群组中分享独家新闻 • 发起定期讨论，征求和回应社群内顶级成员的意见 • 在我们的年会上为超级用户提供 VIP 待遇 • 设计社群时要求能够显示提问得到回应所用的平均时间和提问得到解答所需的回应数量，并尝试每月减少该时间 • 在 24 小时内回复任何未得到回答的问题，如有需要则升级处理 • 举办系列研讨会，鼓励同事参与社群活动，防止以后出现更多问题 • 在社群的“联系我们”区域嵌入相关提问，成员也许会先试着解答 • 每三个月进行一次活动，以征集对某个特定主题的反馈和想法 • 顶尖的创意被添加到一个短清单中，成员可以对他们最喜欢的创意投票，并能用自己的专业知识完善和细化所喜欢的创意

如何选择你的战术

想出几十种战术来实现一个目标是很容易的，真正的挑战是将它们缩小到核心的几个，使其产生最大的影响。你可以使用三个标准来确定正确的战术。

- 这种战术将覆盖多少人？最好的战术是那些能够覆盖最大比例的目标受众的战术。覆盖指的是受众不仅收到了信息，而且阅读了信息，并能想起它。例如，从技术上讲，一封群发邮件可能会进入每个人的收件箱，但很少有人会既阅读它又能想起它。在公司网站主页上显示社群标签可能更有效果，因为成员对他们正在看的东西会更有参与的兴趣。
- 这种战术在多大程度上会改变成员的行为？它是否会以一种积极的方式深刻地改变成员在社群内的行为？同样地，一封群发邮件远不如社群管理者直接发送的私信更有可能改变成员的行为。通常情况下，覆盖率是以深度为代价的，你需要在这两者之间找到一个平衡。
- 这种战术对成员行为的改变将持续多久？有些战术是新奇事物，很快就会失效，有些则会导致行为上的长期变化。有时，在尝试某个战术并看到影响的持久性之前，你无法知道这个问题的答案。

我们可以用这些标准来推测出满足我们需求的最佳战术。例如，在社群中创建一篇博文可能不会被大量的成员看到，不太可能改变成员的行为，如果有所改变，无论是什么样的变化，都不可能持续很长时间。然而，像创建一个超级用户计划或详细的新用户入门流程这样的战术可能会在三个标准上都表现得更好。最初，你只能利用自身判断力来选择战术，但当你开始获得数据时，就可以修剪那些不起作用的战术并测试新的战术了。

BUILD YOUR COMMUNITY

不要一下子选择太多的战术

在电视真人秀节目《厨房噩梦》（*Kitchen Nightmares*）中，名厨戈登·拉姆齐（Gordan Ramsay）在拯救濒临歇业的餐厅时，几乎每次都会立即做一件事，那就是删减菜单。这背后的原因很简单，如果一家餐厅提供数百种菜品选择，其中是否有可能每道都好吃呢？或者，你会相信那些提供100种菜品选择的餐厅吗？相反，最好的做法是只提供5～6道菜，这样的餐厅才可能出类拔萃，让顾客满意。

我们在一些咨询项目中常常会遇到类似的情况，当然，我们的项目里没有摄像头和冒犯性评论。我们做的第一件事就是让社群团队列出他们正在执行的每一项战术。通常情况下，我们会发现他们正试图同时做几十件事情。我们试图找出真正重要的5～7个战术，并指导团队更好地执行这些战术。

不要落入试图同时执行10多个战术的常见陷阱中。如果你把时间分成碎片，就不可能取得更大的成果。如果战术是正确的，5～7个通常就足够了，但这并不意味着你在战略的每个阶段都只列出5～7个战术，因为有些战术可能是一次性行动，不会持续整个阶段。但这确实意味着，你在任何时候都只应该执行5～7个战术。

识别资源

对于你打算采取的每项战术，你都应该能够回答表 A-6 中的 5 个关键问题。

表 A-6 选择和执行一个战术需回答的 5 个问题

问题类型	问题
目标受众	这一战术具体针对社群内的哪些人
行为变化	这一战术旨在使成员行为发生什么变化
执行	该战术的执行过程要分成哪些步骤
负责人	战术的每个步骤分别由谁来负责执行
资源	要很好地执行这一战术，需要多长时间、多少资金、哪些技能，以及谁的批准

BUILD YOUR COMMUNITY

战术实例 1：为新用户创造一个入门流程

表 A-7 是一个战术的示例，它包括目标受众、期望的成员行为变化、简要描述、各个执行步骤和所需资源。

表 A-7 为新用户创造入门流程的战术

问题类型	具体答案			
目标受众	新用户（在过去三个月内加入，贡献少于三次）			
行为变化	在社群中提问，而不是打电话给客户支持人员			
战术描述	创建一系列入群邮件，使新用户感到有信心和有安全感，能够在社群内提问			
执行	与技术团队会面，以确保我们有能力运行一个电子邮件自动化系统	注册电子邮件自动化系统，与设计师合作创建邮件标准模板	创建一系列的邮件，每封邮件都侧重于消除成员对于自己在社群中分享这一行为的担忧，并告知其潜在回报。每次都要提供社会认同	在每个月的月底检查邮件的打开率并调整邮件内容

续表

问题类型	具体答案			
时间（小时/月）	2	8	12	3
成本（美元）	0	2500	0	0

不要只是简单地想一个战术，而是要把它分解成不同的步骤，并估计每个步骤需要多长时间。这一做法的重要性怎么强调都不为过。通常情况下，一件事情看似简单，比如“让我们发送一封电子邮件来宣传社群”，但如果你需要得到市场部的批准、雇用一个设计师，以及在发送前进行校对，那实际上就需要花费很多时间。

事实上，如果你想很好地执行战术，那就可以花时间研究一下哪些战术在过去是成功的，然后进行分割测试，根据成员已经提供的信息创造更个性化的体验。

BUILD YOUR COMMUNITY

战术实例 2：为参与度前 3 ～ 5 名的成员创建一个私人群组

让我们基于前文中涉及的一些材料来举第二个例子。假设你想让超级用户回答更多的问题，你的战略是让他们觉得自己是社群中的 VIP，你的一个战术是为参与度前 3 ～ 5 名的成员创建一个私人群组。这似乎很简单，只要在你的网站上建立一个群组，并邀请一些人加入。滴答，工作完成了，对吗？

大错特错！创建一个群组很容易，但创建一个成功的群组就有点复杂了。想一想获得成功的每一步中，专业水平的群组会是什么样子？你可能首先要花时间与每个人建立关系，给他们打电话、发信息、征求意见，并准确了解他们的需求。这可能需要几周时间。

一旦完成了这一步，你就可以借助之前的互动，直接发出友好的邀请。你可以说明你为什么渴望他们加入一个私人群体，并强调你为什么认为他们会受益。你可以在每个成员之间进行直接的个人介绍。一旦这个群组开始运行，你就需要像驾驶赛车一样运营它，这意味着你要发起活动和维持群组活跃度。你可以征求群组成员对社群决策的意见，提供关于你的产品的培训，让他们自荐运营或管理社群的各个板块。你还可以不断地在社群里推荐他们。

现在你可以看到，在专业水平上执行这一战略需要更多的时间和资源。幸运的是，通过将战术的数量减少到只有核心的几个，我们获得了做这件事的时间，如表 A-8 所示。

表 A-8　为顶级成员创建私人群组的战术

问题类型	具体答案				
目标受众	最活跃的成员				
行为变化	在社群内回答更多的问题				
战术描述	为顶级成员创建一个私人群组，让他们感到自己是 VIP，并更有动力参与社群活动				
执行	与参与度前 3 ～ 5 名的成员建立关系，并邀请他们加入私人群组	为社群员工和参与度前 3～5 名的社群成员创建一个私人 WhatsApp 群组，让他们能直接联系	把未回答的问题的链接发到群组中，以便成员能够提供答案	获得内部批准，先在私人群组中分享独家新闻	定期发起讨论，征求和回应顶级成员的意见
时间（小时 / 周）	3	1	1	2	3
成本（美元）	0	0	0	0	0

配置资源和制订预算

把你想做的所有事情都列成清单，这样做很容易，但它不是战略，而是一厢情愿的想法。战略是你在认识到资源有限的情况下，合理配置这些资源，从而取得最好的效果。对于你战略实施的每个阶段，你要列出所需的时间和预算，尤其注意区分那些一次性活动和长期性活动，如表 A-9 所示。

表 A-9　社群短期战略的战术预算（12 周）

战术	成本（美元）		时间（小时）	
	每周投入	一次性投入	每周投入	一次性投入
将社群设置为我们公司网站主页上的一个明显的导航标签				5.00
发送一系列入群邮件，使新用户在社群内提问时感到自信和安全		2 500		25.00
将“联系我们”区域移至页面底部，并在其中显示社群中的提问				2.00
我们的社群将逐渐呈现所有典型的客户支持类问题，变成主要的客户支持服务提供网站				15.00
与参与度前 3 ～ 5 名的成员联系，邀请他们加入一个私人群组			1.00	4.00
在私人群组中发送未回答问题的链接，以便成员能够提供答案			1.00	
获得内部批准，先在私人群组中分享独家新闻			2.00	
发起定期讨论，征求和回应社群内顶级成员的意见			3.00	
在我们的年会上为超级用户提供 VIP 待遇		6 500		25.00
设计社群时要求能够显示提问得到回应所用的平均时间和提问得到解答所需的回应数量，并尝试每月减少该时间		3 000		8.00
在 24 小时内回复任何未得到回答的问题，如有需要则升级处理			10.00	
举办系列研讨会，鼓励同事参与社群活动，防止以后出现更多问题				8.00
在社群的“联系我们”区域嵌入相关提问，成员也许会先试着解答				3.00

续表

战术	成本（美元）		时间（小时）	
	每周投入	一次性投入	每周投入	一次性投入
每三个月进行一次挑战，以征集对某个特定主题的反馈和想法				4.00
顶尖的创意被添加到一个短清单中，成员可以对他们最喜欢的创意投票，并能用自己的专业知识完善和细化所喜欢的创意				4.00
小计		12 000	17.00	103.00

这是一个很好的预算，但它不包括技术和人力成本。为了估算人员配置，我们需要先计算 12 周内一次性工作时间的周平均值，然后将其与每周的重复性工作时间相加。这样，在表 A-9 的例子中，平均每周需要分配的工作时长就是25.58小时[①]。如果我们考虑到社群管理者有可能被叫去参加其他会议，并且偶尔会休假，那就可以认为这个项目在这个阶段已经需要一个独立的社群管理者了。

如果我们估计一个社群管理者每年的工资为 7.5 万美元，将其与估算的平台成本相加，比如每年 8.5 万美元，那就可以得到每年固定的平台和人力成本。如果按每年 52 周估算，就能算出这 12 周的成本，如表 A-10 所示。

表 A-10　社群短期战略总预算（12 周）

项目	成本（美元）		时间（小时）	
	每周投入	一次性投入	每周投入	一次性投入
战术成本	（1 000）	12 000	17.00	103.00
配置一个全职员工的人力成本（52 周中的 12 周）	（1 442）	17 308		
平台使用费（52 周中的 12 周）	（1 635）	19 615		

① （17 × 12+103）÷ 12 ≈ 25.58（小时）。——编者注

续表

项目	成本（美元）		时间（小时）	
	每周投入	一次性投入	每周投入	一次性投入
每周成本	4 077		25.58	
总成本		48 923		307

现在你有了一个完整的预算方案，大致知道社群将花费多少钱，需要哪些技能和资源。更重要的是，一旦有了预算，你就可以据此开展额外的活动，能够要求增加工作人员。因此，为你的社群制订准确的预算是一项重要的技能。

BUILD YOUR COMMUNITY

需要在前期投入的成本

如果你打算在一个企业平台上推出一个新的社群，就要注意很多成本是前置的。这意味着很可能一开始，社群的创建和运营就会产生大量的费用，这将使社群看起来比实际情况更昂贵。最好的办法是，把这些成本平摊到整个战略阶段。你可以看到我们在前面的预算示例中也是这样做的。

5. 近期战略规划（3 ～ 9 个月）

一旦你知道如何规划一个战略阶段，规划其余阶段就不难了，只需复制同样的过程。接下来，你可以做社群的近期战略规划（3 ～ 9 个月）、中期战略规划（9 ～ 18 个月）和长期战略规划（18 ～ 36 个月）。

随着社群的发展，社群的优势应该日益明显。因此，你应该预计社群能够获得更多的资源。我通常会假设，每个阶段或每年的资源投入会增长 15% ～ 25%。随着时间的推移，你可以利用这些资源来达成利益相关者提出的更多目标。

在近期战略阶段，你可以开始发展一个社群团队，与你一起工作。对于社群团队的结构、技能及每个人的职责，你都要心中有数。图 A-1 是一个社群团队的结构示例。你可以用很多工具来绘制你的团队结构，网上也能找到可用的结构模板。

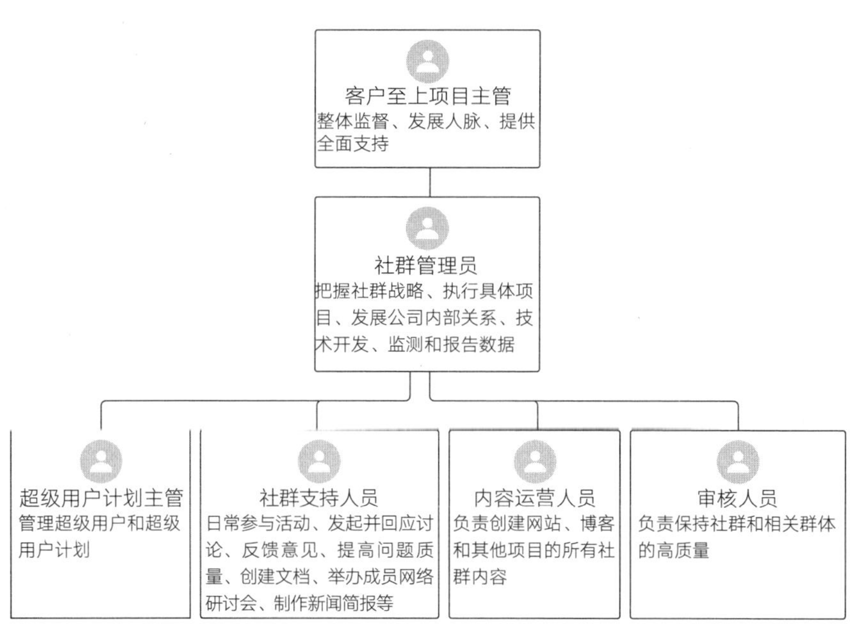

图 A-1　一个社群团队的组织架构

BUILD YOUR COMMUNITY

深耕现有战术

如果你想在社群战略的某个阶段引入新战术，就要思考一下，对于已经发挥作用的战术加大投资、扩大规模是否能获得更大的收益。

例如，如果你的超级用户计划进展顺利，那就邀请更多的人加入。如果新用户正在参与社群活动，那么就进一步优化新用户的入门流程，或者为每个细分市场的新用户创造不同的入门流程。当然，有时你需要引入全新的战术来实现你的目标，但大多数时候，最好的做法是深化你已经在做的事情。

6. 中期战略规划（9 ～ 18 个月）

现在，你可以按照前面列出的图表规划社群的中期战略了。在这一阶段，你应该假设你的资源比开始时多 30% ～ 60%。如果你打算改变社群平台，就应该在中期战略中体现，而不是在近期战略中。

有时，像大型技术平台迁移这样的项目可能需要比 9 个月更长的时间。在这种情况下，一个战术可能会在战略规划的几个阶段都被提及。你一定要把招聘列为一项战术，并明确列出所需的技能和资源。如果你为一个大型组织工作，那就应该在这个阶段花大量时间获得和维持内部支持。

规划中期战略时请使用与短期战略规划相同的结构，并根据需要更新你的战术。

7. 长期战略规划（18 ～ 36 个月）

现在，是时候考虑长期的愿景了。三年后，这个社群会是什么样子？你的社群的全部潜能是什么？你可以假设，你的社群资源在三年后已经增长了 100% ～ 300%，社群正在快速发展。

在规划长期战略时，试着在资源充足的情况下尽可能多地完成你的目标。你要思考社群团队可能是什么样子的、社群需要招聘具备什么技能的人员，以及社群需要建立什么样的系统来实现愿景。你也要考虑技术方面的影响，如果你有一个大的技术变革的想法，最好能提前一年提出这个想法，并对其进行规划。

8. 技术要求

撰写技术要求并不是制定战略过程中最有趣的部分，但它很重要。如果你不能写出准确的技术要求，以后就会出现无数的问题。在这里花额外的时间将会得到数倍回报。

如果你要从零开始启动一个社群，就会经历我们在第 3 章中描述的平台选择过程。如果你在为一个组织工作，那就一定要思考谁需要参与进来，并把他们带入这个对技术要求的确认过程中来。

你要列出你打算使用的平台类型并说明原因，要设计完整的社群体验，并参考战略各个阶段的目标，从而创建用例。然后，你就可以列出你在战略各个阶段的技术要求了。请记住，每个用例都应该转化为一个具体的技术要求。

最后，你要确定设计的优先级。哪些功能和活动召集公告应该在社群内得到优先考虑和展示？在帮助你达成目标方面，它们应该最有效果。在技术要求这一点上，你不需要制定整个网络规范，那是一个单独的工作环节，但你和你的同事确实需要对社群的外观和功能达成广泛的共识。

9. 衡量指标

很好，你已经基本制定完你的社群战略了！但你如何知道它是否有效呢？所以，下一步是建立你的衡量框架。社群网站收集了大量数据，你几乎可以追踪社群中的每一次点击和行动，这很容易让你迷失在数据海洋里。你应该衡量的是，成员在你的社群中花了多少时间、社群有多少注册量，以及参与者有哪些人口统计学特征。

你不要因为可以收集到大量数据，就对数据贪得无厌。回顾一下你的战略规划，由此确定哪些指标最能反映其成效。如果你的战略规划得好，这一步就应该不会太难，因为你早就已经设定了目标。表 A-11 就是一个衡量表的例子。

表 A-11　社群目标完成情况

目标	类别	月份								
		1	2	3	4	5	6	7	8	9
大目标 1 通过社群解决 25% 的客户支持方面的问题	目标数据	10%	13%	15%	18%	24%	28%	34%	40%	45%
	实际数据									
大目标 2 将客户对我们支持工作的满意度提高 15%	目标数据	10%	13%	15%	18%	24%	28%	34%	40%	45%
	实际数据									
大目标 3 收集 4 个客户关于产品的洞见并由产品开发团队验证	目标数据	0	0	0	0	0	2	0	2	0
	实际数据									
小目标 1 让 500 名新用户在社群中提问	目标数据	10	20	30	40	50	60	70	80	90
	实际数据									
小目标 2 让超级用户回答社群中 50% 的问题	目标数据	0	20%	25%	30%	35%	40%	45%	48%	50%
	实际数据									

续表

目标	类别	月份								
		1	2	3	4	5	6	7	8	9
小目标 3 确保 80% 的提问在 24 小时内得到解答	目标数据	50%	55%	60%	65%	70%	73%	77%	80%	85%
	实际数据									
小目标 4 让超级用户分享 50 个以上关于新产品的创意	目标数据	0	0	0	10	15	0	0	10	15
	实际数据									

我们只衡量那些反映我们的战略是否成功的指标。因为在一开始就清楚目标是什么，所以如果实际数据高于或低于原定标准，我们很早就会注意到。收集数据和计算每个指标的方式会因平台而异，但无论采用什么平台，你所使用的衡量指标都应该是一致的。

BUILD YOUR COMMUNITY

参与度指标有用吗

我在上一本书《不可或缺的社群》（*The Indispensable Community*）中指出，大多数人之所以衡量参与度，并不是因为它是最好的指标，而仅仅是因为它是最容易衡量的。但只限于在并不十分复杂的情况下，参与度指标才是最佳选择。

例如，如果你没有达到目标，参与度指标可以帮助你找到原因。你可能会发现某个战术的执行没有达到足够的目标人数，没有产生预期的影响，或者没有达到足够的影响时长。参与度指标有助于你完善或改变你正在使用的战术。

10. 风险防控

在这一部分，你应该识别并防控启动社群过程中所涉及的风险。你可以使用第 9 章的表 9-5，把所有风险和你为防控每个风险所采取的措施都写进表格里。记住，一定要为每个风险的防控工作指定一个负责人。

这里是解决利益相关者提出的问题的好场合，你可以向他们保证自己会认真对待每一个风险。如果你一开始花时间深入了解他们的担忧，并制订一个计划来解决这些问题，你就更有可能得到他们的支持。

11. 附录

最后，你可以在计划书中加入附录，其中包括调研情况、背景信息、所有重要的模型和思想，以及参考文献。这不应该是为了证明你有多努力而进行的数据倾销，而应该是一套精心策划的支持信息，可以用来回答其他人可能提出的大多数问题。

是否有社群战略决定了是专业还是业余。业余人士访问社群、对活动做出回应，再观察一下事情的进展；专业人士每天都在努力工作，积极主动地发展社群。专业人士有一个战略，一个预先回答他们可能遇到的大部分问题的战略。

一个社群战略表明了你所需要的技术要求，强调了你在招聘员工时需要寻找的技能。它可以帮助你确定优先次序，决定自己现在应该做什么以及如何做好它。也许最重要的是，它能确保你合理配置有限的时间和金钱，从而产生尽可能大的影响。

记住，制定战略是一个协作的过程。你不应该闭门造车，你提交的最终战略中的任何内容都不应该让你的同事感到惊讶，因为它是你与他们无数次讨论后的结果。如果你做得对，你就会得到一个战略，使你所做的一切都服务于明确的目标，而且你的同事也会加入其中。这个战略将明确你的受众需求，并确保你能支持和满足这些需求。一个卓越的战略有助于你和你的组织给成员提供最好的社群体验，并让他们从社群中获得最大的利益。

社群行动清单　BUILD YOUR COMMUNITY

如何写出一份完美的社群计划书

- 进行详细的社群分析，以确定你现有社群的情况，了解它需要哪些改变。摸清每个问题的底细，写出清晰的问题陈述。
- 采访利益相关者，确定他们的愿望、担忧和目标。针对这些需求，创建一个有优先级的列表，以帮助你确定社群目标。
- 研究你的受众，确定具体的细分市场及其需求。
- 做一个针对社群目标的 SWOT 分析，总结你所有的背景研究。
- 创建你的社群理念，包括指导原则、对组织的价值，以及对成员的价值。创建一幅社群目标路线图。
- 为战略的每个阶段创建一个清晰的概述，并列出你将部署的每个战术。
- 详细说明你在战略实施各个阶段的技术要求。

- 构建你的衡量框架并与你的团队分享。
- 分析社群面临的所有风险，并积极主动地防控风险。
- 将所有支持材料都放入附录中。

后记

谁掌握了私域社群，谁就掌握了无限用户价值

当你读到这本书时，许多事情可能已经改变了。新的工具可能已经出现，能够提供令人兴奋的机会，助力你的社群吸引用户。本书中介绍的许多社群可能在流行大潮里起起伏伏，各有结局。各种新事件可能已经撼动了你工作的经济和政治环境。

我在 2020 年 4 月写下这些文字，新冠肺炎疫情正在全球范围内蔓延。一些社群正在努力应对成员活动的激增，另一些社群正经历着参与度的迅速下降。没有人知道几个月后的未来是什么样子，更不用说几年之后了。

正如老话所说，唯一不变的是变化本身。每隔一两年，一波新的“改变游戏规则”的技术和社会趋势的浪潮就会势如压顶一般淹没我们。当然，每一波浪潮都毫无疑问会以无法预料的方式在我们的社群中留下印记。但是，这并不意味着你应该试图站在每个新的浪头上冲浪。虽然社群的某些方面会受到环境的影响，但核心原则不会改变。

本书就是关于这些原则的，它讲述了将成员团结到社群中的全部事情，描绘了如何创建一个对你和你的成员来说都不可或缺的社群。如果一直专注于这些，你就可以在所有变化中生存下来。

创建一个社群是你能做的最具挑战性和最有价值的事情之一。当你在自己的屋檐下将陌生人联结在一起时，你释放出的能量可以为组织注入活力。对你的受众来说，你创造的价值是不可能在其他地方获得的。

社群价值的一个重要部分是专业知识。真正的专家是那些意识到自己所知甚少的人。没有人知道所有的答案，但一个社群的集体智慧是无与伦比的。无论你是在尝试修复你的苹果手机，还是在担心即将到来的疾病治疗，社群的经验和智慧都超过了一本书。如果维基百科不是一个在全球范围内将知识文档化的社群，那么它又是什么呢?

社群价值的另一部分在于情感。如果你的苹果手机坏了，你可能会感到沮丧和愤怒。你不只是想知道损坏的原因，而且想让别人看到你的愤怒，并想让别人关心你。你希望自己的意见被接受，而不是被驳回。如果你即将接受癌症治疗，那就不会希望感到孤单。一个由完全了解你的情况的人组成的网络对你来说是无价的，他们会指导你走过旅程的每一步。

即使如此，也不能涵盖社群的真正影响。社群帮助我们更好地合作，协调我们共同参与活动。社群让我们感到被尊重、被欣赏和被需要。当你启动一个社群时，你建立的联结有助于你比以前更好地支持受众。你可以利用成员的最佳想法，为他们提供更好的体验。你可以从顶级成员那里获得最好的专业知识，并将其传播给新用户。几乎每一个工作领域，包括招聘、市场、销售、工程等，都可以从社群中受益。

这里有一个小小的警告，你要现实一点，并非每一个主题都适用于创造强烈的归属感。环顾四周，你可能不想把时间花在现在坐的椅子、买的冰箱或冰箱里大多数物品的生产商所建的公司托管社群中。但这并不是说这些公司和数以百万计的其他公司不应该有社群，而是说这些社群的价值是不同的。如果你的网络掉线了，你想要的不是有人跟你交朋友，而是有人能给你一个有同理心的好答案，并且你最好能直接找到答案，而不需要自己去提问。

请不要低估你在社群中培养的少数顶级成员，甚至是超级用户，他们非常重要。他们是最终决定社群是繁荣还是消亡的人。事实上，可能只有少数顶级成员才是“真正的”社群成员。他们是那些真正对社群和其他顶级成员有归属感的人，这一点真是太棒了！

当创建一个社群时，你需要深入了解并重视你的成员。你要投入时间来充分了解他们的需求和愿望。如果他们只是想在社群中提问并得到答案，那很好，你可以创建一个社群来满足这个愿望。如果他们想要更多，也许是想获得专业知识和技巧、发现同类是如何解决类似问题的，以及参加最近的活动，那么你也可以为此创建一个社群。你为深入了解你的成员而投入的每一分钟，都会在以后的道路上得到数倍的回报。

在开始的时候，你可以试着从小处着手，一步步测试自己的想法，并使用一个相对便宜的平台。一旦确定你的理念是可行的，你就可以扩大规模，在能为成员提供更多价值的领域投入资源；就可以建立一个强大的声誉系统，以奖励和支持那些想在社群中成为意见领袖的成员；就可以开始为你的成员创建内容和举办活动，以便更好地分享信息和相互联系。

对于社群文化，你要慎重考虑，你做出的每一个决定都需付出代价。如果社群严格专注于高质量的贡献，就会不利于新用户上手，新用户的参与会受到限制。但如果你反其道而行之，你的社群可能就会充斥着垃圾信息，对所有人都没有价值。所有关于社群规则的重大决定都是在权衡利弊后做出的。你需要找到一个平衡点，同时确保你的社群没有替代品，在你的成员心中具有独特的地位。

你不要抱有天真的想法，认为把人们联结在一起没有风险。人们在你的社群中互动，但这些互动并不一定都是好的。如果成员之间相互分享有害信息、相互攻击或制造恶作剧，你就要预见问题并制订计划来应对。你无法阻止每一个可能的问题，但可以识别大多数问题，并减轻其中许多问题的影响程度。

最后，如果你想成为一名社群专业人士，就需要一个社群战略。你不应该每天早上醒来，只是被动地对你的社群中发生的事情做出反应，而应该积极主动地推动社群向成员需要的方向发展。你应该知道自己要实现什么以及如何实现。这个战略应该在资源和预算上有足够的保障，它能将你的社群带到一个新的高度，并确保你和你的社群充分发挥潜能。

寻找你的社群

在管理一个社群时，你会感觉这是一份孤独的工作。虽然你可能是组织中唯一负责这项工作的人，但在其他地方有许多人也从事这个职业。因此，不要独自面对这件事。你可以深入到这份工作的终极意义，加入社群管理员的社群。市面上有很多这样的社群。

当然，一旦找到了与你志同道合的社群管理员群体，你一定也要分享你的经验和专业知识。即使你是这个领域的新人，也知道作为这个领域的新人是什么样子的，会遇到什么样的问题。在你之后加入的新人将会发现这些信息很有价值。即使是对社群最小的贡献，随着时间的推移也会成为帮助大众的元素之一。

提升你的技能和知识水平

我强烈建议你，把你的社群技能提高到尽可能高的水平。记住，你的社群最终能否成功不是取决于社群使用的技术，而是取决于你自身的能力。太多管理社群的人没有接受过培训，所以被迫在工作中学习。你可以寻找专业的社群管理课程，努力提升自己的技能。

你也可以阅读这个领域的专业图书，我推荐以下这些书：

- 乔诺・培根所著的《用户共创》和《社区运营的艺术》（*The Art of Community*）；
- 查尔斯・福格尔（Charles Vogl）和卡丽・梅利莎・琼斯（Carrie Melissa Jones）所著的《建立品牌的社群》（*Building Brand Communities*）；
- 普里亚・帕克所著的《聚会：如何打造高效社交网络》；
- 布鲁斯・佩顿（Bruce Patton）、道格拉斯・斯通（Douglas Stone）和希拉・汉（Sheila Heen）所著的《高难度谈话》（*Difficult Coversations*）；
- IDEO.org 的《以人为本的设计之实用指南》（*The Field Guide to Human-Centered Design*）；
- 彼得・布洛克（Peter Block）所著的《社群》（*Community*）；
- 道格拉斯・阿特金（Douglas Atkin）所著的《品牌崇拜真正的信徒》（*The Culting of Brands*）；
- 罗伯・克劳特（Rob Kraut）和保罗・雷斯尼克（Paul Resnick）所著的《建立成功的在线社群》（*Building Successful Online Communities*）。

你也可以阅读我之前的两本书：《热闹的社群》和《不可或缺的社群》。

如果希望获得帮助或对本书内容有疑问，你可以给我发邮件，邮箱是richard@feverbee.com。

参考文献

第 1 章　步骤 1，明确目标，让社群价值最大化

1. Kopelman, S. (2009) ‘The Effect of Culture and Power on Cooperation in Commons Dilemmas: Implications for Global Resource Management’. Organizational Behavior and Human Decision Processes. 108: 153–163.

第 4 章　步骤 4，设定规则，创造有磁性的社群文化

1. Qi, M. Edgar-Nevill, D. and Mousoli, R. (2009) ‘Spam and Social Effects’, Symposia and Workshops on Ubiquitous, Autonomic and Trusted Computing. Brisbane: QLD, pp. 498–501, DOI: 10.1109/UIC-ATC.2009.89.
2. Bevans, B., DeBruhl, B. and Khosmood, F. (2017) Understanding Botnet-driven Blog Spam: Motivations and Methods. In DH.
3. Markines, B., Cattuto, C. and Menezer, F. (2009) ‘Social Spam Detection’ in Proceedings of the 5th International Workshop on Adversarial Information Retrieval on the Web (AIRWeb ‘09). New York, NY, USA: Association for Computing Machinery, pp. 41–48. DOI: https://doi.org/10.1145/1531914.1531924.
4. Buckels, E.E., Trapnell, P.D. and Paulhus, D.L. (2014) Personality and Individual Differences. Vol. 67, pp. 97–102. Available at: https://doi. org/10.1016/j.paid.2014.01.016.
5. Torgersen, S., Kringlen, E. and Cramer, V. (2001) ‘The Prevalence of Personality Disorders in A Community Sample’, Arch General Psychiatry. 58(6): 590–596. DOI: 10.1001/archpsyc.58.6.590.
6. Matias, J. N. (2019) ‘Preventing Online Harassment and Increasing Group Participation Through

Social Norms in 2,190 Science Discussions'. Proceedings of the National Academy of Science. Available at: https://doi. org/10.1073/pnas.1813486116.

第 5 章　步骤 5，快速启动，吸引第一批种子用户

1. Ridings, C. M. and Gefen, D. (2004) 'Virtual Community Attraction: Why People Hang Out Online'. Journal of Computer-Mediated Communication, 10(1), JCMC10110.
2. Velasquez, A., Wash, R., Lampe, C. and Bjornrud, T. (2014) 'Latent Users in An Online User-Generated Content Community'. Computer Supported Cooperative Work (CSCW), 23(1), pp. 21–50.
3. Rodgers, S. and Chen, Q. (2005) 'Internet Community Group Participation: Psychosocial Benefits for Women with Breast Cancer'. Journal of Computer-Mediated Communication, 10(4), JCMC1047.
4. Nimrod, G. (2012) 'The Membership Life Cycle in Online Support Groups'. International Journal of Communication, 6, p. 23.
5. Lee, J. and Suh, A. (2015) 'How Do Virtual Community Members Develop Psychological Ownership and What Are the Effects of Psychological Ownership in Virtual Communities?' Computers in Human Behavior, 45, pp.382–391.

第 8 章　步骤 8，游戏化，有效激励成员

1. Kuo, M. S. and Chuang, T. Y. (2016) 'How Gamification Motivates Visits and Engagement for Online Academic Dissemination–An Empirical Study'. Computers in Human Behavior, 55, pp. 16–27.
2. Kuo, M. S. and Chuang, T. Y. (2016) 'How Gamification Motivates Visits and Engagement for Online Academic Dissemination: An Empirical Study'. Computers in Human Behavior, 55, pp. 16–27.
3. Mekler, E. D., Brühlmann, F., Tuch, A. N. and Opwis, K. (2017) 'Towards Understanding the Effects of Individual Gamification Elements on Intrinsic Motivation and Performance'. Computers in Human Behavior, 71, pp. 525–534.
4. Farzan, R., DiMicco, J. M., Millen, D. R., Dugan, C., Geyer, W. and Brownholtz, E. A. (2008) 'Results from Deploying A Participation Incentive Mechanism Within the Enterprise'. In Proceedings of the SIGCHI Conference on Human Factors in Computing Systems, April, pp. 563–572. ACM.
5. Hamari, J. and Koivisto, J. (2013) 'Social Motivations to Use Gamification: An Empirical Study of Gamifying Exercise'. In ECIS, June, Vol. 105.
6. Hamari, J., Koivisto, J. and Sarsa, H. (2014) 'Does Gamification Work? A Literature Review of Empirical Studies on Gamification'. In HICSS, January, Vol. 14, No. 2014, pp. 3025–3034.

7. Hanus, M. D. and Fox, J. (2015) ‘Assessing the Effects of Gamification in the Classroom: A Longitudinal Study on Intrinsic Motivation, Social Comparison, Satisfaction, Effort, and Academic performance’. Computers & Education, 80, pp. 152–161.

8. Sailer, M., Hense, J., Mandl, J. and Klevers, M. (2014) ‘Psychological Perspectives on Motivation Through Gamification’. Interaction Design and Architecture Journal, (19), 28–37.

9. Farzan, R., DiMicco, J. M., Millen, D. R., Dugan, C., Geyer, W. and Brownholtz, E. A. (2008) ‘Results from Deploying A Participation Incentive Mechanism Within the Enterprise’. In Proceedings of the SIGCHI Conference on Human Factors in Computing Systems, April, pp. 563–572. ACM.

10. Mekler, E. D., Brühlmann, F., Tuch, A. N. and Opwis, K. (2017) ‘Towards Understanding the Effects of Individual Gamification Elements on Intrinsic Motivation and Performance’. Computers in Human Behavior, 71, pp. 525–534.

11. Hamari, J. and Koivisto, J. (2013) ‘Social Motivations To Use Gamification: An Empirical Study Of Gamifying Exercise’. In *ECIS*, Vol. 105.

12. Tsay, CH-H, Kofinas, A. K., Trivedi, S. K. and Yang, Y. (2020) ‘Overcoming the Novelty Effect in Online Gamified Learning Systems: An Empirical Evaluation of Student Engagement and Performance’. J Comput Assist Learn. 36: 128–146.

13. Hamari, J. (2013) ‘Transforming Homo Economicus into Homo Ludens: A Field Experiment on Gamification in a Utilitarian Peer-To-Peer Trading Service’. Electronic Commerce Research and Applications. 12. 236–245. 10.1016/j. elerap.2013.01.004.

14. Anderson, A., Huttenlocher, D., Kleinberg, J. and Leskovec, J. (2012) ‘Discovering Value from Community Activity on Focused Question Answering Sites: A Case Study of Stack Overflow’. In Proceedings of the 18th ACM SIGKDD International Conference on Knowledge Discovery and Data Mining (KDD ’12). New York, NY. Association for Computing Machinery, pp. 850–858.

15. Li, Z., Huang, K. W. and Cavusoglu, H. (2012) ‘Quantifying the Impact of Badges on User Engagement in Online Q&A Communities’.

16. Mutter, T. and Kundisch, D. (2014) ‘Behavioral Mechanisms Prompted by Badges: The Goal-Gradient Hypothesis’.

17. Bornfeld, B. and Rafaeli, S. (2017) ‘Gamifying with Badges: A Big Data Natural Experiment on Stack Exchange’. First Monday, 22(6).

18. Cavusoglu, H., Li, Z. and Huang, K. W. (2015) ‘Can Gamification Motivate Voluntary Contributions?: the Case of Stack Overflow Q&A Community’. In Proceedings of the 18th ACM Conference Companion on Computer Supported Cooperative Work & Social Computing, pp. 171–174. ACM.

第 9 章　步骤 9，制订计划，有效防控潜在的五种风险

1. Rev. Williams, H.K. (1919) 'The Group Plan' (excerpt) in 'Young People's Service', January. The Biblical World, Vol. 53, No. 1, Religious Education, pp. 80–81, Col. 2. Chicago, Illinois: The University of Chicago Press.

未来，属于终身学习者

我这辈子遇到的聪明人（来自各行各业的聪明人）没有不每天阅读的——没有，一个都没有。巴菲特读书之多，我读书之多，可能会让你感到吃惊。孩子们都笑话我。他们觉得我是一本长了两条腿的书。

——查理·芒格

互联网改变了信息连接的方式；指数型技术在迅速颠覆着现有的商业世界；人工智能已经开始抢占人类的工作岗位……

未来，到底需要什么样的人才？

改变命运唯一的策略是你要变成终身学习者。未来世界将不再需要单一的技能型人才，而是需要具备完善的知识结构、极强逻辑思考力和高感知力的复合型人才。优秀的人往往通过阅读建立足够强大的抽象思维能力，获得异于众人的思考和整合能力。未来，将属于终身学习者！而阅读必定和终身学习形影不离。

很多人读书，追求的是干货，寻求的是立刻行之有效的解决方案。其实这是一种留在舒适区的阅读方法。在这个充满不确定性的年代，答案不会简单地出现在书里，因为生活根本就没有标准确切的答案，你也不能期望过去的经验能解决未来的问题。

而真正的阅读，应该在书中与智者同行思考，借他们的视角看到世界的多元性，提出比答案更重要的好问题，在不确定的时代中领先起跑。

本书阅读资料包

给你便捷、高效、全面的阅读体验

本书参考资料

湛庐独家策划

- 参考文献
  为了环保、节约纸张，部分图书的参考文献以电子版方式提供
- 主题书单
  编辑精心推荐的延伸阅读书单，助你开启主题式阅读
- 图片资料
  提供部分图片的高清彩色原版大图，方便保存和分享

相关阅读服务

终身学习者必备

- 电子书
  便捷、高效，方便检索，易于携带，随时更新
- 有声书
  保护视力，随时随地，有温度、有情感地听本书
- 精读班
  2~4周，最懂这本书的人带你读完、读懂、读透这本好书
- 课　程
  课程权威专家给你开书单，带你快速浏览一个领域的知识概貌
- 讲　书
  30分钟，大咖给你讲本书，让你挑书不费劲

湛庐编辑为你独家呈现
助你更好获得书里和书外的思想和智慧，请扫码查收！

（阅读资料包的内容因书而异，最终以湛庐阅读App页面为准）

Build Your Community

ISBN: 978-1-292-32999-4

This translation of Build Your Community is published by arrangement with Pearson Education Limited.

图书在版编目（CIP）数据

打造强大的私域社群 / （英）理查德·米林顿（Richard Millington）著；汤文静译. -- 杭州 : 浙江教育出版社, 2022.12
ISBN 978-7-5722-5016-3

Ⅰ. ①打… Ⅱ. ①理… ②汤… Ⅲ. ①社会交往一研究 Ⅳ. ①C912.3

中国版本图书馆CIP数据核字(2022)第240743号

上架指导：市场营销 / 企业管理

打造强大的私域社群
DAZAO QIANGDA DE SIYU SHEQUN
[英] 理查德·米林顿（Richard Millington） 著
汤文静 译

责任编辑：李 剑
文字编辑：周涵静
美术编辑：韩 波
责任校对：王晨儿
责任印务：陈 沁
封面设计：ablackcover.com
出版发行：浙江教育出版社（杭州市天目山路 40 号 电话：0571-85170300-80928）
印 刷：天津中印联印务有限公司
开 本：710mm ×965mm 1/16
印 张：19.75 字 数：310 千字
版 次：2022 年 12 月第 1 版 印 次：2022 年 12 月第 1 次印刷
书 号：ISBN 978-7-5722-5016-3 定 价：99.90 元

如发现印装质量问题，影响阅读，请致电 010-56676359 联系调换。